社長引責 破綻からV字回復の内幕

有森 隆
Arimori Takashi

さくら舎

はじめに

企業の衰退を食い止め、復活させるには、当然のことながら、社長の先見性と危機予知力が重要になる。企業の盛衰はトップで決まる。

社長の力量と器《うつわ》によって企業再生に濃淡があらわれる。卓越した社長によって衰退のパターンから脱出した企業がある一方で、足踏みをつづけている企業も少なくない。

その差は、どこから生まれるのか。

一言でいえば、基本理念を明確に社内外に提示できたかどうかにかかっている。基本理念とは、組織の土台となるグランドデザインのことだ。「われわれは何者で、何のために存在し、何をやっているのか」を示すことである。

住友銀行の副頭取だった村井勉《むらいつとむ》は、アサヒビールの再建を命じられると、最初に社員の意識を変えることからはじめた。消費者志向、品質志向、人間性の尊重、労使協調、共存共栄、社会的責任の自覚の六つの柱からなる経営理念を定め、一〇項目の行動規範を社員に示した。

村井が取締役に強く言ったのは、経営理念に沿って行動し、判断しろということだった。村井は関西同友会の代表幹事として米国のジョンソン・エンド・ジョンソンに視察にいったが、そこで経営理念の大切さが身に染みた、という。

カルビーの会長兼CEOである松本晃《まつもとあきら》も、ジョンソン・エンド・ジョンソンの経営理念が書かれた小冊子「我が信条」を片時も離さず持ち歩く。これを徹底すれば、経営の方向性がブレることはないと確信している。

アサヒビールの奇跡の復活をもたらした原動力は経営理念だった。スーパードライの大ヒットは、ここから生まれた副産物にすぎない。

本書ではパナソニック、富士重工業、カルビー、ベネッセ、アサヒビール、日本航空、塩野義製薬、西武、日立製作所の九社を取り上げた。いずれも経営が悪化し、地獄を見た企業である。

救世主として外部から社長を招いた会社は多い。「プロ経営者」を招請したのがカルビー、ベネッセ、日本航空。メインバンクが助っ人を送り込んだのは西武、アサヒビールである。

内部から救世主があらわれるケースもある。日立製作所、パナソニック、富士重工業、塩野義製薬がそうだ。

九社のうち創業家が存在しているのはパナソニック、塩野義製薬、カルビー、西武、ベネッセの五社。創業家には善かれ悪しかれ求心力がある。資本と経営を分離していても、社長人事には影響力を保持している。社員には「創業家がそう言うなら」という思いがどこかに残っている。

カルビーの松本晃、ベネッセの原田泳幸《はらだえいこう》は、創業家が外部から三顧《さんこ》の礼をもってトップに迎えた。

塩野義製薬の手代木功《てしろぎいさお》は創業家が社内から抜擢《ばってき》した逸材である。パナソニックの津賀一宏《つがかずひろ》と西武の後《ご》藤高志《とうたかし》は、就任にあたって紆余曲折《うよきょくせつ》はあったが、最終的には創業家がアグレマン（同意）の意思表示をした。

個々の企業の内情に少し立ち入ってみよう。日立製作所の川村隆《かわむらたかし》は子会社に飛ばされていたが、ご本社様が深刻な経営危機になり、呼び戻されて辣腕《らつわん》を振るった。富士重工業の吉永泰之《よしながやすゆき》は生え抜きのエース。前任社長を筆頭に、周囲の役員がスバルに進駐してきた銀行からエースを守り通した。吉永は周囲の期待に応え、スバルを自動車業界で利益率トップの会社に変身させた。日立と富士重工業は自立更生型といっていいだろう。

アサヒビールはメインバンクから派遣された村井勉と樋口廣太郎《ひぐちひろたろう》が、日本航空は民主党政権時代に政府から送り込まれた稲盛和夫《いなもりかずお》が立て直したから他力本願型といえる。

破綻《はたん》寸前に追い込まれた企業が、社長交代によって、いかにして再生に向かったのか。本書はA級戦犯社長と凄腕再建社長が生み出す、企業の衰退と復活のドラマである。

敬称は略させていただいた。参考にした文献は文意が変わらないよう留意したが、表現や語尾などは一部、筆者のスタイルに合わせて要約したことをお断りしておく。

有森隆《ありもりたかし》

目次◆社長引責　破綻からV字回復の内幕

第2章 富士重工業──ドン底からエクセレントカンパニーへ

第3章 カルビー——成長するために変わりつづける

第4章 ベネッセ――失敗したプロ経営者の改革

第5章　アサヒビール――落日から奇跡の大逆転

第6章　日本航空――最悪の組織でも再生できる

第7章 塩野義製薬――荒療治《あらりょうじ》の改革をも辞さず

第8章　西武――「王国」の絶対君主を追放

第9章　日立製作所――沈没寸前の巨艦を復活させた構造改革

社長引責　破綻からV字回復の内幕

第1章　パナソニック――カリスマ経営者からの訣別《けつべつ》

瀕死《ひんし》のパナソニックを復活させた津賀《つが》一宏《かずひろ》

パナソニック社長の津賀《つが》一宏《かずひろ》は二〇一六年三月三一日に一六年度からの事業方針を発表した。「創業一〇〇周年の二〇一九年三月期に連結売上高一〇兆円」の目標を撤回し、「利益重視の経営に質的に転換する」と宣言した。

日本の電機業界はシャープや東芝のように〝倒産〟寸前の企業が増えているが、パナソニックは、いち早く復活を遂げた。重点事業を絞《しぼ》り込み、利益の出る、筋肉質の経営体質をつくる。

津賀は言い切った。「成長を目指すのが、経営のすべてではない。成長戦略は堅持するが、（売り上げは）適切な目標に変更した」

売上高一〇兆円の目標撤回は、一見、後ろ向きで後退したようだが、これは津賀の自信のあらわれだ。今後は、無理な規模の拡大はせず、利益の追求を最優先する。

他方、津賀は「勝ちつづけるためのビジネスモデルは十分できていない」と分析。勝って兜《かぶと》の緒を締めよ、と檄《げき》を飛ばす。

二〇二〇年度の営業利益六〇〇〇億円の達成が、具体的なターゲットとなる。一五年度のそれは四一五七億円だが、これを一八年度五〇〇〇億円、二〇年度六〇〇〇億円へと着実に増やしていく。

この実現のために、全社の事業を①高成長、②安定成長、③収益改善の三つの領域に再構成する。

高成長事業は自動車のエレクトロニクス化（情報関連）やリチウムイオン電池、冷蔵・冷凍ショーケースなどの食品流通の分野、アジア向けの白物《しろもの》家電など。ここに経営資源を集中し、積極的にM&A（合併・買収）を仕掛ける。

安定成長事業と収益改善が必要な分野については後述することとする。

プラズマテレビ完全撤退、テレビ事業解体へ

二〇一三年一〇月三一日。パナソニックはプラズマテレビ事業からの撤退を発表。同年一二月にプラズマディスプレイ（PDP）の生産を終了し、二〇一四年三月末で兵庫県尼崎《あまがさき》市にある第一工場（停止中）、第三工場（休止中）と、稼働中の第二工場の稼働を全面的に停止した。

津賀はプラズマテレビについて「液晶《えきしょう》の大型化、4Kなど新たな展開もあって、需要の縮小が止まらない。今年度の赤字は二〇〇億円を超える。一二月をもってパネルを生産終了し、今年度をもって事業を終了する」決断をした。

二〇一二年六月に津賀が社長に就任して以来、テレビ事業からの早期撤退が経営課題に浮上してい

た。世界のシェアトップを誇るサムスン電子など韓国勢の猛攻を受けて、家電三羽ガラスとうたわれたパナソニック、ソニー、シャープのテレビ事業は瀕死《ひんし》の重症におちいっていたからだ。

投資家が新社長の津賀に期待したのは、プラズマテレビからの完全撤退という思い切った外科手術だった。

社長就任から一年三ヵ月。津賀はプラズマテレビからの完全撤退に、ようやく踏み切った。パナソニックが撤退したことで、プラズマテレビは市場から姿を消すことになった。

テレビは名実ともにパナソニックというか、その前身である松下電器産業の顔だった。永らく、テレビ部門で仕事をすることが出世の登竜門とされたが、それもいまでは過去の話となった。

津賀はテレビ事業の解体を根気強く進めてきたといっていい。

二〇一四年九月、テレビ事業発祥の地である、大阪府茨木《いばらき》市の茨木事業所の敷地一二万平方メートルの大半を、大和ハウス工業に二〇〇億円で売却した。

茨木事業所は松下電器の創業者、松下幸之助《まつしたこうのすけ》がテレビの量産基地にするために建設を指示。東京ドームの二・六倍の敷地を購入し、一九五八（昭和三三）年にブラウン管カラーテレビの生産を開始した。茨木は松下電器が世界的な家電メーカーに飛躍する原動力となった工場である。中国の鄧小平《とうしょうへい》副首相ら多くの要人が視察に訪れた。

二〇〇〇年代に入って、茨木事業所はプラズマテレビの生産からテレビの組み立てまでを手がける一貫工場に転換。その後、兵庫県尼崎市に大型のプラズマパネル工場が稼働したため、パネル生産からは撤退していた。

大和ハウスへの売却が決まった後、多くの松下のOBがここを訪れ、往時を偲《しの》んだ。

大和ハウス工業は二〇一五年一二月、茨木事業所跡地に総合物流センター「関西ゲートウェイ」（約九万平方メートル）の建設をはじめた。二〇一七年一一月に稼働の予定で、ヤマト運輸に賃貸しインターネット通信販売の物流拠点に生まれ変わる。

さらに、二〇一五年一〇月、プラズマテレビの生産を停止した尼崎第三工場を、東京の不動産投資顧問会社センターポイント・ディベロップメント（CPD）に売却した。当初は二〇一四年九月に引き渡す予定だったが、売り値で折り合いがつかず延期となっていた。売却額は当初予定していた二〇億円から減額して決着した。

尼崎第三工場の建物は、CPDから譲渡された会社が特定目的会社をつくり、荷物の整理や荷造りをする流通加工工場に再生させる。第三工場に隣接する第一工場、第二工場も大阪府内の機械メーカーに売却する予定だったが、交渉が決裂《けつれつ》した。二〇一六年五月、シンガポール系の投資会社レッドウッド・グループに売却することが明らかになった。

液晶パネルを生産している千葉県茂原《もばら》市の茂原工場は二〇一二年四月、官民ファンドの産業革新機構が東芝、日立製作所、ソニー三社と共同で設立した中小型液晶パネルメーカー、ジャパンディスプレイ（JDI）に売却した。売却額は三〇〇億円前後。この時点で、津賀は液晶パネル事業を兵庫県姫路市の姫路工場に集約した。

JDIは筆頭株主の産業革新機構（三五・五％を保有）のシナリオに沿って、シャープの液晶事業を合併するつもりでいた。だが、シャープは台湾の鴻海《ホンハイ》精密工業にさらわれてしまい、次世代パネルの有機EL（エレクトロ・ルミネッセンス）パネルの生産ラインを二〇一七年春までに完成させることで、生き残りをはかる。

松下家vs.経営陣の暗闘を終わらせた中村邦夫《なかむらくにお》

名門凋落《ちょうらく》のきっかけは、プラズマテレビの尼崎工場の建設など相次ぐ大型投資での判断ミスだった。

二〇〇〇年代に経営をになった第六代社長・中村邦夫《なかむらくにお》、第七代社長・大坪文雄《おおつぼふみお》の時代のことである。家電の王者と呼ばれた松下電器が、プラズマテレビの失敗で奈落の底に沈むまでの暗闘の歴史を振り返ってみよう。

一九一八（大正七）年三月、大阪市で創業した松下電器は、戦後日本の成功モデルとなった。「終身雇用の元祖」松下電器は日本的経営のデパートのような会社で、この仕組みをつくったのが〝経営の神様〟松下幸之助である。

幸之助は大量生産・大量消費を前提とするビジネスモデルを確立して、大成功をおさめた。水道の水のように安価ですぐに手に入るナショナルの製品は、庶民《しょみん》に支持された。事業部制と「あなたの街のでんきやさん」こと系列店のナショナルショップは、最も効率的な組織だった。こうした商法は幸之助の「水道哲学」と総称される。

しかし、バブルが崩壊。一九九〇年代に入り、幸之助モデルは機能不全におちいった。画期的な商品をいち早く投入した者が圧倒的なシェアを握る〝独創の時代〟になったからだ。米アップルが現代の勝者となった。

過去の成功体験を打ち捨てて、IT（情報技術）時代を生き抜く斬新《ざんしん》なビジネスモデルをいかにして構築するかのスピードの勝負となり、松下電器は往年の輝きを急速に失った。

経営革新の最大の障害となったのが、世襲《せしゅう》へのこだわりだった。一九八九年に創業者の幸之助が亡くなると、松下家の人々は、松下正幸《まさゆき》（副社長を経て現在は副会長）を社長に擁立《ようりつ》する意思を公然と示すようになった。

正幸は幸之助の娘婿《むすめむこ》である松下正治《まさはる》の長男で、幸之助の孫。一族の棟梁《とうりょう》となった正治を先頭に立て、松下家は正幸擁立に動き出した。一九九〇年代には、大政奉還を迫る松下家と世襲に反対する経営陣のエンドレスの暗闘がつづいた。

「大政奉還」の策略を封じ込める狙いで、第五代社長の森下洋一《もりしたよういち》が抜擢《ばってき》したのが中村邦夫である。一九八七年から一〇年間にわたり、米英の現地法人のトップをつとめた中村は、国内にいなかったため、松下家とのしがらみにとらわれることなく決断できる人物と見なされ、社長に指名された。

「創業理念以外は、すべて破壊してよし」

二〇〇〇年六月、松下電器産業の社長に就いた中村は「破壊と創造」をスローガンに掲げ、聖域なき構造改革に取り組んだ。中村が下した号令はわかりやすい。

「創業理念以外は、すべて破壊してよし」

大量生産・大量消費を前提とした硬直化した組織を、ことごとく破壊してみせた。

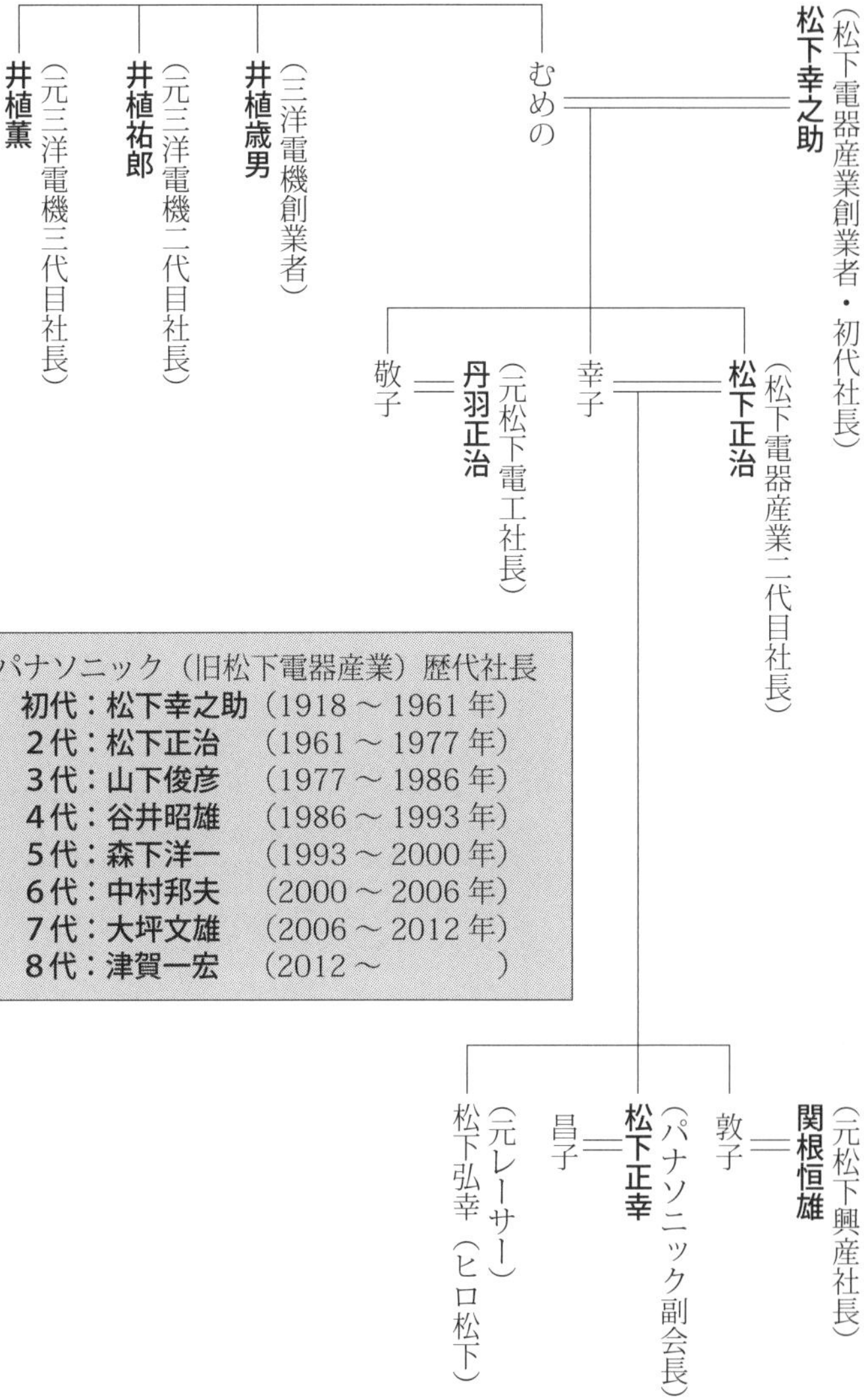

パナソニック（旧松下電器産業）歴代社長

初代	松下幸之助	（1918～1961年）
2代	松下正治	（1961～1977年）
3代	山下俊彦	（1977～1986年）
4代	谷井昭雄	（1986～1993年）
5代	森下洋一	（1993～2000年）
6代	中村邦夫	（2000～2006年）
7代	大坪文雄	（2006～2012年）
8代	津賀一宏	（2012～　　　）

松下家系図

最初にやったのは松下のシンボルといわれた事業部制の解体である。事業部制は松下幸之助が一九三三（昭和八）年に導入した。製品ごとに開発から生産、営業まで一元管理した各事業部に収益の責任を負わせて競わせる。

だが、半世紀以上が過ぎるあいだに一〇〇近い事業部が乱立。異なる事業部が同じ製品を手がけるなど、重複の弊害《へいがい》が顕著《けんちょ》になってきた。二〇〇一年に事業部制を廃止した。連邦経営から本社が集中管理する体制に舵《かじ》を切った。

最盛期に五万店の規模を誇った「あなたの街のでんきやさん」、ナショナルショップにもメスを入れた。ナショナルショップは大量販売・大量消費の最前線基地である。幸之助が築き上げたメーカーとナショナルショップの共存共栄の体制を、中村はくつがえした。儲かる店に手厚く、ダメな店には薄く、利益をドライに配分した。

松下通信工業、九州松下電器、松下寿《ことぶき》電子工業、松下精工、松下電送システムなど一国一城の主《あるじ》意識が強かったグループ会社を解体し、子会社にした。

兄弟会社だった松下電工（のちのパナソニック電工）を連結子会社に組み込んだ。松下電工は戦後、松下電器から分離独立して兄弟会社になった経緯がある。幸之助の創業事業である配線器事業を受け継いだため、〝本家意識〟が強かった。二〇一二年一月、パナソニックはパナソニック電工を吸収合併した。

「クビを切らない」という神話も破壊してみせた。昭和恐慌《きょうこう》（昭和五〜六年）に見舞われたとき、幸之助が「従業員は家族や。クビを切れん」と言って従業員を守った逸話《いつわ》は、日本企業の終身雇用制の原点といわれてきたが、中村はリストラを断行した。一九九〇年代に入って従業員数は二一万人から二九万人に膨れ上がっていたのだから、リストラは不可避だった。

一橋大学日本企業研究センター研究叢書《そうしょ》『松下電器の経営改革』（有斐閣）におさめられているインタビューで、中村はこう述べている。

〈これまで成功しすぎたのでしょうね。成功した人間が社内にはまだたくさん残っている。発言力も大きい彼らはいまでもまだ成功できると思っている。もう松下には成功した人はいらない。常に変わっていくのでないと、生きる資格はないんです。私を含め45歳以上の社員はいらない〉（注1）

クビを切るために、退職金を大盤振る舞いした。特別退職金を五〇〇〇万円超もらった人がたくさんいた、と街の噂《うわさ》になった。希望退職に応じた人数は一万三〇〇〇人に達した。

数年後、中村は大リストラを振り返り、懇意だった在阪企業のトップにこうぼやいたという。

〈（想定以上に辞められたことについては）忸怩《じくじ》たる思いだ。しかも優秀な層が辞めていった。それを取り戻すのにどれだけ時間がかかったことか〉（注2）

パナソニックを辞めた優秀な技術者たちは韓国のサムスン電子などにスカウトされ、パナソニックを打ち負かすためにテレビを開発したのである。運命の皮肉というほかはない。パナソニックは技術者が大量に流出し、技術力の衰退を招いた。大リストラがブーメランのように戻ってきて、自らの首を絞めた。

いま、このブーメラン現象がシャープで起こっている。日本電産の会長兼社長の永守重信《ながもりしげのぶ》は「（シャープの）部長級の採用は一〇〇人を超えた。希望者がいれば三〇〇人ぐらい採用してもいい」と公言している。シャープの元社長の片山幹雄《かたやまみきお》は現在、日本電産の副会長になっている。

二〇〇八年一〇月一日、松下電器産業はパナソニックに社名を変更した。社名から創業家の「松下」が消えた。中村がスローガンに掲げた「破壊」の総仕上げを意味した。

中村邦夫は「幸之助神話を壊した男」といわれた。

改革という名の暴走

中村が掲げた「創造」のシンボルが、プラズマ大画面テレビだった。

一九九〇年代後半に薄型テレビ市場が立ち上がってから、電機業界では画面サイズが五〇インチ以上の大型テレビはプラズマ、五〇インチ未満の中小型は液晶と棲《す》み分けができていた。松下電器は二方式が並立する商品戦略をとっていた。液晶パネルと液晶テレビではシャープが先行していた。

二〇〇三年は地上デジタル放送開始の年である。デジタル技術との親和性が高いプラズマテレビは、今後、有望とされていた。「プラズマは液晶よりも明るく、色もきれいだ」というプラズマ信仰がたしかにあった。中村はプラズマテレビに勝負を賭ける選択をした。

二〇〇四年五月、兵庫県尼崎市にプラズマパネル生産の第一工場を建設した。投資額は九五〇億円に上り、翌〇五年九月に操業を開始した。この時期、薄型テレビは年率一五〇％前後で急激に伸び、本格的な成長期を迎えていた。

松下電器ではプラズマテレビの世界需要は二〇〇七年度に一〇〇〇万台、一〇年度には二五〇〇万台を超えると予想。松下電器が全体の四〇％のシェアを獲得するという強気の計画を立てていた。プラズマテレビで世界シェア第一位を達成することが、具体的な経営目標となった。そのために大規模な工場建設が不可欠だったのである。

二〇〇六年六月、中村はＡＶ機器事業のトップだった大坪文雄に社長の座を譲る。中村は会長に退《しりぞ》いたが発言力は絶大で、文字どおり〝中村院政〟であった。プラズマパネルへ積極的に投資をするという経営のバトンは、大坪に引き継がれた。二〇〇七年六月、一八〇〇億円の巨費を投じた尼崎第二工場が稼働した。

だが、技術革新で液晶画面の大型化が進み、大型画面でもプラズマを凌駕《りょうが》するようになった。大画面テレビも価格競争力がある液晶が主流となった。東芝は早々とプラズマの生産を中止し、ソニーはプラズマから液晶に転換。日立製作所とパイオニアも、二〇〇八年にプラズマテレビから撤退した。パナソニック、いや中村だけがプラズマにこだわりつづけた。

二〇〇八年九月一五日、米投資銀行大手リーマン・ブラザーズの経営破綻《はたん》をきっかけに世界的な金融危機が発生した。リーマン・ショックで世界経済は一気に冷え込んだ。

その最中の二〇〇九年一一月、尼崎第三工場がプラズマディスプレイの生産を開始した。設備投資額は二一〇〇億円、プラズマパネル工場として世界最大だった。尼崎の三工場で年間二一〇〇万台（四二インチ換算）の生産能力を持つにいたった。

しかし、世界的な景気減速の影響でテレビ需要は激減。パネルの生産は七二〇万台に急減した。

二〇〇四年以降のパナソニックのテレビ事業への投資の内訳は、次のとおりである。

大画面のプラズマテレビ用パネルは尼崎三工場で四八五〇億円。中小型の液晶テレビ用パネルは茂原工場（二〇〇六年五月稼働、投資額二二〇〇億円）、姫路工場（二〇一〇年四月稼働、追加投資額二三五〇億円）の二工場で四五五〇億円。プラズマと液晶の二方式の投資額は九四〇〇億円と、一兆円になんなんとした。この巨額投資がパナソニックの屋台骨を揺るがすことになる。

V字回復がつくった「中村神話」

他社がプラズマから撤退するなか、パナソニックだけが、なぜプラズマ投資をつづけたのか。

中村の成功体験が強力なアクセルとなり、ブレーキが利かなかったのだ。

二〇〇二年三月期の最終損益で四三一〇億円の赤字に転落したが、「破壊」の結果、二〇〇六年同期に一五四四億円の黒字へとV字回復を果たした。次は「創造」にギアチェンジして、成長軌道に乗せるはずだった。

「創造」のシンボルがプラズマテレビの大画面である。プラズマテレビが松下電器の黄金時代をふたたび招き寄せるという、バラ色の未来図を描いていたのである。

中村は「プラズマ命」だった。だから、誰も反対できなかった。業績のV字回復をなし遂げた中村は偉大な経営者として経済メディアで絶賛され、「中村神話」が形成されていた。

「幸之助神話」を全否定してみせた男が自分の神話に酔っている、と冷ややかに見ていたOBもいたが、誰一人として口には出さなかった。このとき、中村が最も力を注いでいたプラズマテレビが、一時期大きな利益をもたらし、他のメーカーに圧倒的な差をつける場面が、たしかに現出したのである。プラズマテレビは松下電器の顔となった。

プラズマテレビがアンタッチャブルな聖域となる、象徴的な〝事件〟があった。『週刊文春』（二〇〇五年四月二一日号）が「朝日新聞が松下電器に『土下座』した日」と題して報じた。要約すると、こんな内容だ。

〈朝日新聞発行の『ＡＥＲＡ』（二〇〇二年一〇月二一日号）に『松下「改革」でＶ字回復のウソ』という見出し記事が掲載された。この記事に怒った中村社長は、朝日新聞社の箱島信一《はこしましんいち》社長（当時）に内容証明付きの抗議文を送り付け、広告を引き揚げた。『ＡＥＲＡ』は松下の抗議文と朝日側の謝罪文を掲載して、編集長を異動させた。まさに全面降伏だった。

推定で一億四千万円の広告収入を失った朝日新聞社は、露骨《ろこつ》なＰＲ記事で松下からの信用を得て、例年並みの広告の水準に戻した〉（注３）

松下電器の広告引き揚げを知ったマスコミ各社は震え上がり、その後一切、中村を批判しなくなったばかりか、彼を絶賛する提灯《ちょうちん》記事を積極的に書くようになった。

ところが、社内の雰囲気はまったく違っていた。尼崎第一工場が稼働を開始した二〇〇五年九月には、パナソニックの技術者たちは「プラズマが液晶に敗れる」ことを確信していたというのだ。

立石泰則《たていしやすのり》は『パナソニック・ショック』でこう書いた。

〈北米市場の販売を担当する松下電器の販売会社の役員から、中村社長に要請があった。それは、サムスンやＬＧの主力製品は大型液晶で、パナソニックのユーザーからはパナソニックの液晶テレビが見たいという声があるので、大型な液晶をつくってほしいというものだった。しかし、中村氏の返事は「プラズマで行くと決めたのだからプラズマを売れ」という激高した言葉で、要請を繰り返した役

員は更迭《こうてつ》された。(中村は）自分の意見や考えに反対する者に対して、人事で「報復」することが少なくなかった〉（注4）

中村は周囲に恐れられ、プラズマテレビに疑問を挟《はさ》むことはタブーとなった。意にそぐわない役員を排除した結果、周囲はイエスマンだらけとなった。

「幸之助神話を壊した男」は、「パナソニック凋落《ちょうらく》の戦犯中の戦犯」（松下電器の元有力役員）と厳しい批判を浴びせられ、評価が百八十度変わった。

中村・大坪の師弟コンビは三洋電機のM＆Aに打って出た。二〇〇八年一一月、経営再建中の三洋電機を子会社化することで合意した。

三洋電機創業者の井植歳男《いうえとしお》と、歳男を支えた祐郎《ゆうろう》、薫《かおる》の三兄弟は、松下幸之助の義弟である。戦後まもなく、公職追放の際のゴタゴタから幸之助と歳男が袂《たもと》を分かった。三洋を創業した歳男は、松下電器（＝幸之助）への対抗心を事業拡大のバネにしてきた。

パナソニック電工と三洋を完全子会社化することは、中村＆大坪が進めてきた一〇年越しの構造改革の総仕上げであった。

改革失敗で一兆三〇〇〇億円の巨額累計赤字

「戦艦大和《やまと》だ」——。

二〇一一年春、兵庫県尼崎市のプラズマディスプレイ工場を視察した、当時専務だった津賀一宏の口から飛び出した言葉がこれだった。（注5）

津賀はテレビ事業を統括していた。戦艦大和は役に立たない巨額投資の代名詞として使われることが多い。戦闘機が戦場の主役となり、戦闘機を搭載《とうさい》する航空母艦の時代になっていたにもかかわらず、戦艦に巨額投資した日本の軍部は、トレンド（潮流）が読めない時代錯誤《さくご》の集団と酷評《こくひょう》された。

同様に、液晶テレビが主役に躍り出ているのに、プラズマに巨額投資をつづけ、次々とつくられた尼崎市のプラズマディスプレイ工場は、まるで戦艦大和のようだと、津賀は切って捨てたのである。

〈プラズマに見切りをつけた津賀は、昨年（二〇一一年）七月の役員会で「尼崎第3工場を止めるべきだ」と明言した。中村―大坪路線の完全否定である。

役員陣は驚愕《きょうがく》し、会議は荒れに荒れた。だか、3か月後、パナソニックは尼崎第3工場の停止を発表する。稼働からわずか1年半後のことだった〉（同前）

あざやかな業績のV字回復を成し遂げて〝中興の祖〟と賞賛された中村に、異論を挟む役員はどこにもいなかった。津賀が中村を「裸の王様」と指弾《しだん》する最初の役員となった。

元役員が津賀の印象をこう語っている。

〈会議で中村会長や大坪社長に怒られようが、ひるまない人だった。役員の中でも一番若かったはずなのに、自分の意見を通しつづける度胸《どきょう》があった。自分が正しいと思ったことは、筋道を立てて周囲を納得させる術《すべ》にも長《た》けていた〉（注6）

二〇一二年三月期は七七二一億円の最終赤字。パナソニックは国内製造業で過去最大規模の赤字を計上した。過去四年間で最終赤字は三回、赤字額の累計は一兆三〇〇〇億円に迫る。二〇〇九年に稼働した尼崎第三工場はわずか一年半で稼働を停止したわけだから、大幅な減損損失の計上は避けられなくなった。二〇〇九年から二〇一一年にかけて八〇〇〇億円で買収した三洋電機も、翌年には巨額減損を余儀《よぎ》なくされた。

大坪時代のプラズマ工場への巨大投資（の継続）と三洋電機のM＆Aの判断ミスが、巨額赤字の元《げん》凶《きょう》だった。

「私の役割は終わった。あとは君にバトンタッチしたい。思う存分、新しい経営を進めてくれ」

社長の大坪文雄は津賀にこう伝えたという。

二〇一二年六月二七日の株主総会後の取締役会で、津賀一宏はパナソニックの第八代社長に就任した。大坪は会長に、中村は相談役になった。翌一三年六月二六日、大坪は会長を退任し、特別顧問に退いた。プラズマへの大型投資や三洋電機買収などが巨額赤字につながった経営責任を明確にするため、引責辞任したのである。

最年少社長の誕生

未曾有《みぞう》の逆風の中で、たすきを渡された津賀は五五歳だった。年功序列を重んじる社風からすれば、相当に若かった。

一九七七年、創業者の松下幸之助は当時社長だった娘婿の松下正治を会長に棚上げし、末席の取締役だった山下俊彦《やましたとしひこ》を社長に指名した。世間はこれを「山下跳び」ともてはやした。

このとき、山下は五八歳。津賀は山下より三歳若くして社長になった。創業家出身者以外では、最年少の社長が誕生したことになる、津賀にパナソニックの再生が託された。

津賀一宏は一九五六（昭和三一）年、大阪府に生まれた。作家の川端康成《かわばたやすなり》や評論家の大宅壮一《おおやそういち》の母校である大阪府立茨木高校から大阪大学基礎工学部生物工学科に進んだ。卒業後の七九年四月、松下電器産業（のちのパナソニック）に入社した。技術本部無線研究所（無線研）の音声認識グループに配属された。

無線研が採用したかったのはコンピュータサイエンスを専攻した学生だった。阪大基礎工学部の情報工学科へ募集をかけたが、なかなか採用目標に届かない。急遽《きゅうきょ》声をかけたのが、津賀が所属する生物工学科だった。音声認識は生物工学とは畑違いである。

津賀の才能を見込んだ上司が、「米国でコンピュータサイエンスを学んできなさい」と命じた。一九八六年、米国子会社の駐在となり、カリフォルニア大学サンタバーバラ校へ留学した。同校は、青色発光ダイオードで二〇一四年にノーベル物理学賞を受賞した中村修二《なかむらしゅうじ》が教授をつとめる名門校だ。津賀は二年かけてコンピュータサイエンス学科を修了した。

帰国した津賀は研究所での生活に戻り、ソフトウエア開発に従事した。デジタルテレビの立ち上がり期にネットワークとソフトの開発にたずさわった。

津賀は若いときからリーダーとしての風格を漂わせていた。そんな津賀に目をつけたのが、社長の中村邦夫だった。

二〇〇四年四月、中村は津賀を当時、最年少の四七歳で役員に引き上げた。松下電器では役員になる前のポストに理事があるが、津賀は理事にはならず、一気に役員に昇格した。伝統と格式を重んじる松下電器では異例の出世だった。これは間違いなく飛び級である。津賀は中村の〝秘蔵っ子〟と見なされるようになる。

「上にも下にもはっきりモノを言う」

松下電器に津賀あり――。一躍、その名が轟《とどろ》いたのは、米ハリウッドを巻き込んだ次世代DVD規格の交渉の場だった。

二〇〇五年、松下電器やソニー、フィリップスなどが提唱するBD（ブルーレイディスク）陣営と、東芝が主導するHD－DVD陣営に分かれたつば迫《ぜ》り合いは、電機業界最大の規格戦争だった。BDは「記録容量は大きいがコストが高い」。一方、HD－DVDは「容量はBDに劣《おと》るが安価」という、際立《きわだ》った特徴の違いがあった。松下電器産業のデジタルネットワーク・ソフトウェア技術担当役員の津賀は、「BD陣営」の交渉役として奔走《ほんそう》した。

一時、両陣営は歩み寄りを見せたが、記録方式で最後まで折り合わなかった。東芝側の要求を、「顧客ニーズに応えるには大容量化が必要だ」とする原則論で拒否しつづけたのが津賀だった。最終的に交渉は決裂《けつれつ》した。その後、二〇〇八年、東芝はHD－DVDから全面撤退し、BD陣営が勝者となった。津賀の主張が東芝を撃沈《げきちん》したのである。

現在、世界中で販売されているDVD、BDディスクの特許など知的財産権の多くはパナソニックが持っている。津賀の手柄である。

そのしたたかな交渉術から、津賀は社内外から「冷徹な切れ者」と見られるようになった。「上にも下にも、はっきりモノを言う」――これが社内で共通する津賀評である。

ＤＶＤ規格戦争に勝利した津賀は、二〇〇八年四月、常務役員に昇格、カーエレクトロニクス部門のオートモーティブシステムズ社の社長に就いた。その半年後の二〇〇八年一〇月、松下電器産業はパナソニックに社名を変更した。

二〇一一年四月、津賀は専務役員に昇進し、テレビなどＡＶ機器を統括するＡＶＣネットワークス社の社長となる。パナソニックの本流であるテレビ部門のＡＶＣ社の社長は、中村や大坪など歴代社長が歴任したポスト。本社の社長への近道とされてきた。

パナソニックの独裁者として君臨していた中村は、みずから築き上げたプラズマテレビ路線の幕引きを、〝秘蔵っ子〟の津賀一宏に託したのである。

パナソニックとソニー、二人の改革者の力量

パナソニックは復活した。二〇一四年三月期連結決算の最終純利益は一二〇四億円、三年ぶりに黒字に転換した。二〇一二年三月期と二〇一三年同期にそれぞれ七七二一億円、七五四二億円の巨額の赤字を計上したが、津賀が社長に就任後の一連の構造改革が奏功し、二〇一四年同期に黒字転換を果たした。二〇一五年同期は一七九四億円、二〇一六年同期は一九三二億円の連続黒字となった。

パナソニック、ソニー、シャープ。日本を代表する〝家電御三家〟はテレビ事業の崩壊で二〇一二年三月期、そろって過去最悪の最終赤字に転落した。

ところが、三社のその後の足跡はまったく違った。シャープは台湾の鴻海精密工業の軍門に下った。外資に身売りである。

パナソニックのライバルであるソニーは、二〇一二年三月期は四五六六億円の最終赤字と四期連続の赤字に沈んだ。ソニーは平井一夫《ひらいかずお》にトップが交代した。

パナソニックの津賀一宏とソニーの平井一夫。苦境におちいった巨大メーカーの改革者として、二人はなにかと比較されることが多い。

就任から二年、二人の力量の違いがはっきりしてきた。パナソニックは二〇一四年三月期に黒字転換を果たし、最悪の状態からいち早く脱却した。

対するソニーは、二〇一三年三月期は四三〇億円の黒字を出したものの、二〇一四年同期は一二八三億円、二〇一五年同期は一二五九億円の最終赤字を計上。赤字経営から抜け出せずにいた。二〇一六年三月期には一四七七億円の黒字を確保できる状態に戻ったが、ソニーの復権はパナソニックより二年遅れた。

パナソニックとソニーが明暗を分けたのは、「捨てる力」の差だった。

二〇一四年一月、米ラスベガスで開催された世界最大の家電見本市、コンシューマー・エレクトロニクス・ショー（CES）。韓国メーカーや中国メーカーの勢いと、それとは対照的な日本メーカーの元気のなさが際立った。視察に訪れた津賀は、日本の記者たちに向かってこう語った。

「もう日本の家電はダメだな。一目瞭然《いちもくりょうぜん》だ。韓国、中国と価格競争してもしょうがない。うちは儲ける別の道を探す」

この三ヵ月前の二〇一三年一〇月にプラズマテレビからの撤退宣言をした津賀は、吹っ切れた様子で会場を見て回った。

平井は社長に就任以来、テレビなどエレクトロニクス部門の立て直しを喫緊《きっきん》の経営課題とし、再三、エレキ部門の黒字化を公約したが、果たせずにいた。それが、ようやく長年の懸念《けねん》だったテレビ事業の分社化、パソコン事業の売却など取捨選択を進め、業績は回復してきた。

テレビを見切った津賀と、テレビにこだわった平井――。「捨てる力」の差が、津賀と平井の経営者としての評価を大きく変えた。

津賀は、長年花形だったテレビ部門を解体した。二〇一四年、テレビやオーディオなどＡＶ機器部門を冷蔵庫や洗濯機などの白物家電部門へ放り込んだ。ＡＶ機器は白物家電に包含され、非中核分野に格下げされたのである。

家電から車・住宅関連への大転換

二〇一三年三月二八日、津賀は社長就任後の初仕事となる中期経営計画（二〇一三年四月〜二〇一六年三月）を発表した。テレビ、半導体、携帯電話、回路基板、光事業（光ドライブ・ピックアップ）など五つの赤字事業部は、構造改革を実施して二年間で「赤字ゼロ」にする。自動車と住宅向けのＢtoＢ（ビジネスtoビジネス、企業間取引）を強化するという内容だった。

構造改革の方向性が、この中計で見えてきた。核となる事業を、家電など消費者向けの「ＢtoＣ」（ビジネスto消費者）から企業向けの「ＢtoＢ」に大転換をはかるというものだ。個人向けより値崩れしにくい法人向けビジネスに、経営の舵《かじ》を切ったのである。

新しい中計は津賀時代の幕開きを意味した。長年看板だったテレビに代わって、今後のパナソニックの柱となる事業として自動車と住宅を挙げた。

津賀は発表会見でこう切り出した。

「BtoB領域は広い。われわれのDNAはものづくり。メーカーであるということだ。それを生かせるのは車と住宅関連だ。メーカーを超えてサービスの領域に入っていけるかが成長のカギを握る」

「現在の自動車分野をそのまま成長させていけば、二〇一八年度の売上高は一・五兆円程度まで伸びるだろう。しかし、二兆円という背伸びした目標を達成するにはカーナビゲーションシステムやカーオーディオから、自動車の本体機能に踏み込んだ製品の開発をやらなければならない。

そのためにも、他社との協業や事業買収を積極的に進める必要がある。売上高が二兆円になれば、デンソーや独ボッシュといった世界有数のサプライヤー（自動車部品業界のリーディングカンパニー）と肩を並べられるようになる」

大手自動車メーカーに直接部品を供給する有力企業は、世界に一〇社程度しかない。二〇一四年度の世界の自動車部品メーカーはトップが独ボッシュで、二位がトヨタ自動車系のデンソー、六位が同じトヨタ系のアイシン精機である。

津賀は自動車部品で世界トップ10に入ると言い切った。彼が強気なのはカーナビゲーションやカーオーディオなど完成車メーカーに直接納めることができる製品を持っているからだ。カーナビとオーディオは現在の車載事業（一兆円）の三割強を占める二枚看板である。

津賀は大手自動車メーカーのトップを相手に商談をした経験がある。津賀が初めて経営者として組織を率いたのは車載部品部門だった。二〇〇八年から三年間、オートモーティブシステムズ社の社長をつとめた。それまで津賀は研究部門のリーダーだったから、本当の意味で経営者とはいえなかった。パナソニックの車載部品はトヨタ自動車向けが中心で、ほかのユーザーの本格的な開拓はこれからである。津賀は日産自動車や海外メーカーなどトヨタ以外にも販路を広げていく。

〈中でも独フォルクスワーゲン（VW）は、それまでなかなか関係が構築できなかった相手だった。津賀はポケットマネーで購入したVW製の新車に乗り、商談の際に相手の幹部に（この事実を）披露《ひろう》したという。VWの幹部は津賀の粋《いき》なやり方にほれ、見事に信頼関係を構築した〉（注7）

VWは燃費データの不正で、経営は〝一時停車〟の状態だが、必ずトヨタ自動車を追いかけてくる。津賀が車載事業を成長戦略の柱と位置づけたのは、みずからトップセールスをしたことがあるからだろう。だが、トヨタ以外でターニングポイントとなるような目立った成果は、まだ挙がっていない。

EV市場に勝負を賭ける

車載分野でパナソニックが存在感を示している領域がある。リチウムイオン電池だ。リチウムイオン電池はパナソニックのみならず、二〇一一年に完全子会社にした三洋電機でも技術を蓄積してきた。

調査会社テクノ・システム・リサーチによると、車載用リチウム電池の世界シェアはトップがパナソニックである。二位は日産自動車とNECの共同出資会社、オートモーティブエナジーサプライだ。

パナソニックがシェアトップになっている最大の理由は、米電気自動車（EV）ベンチャー、テスラ・モーターズにリチウムイオン電池を供給しているからである。

パナソニックはテスラに三〇〇億円出資している。大阪・住之江工場でテスラの主力車「モデル

S」とスポーツタイプ多目的車（SUV）「モデルX」向けの電池を生産している。

津賀は大勝負に打って出た。

二〇一六年一月、米家電見本市コンシューマー・エレクトロニクス・ショーの会場でインタビューに応じた津賀は、テスラ・モーターズと共同で米ネバダ州に建設している電池工場への投資額が最大一六億ドル（約一九〇〇億円）になるとの見通しを示した。

パナソニックはテスラと共同で巨大電池工場を建設中だ。二〇一六年には一部が稼働する。工場が完成する二〇二〇年までの総投資額は五〇億ドル（約六〇〇〇億円）。パナソニックはこれまで、自社の投資額を明らかにしていなかった。

津賀は「テスラが成功し、EVが主流になれば世界は変わる。われわれは多くの成長機会を得る」と展望している。

パナソニックは自動車のコンピュータ化と、今後十数年間で予想される小型車の需要にうまく乗って、自動車部品のサプライヤーの世界トップ10入りを目指している。リチウムイオン電池への投資はその一環である。

車載事業の二〇一六年三月期の売上高は一兆三〇〇〇億円だった。二〇一九年三月期には二兆一〇〇〇億円を目標にしている。このうち電池事業の売上高は一六年三月期比二・二倍の四〇〇〇億円に引き上げる計画だ。テスラとの協業でアクセルを踏み込む。

テスラは二〇一五年に約五万台だった販売台数を、二〇二〇年までに年間五〇万台に飛躍的に増やす。リチウムイオン電池工場がフル稼働できるかどうかは、テスラが投入する新モデル「モデル３」

の成功にかかっているといっても過言ではない。

テスラは二〇一六年春に中価格帯のＥＶの新モデル「モデル３」の販売をはじめた。予約は一週間で、日産自動車がこれまで世界で販売したＥＶの累計（二〇万台）を超えたと伝えられている。「モデル３」はテスラがベンチャーから中堅の自動車メーカーにステップアップするための戦略車である。

津賀はテスラを戦略的パートナーに選び勝負を賭けた。一蓮托生《いちれんたくしょう》になるか、それとも大化けするのか。数年後に結果が出る。

「ソニー・平井には絶対に負けない」

パナソニックが創業一〇〇周年の二〇一九年三月期に、連結売上高を一〇兆円とする経営目標を撤回したことは、冒頭で触れた。社長の津賀が二〇一六年三月三一日に都内で開いた二〇一六年度（二〇一七年三月期）からの事業方針説明会で明らかにした。

二〇二〇年度（二〇二一年三月期）に営業利益を一五年度（四一五七億円）から一・四倍の六〇〇〇億円に増やす。津賀は「利益重視の経営に完全に転換する」と言明した。

売上高一〇兆円の目標は二〇一四年三月に掲げていた。プラズマテレビから撤退するなど不振の消費者向け事業を縮小し、自動車と住宅の二分野を中心に企業向けの拡大を打ち出したときに、数値目標として提示したものだ。住宅事業は海外市場に注力し、車載事業は電池事業を拡大して、それぞれの売り上げを二倍近い二兆円とするとした。

だが、中国景気の減速や住宅市場の低迷などで、二〇一六年三月期の連結売上高は期初目標の八兆円から七兆五五三七億円に目減りしたため、一〇兆円の達成が遠のいたという事情はたしかにある。売上高はリーマン・ショック直前の二〇〇七年三月期の九兆一〇八一億円が過去最高。売上高一〇兆円への挑戦は三回目だったが、もう、これにはこだわらない。

津賀パナソニックは「負の遺産」を出し切り、業績を反転させた。

津賀はソニーの平井よりテレビ事業の撤退では先行したが、三月三一日の事業方針発表会では、ソニーを引き合いに出して次のように語った。

「（ソニーの事業の取捨選択の進め方に）多く学ばせてもらった。私たちも負けずに改革していきたい」

語り口はソフトだが、「平井には絶対に負けない」という熱い思いが読み取れた。

高成長事業については冒頭で触れたが、安定成長事業と収益改善事業について簡単に述べておく。安定成長事業は国内向けの白物家電などで、Ｍ＆Ａには頼らず着実な収益の確保をはかる。収益改善事業はＩＴ系やデジタルＡＶ関連といった収益環境が厳しい分野を指す。販売台数など規模は追わず、効率化によって利益率を高める。

「Ｂ to Ｂ」（企業間取引）は売上高利益率一〇％以上を確保する。一方、「Ｂ to Ｃ」（消費者向け取引）は同五％以上と設定する。

規模の拡大にこだわらず、迅速《じんそく》な経営判断ができるよう、各カンパニーに権限の委譲を進め、難局に対処する考えだ。

津賀は今後、一両年で構造改革の具体的な成果が問われることになる。

〝中村的なるもの〟を一掃する

津賀は中村の〝秘蔵っ子〟と評されてきた。たしかに津賀の決断の早さや先見性を中村は高く買って、若い頃から目をかけてきた。だから、津賀は創業家以外では、いちばん若い社長になった。

しかし、現在の津賀は中村のプラズマテレビ路線を完全に否定し、負の遺産の処理を急ぐ。社内から〝中村的なるもの〟の一掃をはかろうとしている。

〝中村的なるもの〟とは何か。カリスマ経営者として一世を風靡《ふうび》した経営者はみな、社内で神格化される。中村もそうだった。パナソニックの公用語から「いいえ（ノー）」が消えてしまった。

津賀はこうなってはいけないと自らを律する。もし、自分が経営の舵取りを間違えたら、大きな声で指摘してもらいたいのだ。「間違っている」という正論が、声なき声になってしまったとき、パナソニックは、もう一度危機に直面するとわかっているからだ。

津賀がやらなければならないのは、津賀イズムを血肉をともなったものにして、社内に浸透させることだ。「成果（＝利益）を出してなんぼ」これが経営者の世界なのである。

第2章　富士重工業——ドン底からエクセレントカンパニーへ

熱狂的なファンをもつスバル車

二〇一六年三月二七日。スバルのクルマをこよなく愛する「スバリスト」と呼ばれるファン約二五〇〇人が、栃木県佐野市にある富士重工業の「スバル研究実験センター」に集結した。同社が初めて開いたイベントは「スバル　ファンミーティング」と銘打《めいう》たれた。

体験乗車会やスバルの開発・技術者とのトークショーがおこなわれた。倍率三・四倍の抽選をくぐり抜けたスバリストたちが、愛車一〇〇〇台で会場に駆けつけた。

スバル初の大規模ファン祭の会場に選ばれた研究実験センターは、群馬県太田市スバル町にある富士重工業の群馬製作所から約二〇キロ北東にあるテストコース。一周四・三キロメートル、幅一二メートル、三車線の高速周回路がある。普段は立ち入り禁止のテストコースで、時速一八〇キロメートルで走行するクルマに同乗したり、内側車線を回る大型バスに乗って、それを見学したりした。

技術資料館も初めて一般公開された。資料館には往年の名車が展示された。中央に置かれたのは一九五八（昭和三三）年に同社初の四輪車として発売した「スバル360」の派生モデル。軽自動車で初めて四人乗りを実現したクルマだ。丸みを帯びた車体のデザインから「てんとう虫」の愛称で親しまれた。

スバルのクルマに四輪駆動車のイメージを定着させるルーツともいえる「スバルff－1 1300Gスポーツ」はピストンを左右に配置した水平対向エンジンを初めて搭載《とうさい》した「スバル1000」の進化形である。

イベントに参加したスバリストたちは、愛車を駆って車列を組んで走る「パレードラン」で締めくくった。

富士重工業は二〇一五年度から専門部署を設置して、ファンとの交流を深めている。今回のイベントはその一環だ。出席した社長の吉永泰之《よしながやすゆき》は「初めての試みだが、来場者に喜んでもらえた。これからも顧客と触れ合う機会を大事にして、もっともっとスバルを知ってもらいたい」と挨拶《あいさつ》した。スバリストたちは「開発拠点を開放するなんてすごい」と高揚感を漲《みなぎ》らせた。

営業利益率一七％のエクセレントカンパニー

スバルがブランド名の富士重工業は元気溌剌《はつらつ》だ。二〇一六年三月期の連結決算（日本会計基準）は、売り上げ、営業利益、最終利益で過去最高を更新した。売上高は前期比一二％増の三兆二三二二億円、営業利益は同三四％増の五六五五億円、純利益は同六七％増の四三六六億円と絶好調である。

本業の儲けを示す営業利益の伸び率は、国内自動車メーカー大手七社のなかで最も高い。売上高営業利益率一七・五％は突出している。一六年三月期に過去最高の営業利益二兆八五三九億円をあげたトヨタ自動車の営業利益率（一〇・〇％）と比べてみれば、いかにスバルがすごいかがわかる。営業利益率一五％超の企業は〝エクセレントカンパニー（超一流企業）〟と呼ばれる。富士重工業は、その仲間入りを果たしたことになる。

株主に利益を還元する。同社はこれまで、自己資本比率五〇％を超えるまでは配当性向を二〇％とする方針を掲げてきた。二〇一五年九月中間決算で、自己資本比率が五〇・二％に達したことで配当性向を三〇％に引き上げた。この結果、年間配当金を一四四円と一五年三月期の実績（六八円）比で二倍強に増額した。配当性向とは、利益のうちどれだけを配当に回すかという指標だ。利益がきちんと上がっていれば、配当性向が高いほうが、株主に報《むく》いていることになる。

北米市場が業績を牽引《けんいん》している。二〇一五年（暦年）の北米市場全体の新車販売台数は五・七％増の一七四七万台。これまで過去最高だった二〇〇〇年の一七四〇万台を、ひさびさに上回った。富士重工業のスバルは一三％増の五八万台。二桁《けた》の伸びを達成したのは富士重工業と三菱自動車だけだった。

二〇一六年三月期の北米の販売台数は一〇％増の六三万台。世界販売台数（九五万台）の六六％を占める。二〇年度（二一年三月期）までの中期経営計画で掲げていた北米における年間販売台数六〇万台を、五年前倒しで達成した。

北米での販売の半分程度を占めるのは、四輪駆動ＳＵＶ（スポーツ多目的車）のアウトバック（日

本名はレガシィ　アウトバック）とフォレスターである。ＳＵＶは納車まで二ヵ月半～三ヵ月待ちという人気ぶりだ。

供給が追いついていないため、現地で増産体制を敷く。米国工場の生産能力は現在二二万台だが、一六年夏から年三九万台に倍増する。

増産体制が整うことから、二〇一六年（暦年）の世界販売台数は一五年実績比九％増の一〇五万台とした。計画を達成できれば初の一〇〇万台の大台乗せとなる。五年連続で過去最高を更新する見込みだ。

富士重工業の株価は、二〇一五年一二月二日に五二二三円の上場《じょうじょう》来高値《らいたかね》をつけた。

吉永泰之が二〇一一年六月に社長に就任した当時の株価のボトムは四〇二円（一一年一一月二四日）。その後は右肩上がりの上昇をつづけ、四年間で一三倍に高騰《こうとう》した。一九六〇年に上場した重厚長大産業の典型である自動車メーカーの株価が、ＩＴ企業のように値上がりしたのである。

「小さくても存在感のある会社を目指す」

吉永泰之は人と違うことばかりをする、自動車産業の異端社長として知られている。独自の技術で「オンリーワン」商品を開発して、大手メーカーとの違いを際立《きわだ》たせることに成功した。

「ローマは一日にして成らず」――ドン底から奇跡の大逆転をもたらすまでには、長くてけわしい苦難の歴史があった。

戦後分割された中島飛行機が再結集

富士重工業の前身は、戦前、軍用機を生産していた中島飛行機である。中島知久平《なかじまちくへい》が設立し、巨大航空機メーカーになった。

中島は一八八四（明治一七）年、群馬県新田《にった》郡尾島《おじま》村（のちの群馬県太田市押切《おしきり》町）の豪農の家に生まれた。日本海軍の機関科に属する士官を養成するための海軍機関学校に進む。旧海軍に三つあった学校の一つで、ほかは海軍兵学校と海軍経理学校。中島は海軍機関学校を「恩賜《おんし》の銀時計組（軍学校、帝国大学などで成績優秀で天皇から銀時計を下賜《かし》された者）」で卒業した。その後、海軍上級士官教育機関である海軍大学校に進んだ。

海軍大学校を卒業後、米国、英国、フランスに留学し、飛行機を研究した。横須賀海軍工廠《こうしょう》内飛行機工場長をつとめるなど、将来の栄達が約束されていた。

第一次世界大戦についてつぶさに勉強した中島は、航空機の重要性を痛感した。当時の海軍の主流だった大艦巨砲主義を批判。「経済的に貧しい日本の国防は航空機中心にすべきであり、世界の水準に追いつくには民間の航空機産業を興《おこ》さねばならない」と決意。海軍大尉《たいい》で退役した。

一九一七年、群馬県の生家近くの養蚕《ようさん》小屋を借りて設計室をつくり、江戸初期の浄土宗の僧、呑《どん》竜《りゅう》が開いた大光院《だいこういん》（呑竜様）の境内《けいだい》にあった一〇〇坪（三三〇平方メートル）の洋館を工場とし、飛行機研究所（のちの中島飛行機）の看板を掲げた。日本で最初の民間飛行機工場は、養蚕小屋で産声《うぶごえ》をあげた。一九三一（昭和六）年、中島飛行機株式会社に改称した。

中島飛行機は敗戦まで、三万機の軍用機を生産する巨大軍需会社となった。陸軍の一式戦闘機

「隼《はやぶさ》」や四式戦闘機「疾風《はやて》」などを世に送り出した。海軍では真珠湾攻撃で花形となった九七式艦上攻撃機（B5N2）や本土を襲ったB29を迎撃した双発戦闘機「月光」などがある。三菱重工業が設計した「零戦《ゼロせん》」のエンジンをはじめ、全体の三分の二は中島飛行機が製造した。

中島飛行機は戦後、GHQ（連合国軍総司令部）によって航空機の研究開発が一切禁じられた。そこで富士産業に名前を変えて民生品のメーカーになった。その富士産業も財閥《ざいばつ》解体の指定を受け、事業所ごとに一二社に分割された。

中島は政界に進出した。第一次近衛《このえ》文麿《ふみまろ》内閣の鉄道大臣、政友会革新同盟総裁、敗戦直後の東久邇《ひがしくにの》宮《みや》内閣の軍需大臣、商工大臣を歴任した。

一九四五年一二月、GHQからA級戦犯の指定を受け、翌年一月、公職追放となった。四七年にA級戦犯は指定解除されたが、四九年一〇月、脳出血のため急死した。享年《きょうねん》六五。中島飛行機の歴史はここで終わりを告げた。

一九五二年、サンフランシスコ平和条約が締結され、日本の主権が回復した。これを機に、一二の会社に散り散りになった旧中島飛行機は再結集に動く。五三年七月、群馬の富士工業、富士自動車工業、埼玉の大宮富士工業、栃木の宇都宮車両、東京の東京富士産業の五社が共同出資して、航空機の生産を目的とする富士重工業を設立した。そして五五年四月、富士重工業が出資した五社を吸収合併して、現在の姿になる。この時点で旧中島飛行機は富士重工業に生まれ変わったわけだ。

マイカー時代を牽引《けんいん》した軽「スバル３６０」

富士重工業の初代社長は北謙治だ。戦時下、日本興業銀行とともに中島飛行機を資金面で支えた戦時金融公庫の元理事である。

北謙治が富士重工に残した足跡は大きい。北が自動車のブランド名を「スバル」と命名した。スバルは牡牛座《おうし》にあるプレアデス星団の日本名「昴《すばる》」に由来する。夜空に青白く光る六つの星は、日本では古くから「六連星《むつらぼし》」と呼ばれ、「万葉集」や「枕草子」にも登場する。富士重工業が中島飛行機系五社を吸収合併して誕生したことから、「統《す》べる」＝統合する、一つに集まるの意味と重ね合わせたのである。

「本格的な自動車をつくれ」

初代社長・北謙治の号令のもと、自動車の試作車づくりがはじまった。発足《ほっそく》前から富士自動車は乗用車市場に参入すべく、試作車をつくっていた。当時、自動車ではほとんど例がなかったフルモノコック方式（車全体を一体でつくる方式）のボディで採用するなど、いかにも飛行機屋らしい発想でクルマづくりに挑《いど》んだ。

一九五四年、最初につくり上げた第一号試作車を、北は「スバル１５００」と命名した。だが、「スバル１５００」は、エンジン供給の問題やトヨタ自動車、日産自動車など先発メーカーとの厳しい競争が予想されたことから、銀行から資金が得られずお蔵入りとなった。

二代目社長の吉田孝雄が、スバルのクルマを世に出すことになる。吉田は一九二〇年に開設された東京帝国大学航空工学科の第一期生。中島飛行機に入社し、海軍向けの軍用機の組み立てをおこなっていた小泉製作所の所長をつとめた技術者である。

　吉田が社長時代の一九五八年、富士重工業が開発した防衛庁の練習機「Ｔ１」ジェット機が初飛行に成功した。戦後初の純国産航空機であった。

　生え抜き社長といってもいい吉田の最大の功績は、軽自動車「スバル３６０」を成功させたことだ。一九五八年から一九七〇年までの一二年間に三九万台生産された。

「スバル３６０」は飛行機野郎たちがつくった最初の市販されたクルマだ。日本初の衝突実験をおこなうなど、飛行機の安全重視、軽量化の技術がいかんなく発揮《はっき》されたクルマだった。小さなエンジンなのに大人四人を乗せて軽快に走る。価格は四二万五〇〇〇円だった。他社の乗用車に比べて安く、マイカー時代の先駆けとなるクルマとなった。

　富士重工業は一九六〇（昭和三五）年に東京証券取引所へ上場を果たした。

メインバンク・興銀の支配下に

　高度成長期、富士重工業の経営は混迷を深めていく。期待していた国産航空機の時代はやってこなかった。しかも、自動車メーカーとしては最後発である。メインバンクの日本興業銀行の頭取だった中山素平《なかやまそへい》が、率先して経営再建のハンドルを握ることになる。富士重工業は銀行の管理下に置かれた。

〝財界の鞍馬天狗《くらまてんぐ》〟の異名《いみょう》をとる中山は、日産自動車とプリンス自動車の合併の仕掛け人である。八幡《やわた》製鐵と富士製鐵を合併させ、新日本製鐵の誕生に尽力するなど、戦後日本の経済発展で重要な役割を果たした。高度成長期の日本の産業地図は、中山が描いたといっても過言ではない。

一九六三（昭和三八）年、中山は富士重工業の三代目社長に、電電公社（のちのＮＴＴ）副総裁の横田信夫を起用した。同時に興銀常務の大原栄一《おおはらえいいち》を副社長として送り込んだ。大原は興銀の頭取候補といわれた人物である。富士重工業を日産自動車に吸収合併させるという、極秘のミッション（使命）を帯びてやってきた。

日産自動車社長の川又克二《かわまたかつじ》は興銀の出身。日産は「興銀自動車部」とあだ名されていた。一九六六年、日産はプリンス自動車と合併した。プリンス自動車は中島飛行機から分離した富士精密工業が母体で、中島飛行機の航空技術者たちが名車スカイラインやグロリアを完成させた。

中山素平は旧日産コンツェルンの日産を核に、旧中島飛行機の流れをくむ富士重工業とプリンス自動車を大同団結させ、三菱重工業や三菱自動車工業を擁《よう》する三菱グループに対抗できる芙蓉《ふよう》グループの自動車・航空機企業を誕生させるという壮大な青写真を描いていた。

中山の意を受けて、大原栄一が動いた。一九六八年、いすゞ自動車との業務提携を破棄し、ただちに日産と資本提携した。この功績で大原栄一は四代目社長に就任した。この時点で富士重工業は自動車産業再編の台風の目となった。

しかし、日産との合併は結局、実現しなかった。中山素平の構想は、日産とプリンス自動車の合併という片肺飛行にとどまった。

興銀と日産の権力闘争に翻弄《ほんろう》される

戦後の自動車産業の興隆期に、興銀の支配がつづいた。彼らは財務のプロだが、クルマ屋としてはド素人《しろうと》だ。四輪車に新規に参入したばかりで、生産台数でドン尻だったホンダにも、あっという間に追い抜かれてしまった。やはり、クルマづくりはクルマがわかっている人でなければダメだということになり、これ以降、興銀と日産の双頭支配に移行する。

一九七八年、興銀は五代目社長に、日産の副会長をつとめた佐々木定道を送り込んだ。佐々木は京都大学工学部卒の技術屋で、技術主導型のメーカーである富士重工業との相性は決して悪くなかった。だが、実力会長の大原とうまく折り合いをつけることができなかったようだ。

大原は興銀副頭取から富士重工業の副社長に招いた田島敏弘を、八五年に第六代社長にあてた。田島の社長時代に、興銀と日産の覇権《はけん》争いは終結した。

興銀と日産の長年の権力闘争で、富士重工は「技術は一流、経営は三流」と揶揄《やゆ》され、経営力の劣化《れっか》は目を覆《おお》うばかりとなった。八五年のプラザ合意にともなう円高に対して有効な手を打てないまま、業績は一気に悪化。九〇年三月期には、六五八〇億円の売上高に対して二九六億円の営業赤字を計上。翌九一年三月期に、とうとう六六四億円の最終赤字に転落した。

これで二七年間に及んだ興銀による植民地支配は終わり、日産が新しい君主となる。

日産の単独支配に移行

富士重工業の再建のために一九九〇年、七代目社長になったのが川合勇《かわいいさむ》である。川合は東京帝国大学航空大学航空学科を卒業、日産に入社。日産時代には佐々木定道の部下としておもに生産技術を担当。日産の社長ポストの争奪戦で久米豊《くめゆたか》に敗れたが、慢性《まんせい》的な赤字に悩まされていたトラックメーカー、日産ディーゼル工業（のちのUDトラックス）の経営を立て直した。〝再建屋〟として手腕を期待されて、今度は富士重工業の社長の椅子が回ってきた。

一九九四年三月期まで赤字をタレ流していたが、九五年から九七年三月期まで三期連続して増益となった。V字回復を花道に川合は会長に退き、一九九六年、後任の八代目社長に田中毅を就けた。

川合は富士重工業の社長に乗り込んできたとき、日産の取締役だった田中を連れてきた。田中は購買のプロで、コスト削減に辣腕《らつわん》を振るった。これで日産出身の社長が二代つづくことになった。

日本経済新聞は川合の功績をこう報じた。

〈川合勇は、1990年に当時の久米豊日産自動車社長と日本興業銀行首脳から富士重工業の再建を依頼され、社長を引き受けた。両社（日産ディーゼル工業と富士重工業）の業績を押し上げ、「再建請負人」と呼ばれる。地方の販売店に頻繁《ひんぱん》に足を運び士気を鼓舞《こぶ》するリーダーシップは、自動車業界で屈指《くっし》だ〉（注1）

自動車メーカーの再建請負人を二社もつとめたのは、川合勇だけである。

しかし、実力会長として君臨する川合は、突然、奈落の底に突き落とされることになる。

汚職事件で実力会長が逮捕

一九九八年一二月一日、東京地検特捜部は富士重工業会長の川合勇を贈賄《ぞうわい》容疑で逮捕した。元防衛政務次官で衆議院議員の中島洋次郎に五〇〇万円を渡すことを、部下の元専務の小暮泰之に指示した容疑である。海上自衛隊の新型救難飛行艇「US－1A改」開発をめぐる汚職事件である。富士重工業の設立以来、最大の不祥事となった。

「US－1A改」は開発費の総額七〇〇億円というビッグプロジェクトである。一九九六年度から開発がはじまり、二〇〇四年には試作機が完成する。旧型機の「US－1A」では利益率の高い尾翼などを担当、新型機でも継続して受注を狙っていた。

防衛庁との取引額で第二位の川崎重工業が共同開発に参入するとの情報が流れ、川合は分担の割合が減らされることに危機感を抱いた。

いまでは自動車が主力で、航空宇宙事業の売上比率は四・七％程度と低いが、富士重工業はもともと飛行機の生産を目的に設立された会社である。航空機は創業事業であり、川崎重工業に負けるわけにはいかなかった。

そこで防衛政務次官の中島洋次郎に防衛庁への口利きを依頼、中島の働きかけで、以前と変わらないシェアを確保できた。口利きをしてもらった謝礼として、元専務の小暮が現金五〇〇万円を渡した、という単純な構図である。

中島洋次郎は中島飛行機の創業者、中島知久平の孫。文相をつとめた中島源太郎《なかじまげんたろう》の二男である。父源太郎の死去にともない、NHKの記者だった洋次郎が擁立《ようりつ》された。創業者の孫が衆院議員に出馬するのである。富士重工業が丸抱えで応援したのはいうまでもない。

洋次郎は政党助成法違反、公職選挙法違反、受託収賄罪で三回逮捕され、九九年七月に東京地裁で懲役二年六ヵ月、追徴金一〇〇〇万円の実刑判決を受けた。その後、東京高裁に控訴《こうそ》、最高裁に上告したが、結審前の二〇〇一年一月、自宅で首吊り自殺をした。逮捕され、実刑判決を受けたことから精神的に不安定になっていたという。

元会長の川合と元専務の小暮は最高裁まで争ったが、二〇〇六年三月、最高裁は上告を棄却。川合は懲役一年六ヵ月、小暮は同一年二ヵ月、それぞれ執行猶予《ゆうよ》三年とした一審、二審の判決が確定した。

再建の立て役者が失脚したのにつづき、次々と激震が襲ってきた。

たらい回しにされる「ひとり負け」の会社

一九九九（平成一一）年、メインバンクで大株主の日本興業銀行が、第一勧業銀行、富士銀行と経営統合することになった。現在のみずほフィナンシャルグループである。

親会社の日産は倒産説が囁《ささや》かれるほどの経営危機におちいり、九九年にフランスのルノーの軍門に下った。二〇〇〇年、コストカッターの異名をとるカルロス・ゴーンが乗り込んできた。最高経営責任者となったゴーンは経営再建の一環として、日産が保有していた傘下《さんか》企業の株式を次々と放出していった。富士重工業株式（二〇％）を米ゼネラル・モーターズ（ＧＭ）に売却した。日産との提携は解消された。こんな言葉で離別を宣告されたという。

「富士重工業の将来は自分で判断して決めてください」

日産の支配が終焉《しゅうえん》し、社長が交代した。二〇〇一年、竹中恭二《たけなかきょうじ》が九代目社長に就いた。このトップ人事は異例だった。何が異例かというと、竹中は取締役ではなく執行役員を二年しか経験していなかったからだ。先輩役員二五人を飛び越しての大抜擢《だいばってき》である。これまで歴代社長は、大株主の興銀と日産から迎えていた。竹中は二代目社長の吉田孝雄が退任してから数えて、三八年ぶりのプロパー社長である。

悲しいことだが、オーナー（君主）に迎合することが社員の遺伝子に刷り込まれてしまっていた。社内では、GMにすり寄るための迎合人事と受け止められた。

竹中は大阪市立大学工学部を卒業。スバルの研究開発部門でキャリアを築いてきた。アライアンス（企業連合）推進室長として、対GM戦略を担当してきた。GMの傘下に入ったことで、GMに土地勘がある（とみなされた）と竹中が大抜擢されたのである。

やはりというか、当然のことというか、GM傘下に入っても業績が浮上することはなかった。自動車業界が好況に沸《わ》く二〇〇五年、屈辱《くつじょく》的な見出しが経済専門紙、日経の紙面をにぎわした。

「ひとり負け」——。

ヒットした車がないのだから当然、販売台数の計画は未達になる。加えてコスト高の悪循環だ。国内自動車メーカーとの競争に敗れた富士重工業は、ドン底だった。

GMはお荷物の富士重工業に見切りをつけた。親会社がまた替わったのである。GMは業績悪化にともない二〇〇五年一〇月五日、保有する富士重工業株式（二〇%）をすべて放出した。トヨタ自動車が二〇%のうち八・七%を買い取って、筆頭株主になった。

プロパー社長は親会社トヨタへの迎合人事か

「トヨタ自動車との新たな時代を、新しい体制で挑みたい」

竹中恭二は第一〇代社長に森郁夫《もりいくお》を指名した。「ものづくりの原点と販売を直結させることができる人材として、二年前から社長にする心づもりで、人事に手を打ってきた」と説明した。森は生産と営業の両方に精通していた。二〇〇六年、常務からの一二人抜きで社長となった。

このときも、「資本提携したトヨタへの迎合人事だ」との声があがった。

「トヨタが資本参加したのは、米国工場のSIA（スバル オブ インディアナ オートモーティブ インク）が欲しかったから。SIAの能力を最大限に利用するには、SIAのエキスパートである森常務が絶好のパートナーになる」と自動車業界は、森の社長就任をこう読み解いた。

森郁夫は一九四七（昭和二二）年八月一九日、高知県の生まれ。一九七〇年に早稲田大学理工学部を卒業、富士重工業に入社した。基幹工場である群馬製作所の生産現場が長かった。

転機が訪れたのは一九八六年。極秘プロジェクトへの参加を命じられた。いすゞ自動車と合弁で米インディアナ州に初の海外工場を建設する計画だ。いすゞと計画をすり合わせ、工場を立ち上げるためにインディアナに赴任した。

森は日本経済新聞のコラム「私の課長時代」で、海外工場を立ち上げた思い出を語っている。工場用地はトウモロコシ畑の中にあり、森はこんなところで働くのかと面食らった。言葉以上に壁を感じたのは文化の違いだった。

日本のように二交代制のライン編成でシフトを組んでも、受け入れてもらえない。「シニオリティ（先任権）」という考えがあるからだ。先に雇われた人が自分の配置を優先的に選ぶ権利がある。これでは適切なローテーションは組めないし、スキルを身につけた先輩社員が楽な仕事に流れてしまう。日本式の「他人の庭を掃け」の考えは通用しなかった。

会長だった川合勇は、工場の従業員たちにこう諭《さと》した。「工場の中で製品の不良が発生したとき、それが直前の工程のミスだったとしても知らぬ顔を決め込み『俺の責任ではない』と言っているような会社はよくはならない。一人では持っている能力の半分も出せないからである。少なくとも直前の工程で問題が起こったら、飛んでいって助けてあげよう。これが『他人の庭を掃く』の意味である」

富士重工の歴代の社長は、仕事はチームワークでやるもので、己《おのれ》の領域に線引きをするなという意味で、このフレーズをよく使う。仕事の分担がはっきりしている米国では、こういう考え方は、まったく通用しなかった。森はこう語る。

〈私はアイク（IKE）・モリと呼ばれましたが、会議で何にでもノーと言うので、米国人の同僚が付けたニックネームが「NO《ノー》 NO《ノー》 IKE《アイク》」。ただ2006年の社長就任後に現地を視察すると、当時を知る米国人社員が全員、胸に「I LIKE IKE」のシールを貼って出迎えてくれました。粋《いき》な演出に感動しました〉（注2）

森は米国工場での生産を軌道に乗せた一九九三年、五年ぶりに日本に帰国し、あえて未経験の営業の仕事に飛び込んだ。営業の仕事に変わっても生産現場への愛着は強かった。最初は北米管理部。自分たちが立ち上げた米工場との折衝《せっしょう》窓口である。

〈出張時は「どら焼きの運び屋」になりました。日本の味が恋しい気持ちは経験済みだったからで、駐在員の家族全員分を毎回届けました。鮮度にこだわり、成田空港への道すがら大量調達。税関で不審に思われ、足止めを食ったこともありました〉（同前）

二〇〇三年一月、富士重工業は、いすゞ自動車との米国における共同現地生産の合弁契約を解消し、合弁会社を完全子会社にした。それが前述のＳＩＡだ。

二〇〇六年三月、トヨタと業務提携した。トヨタの狙いはＳＩＡへの生産委託だった。いすゞとの共同事業を立ち上げ、同事業の生産管理部門を率いたＳＩＡのエキスパートである森は、トヨタときちんと話ができる素地《そじ》があった。ＳＩＡが社長の座をたぐり寄せたといっていいだろう。

二〇〇七年、トヨタはＳＩＡへトヨタグループの世界戦略車「カムリ」の生産を委託した。

「スバルはトヨタ化するな」

これまで興銀の植民地であり、日産に占領されてきた会社に、今度はトヨタが社長を送り込んで直轄《ちょっかつ》領とする。米国工場はトヨタの衛星工場になる。誰もがそう思っていた。

トヨタとの提携交渉の窓口をつとめたのが、執行役員に昇格した戦略本部副本部長兼経営企画部長の吉永泰之だった。現在の社長である。「飲み込まれるのではないか」と吉永自身、危惧《きぐ》していた。

ところが、〈「トヨタにならないでください」。トヨタ自動車の名誉会長の豊田章一郎《とよだしょういちろう》や社長の渡辺《わたなべ》捷昭《かつあき》ら首脳陣から、こう言われたことを、吉永は今でも鮮明に覚えている。「スバルはトヨタ化するな、個性を失ってはいけない」と、あえて助言してくれたのだと吉永は理解した〉（注３）。

森はトヨタとの協業を構造改革のテコとして、フルに活用した。

二〇〇八年四月一〇日夜。トヨタ自動車、ダイハツ工業、富士重工業三社の緊急会見が開かれた。

「トヨタグループとして一歩踏み込む。新しい関係を築きたい」

富士重工業社長の森郁夫はこう切り出した。

新たな提携の骨子《こっし》は二つ。一つはトヨタが富士重工業の株式の保有比率を八・七％から一六・五％に高める。トヨタは二〇〇五年一〇月、富士重工業株を二〇％保有していた米ゼネラル・モーターズ（ＧＭ）から一部を取得し、筆頭株主になっていた。残りの株式は富士重工業が金庫株（使途を特定化しないで保有する自社株）として持っていたが、この過半をトヨタは三一一億円で買い取ることにしたのだ。

もう一つはトヨタと、トヨタの子会社のダイハツから、小型車や軽自動車をＯＥＭ（相手先ブランド生産）での供給を受けることだ。富士重工業は国内販売の三分の二を占める軽の生産から撤退。ダイハツからＯＥＭを受ける。富士重工業は軽の生産を終了した群馬製作所で、トヨタ向けに若者向けの付加価値の高いＦＲスポーツ車を共同開発・生産するというものだった。このクルマはトヨタとスバルで別々に売るスキームだった。

「富士重工業さんから（提携の）要請があった」トヨタ社長の渡辺はこう明かした。

「軽から撤退、北米市場にシフト」の大転換

富士重工業は生き残りの瀬戸際《せとぎわ》に立たされていた。国内の乗用車市場でシェア八位、軽自動車でも五位と切り札を持たない下位メーカーに甘んじていた。森は軽自動車の開発・生産からの撤退と、ＳＩＡを生産拠点として米国市場へ完全にシフトする戦略とを、並行して打ち出したのである。

この大転換はディーラー（販売店）の猛反発を招いた。森はこう回想している。

〈当社は〝てんとう虫〟と親しまれ、大衆車の草分けとなった「スバル３６０」が出発点。根回しす

ると反対されるのは目に見えていたので、ＯＢには全く相談できませんでした〉（注4）

軽自動車からの撤退と販売店の削減に、ディーラーの反発は凄《すさ》まじかった。販売店の説得にあたったのが、二〇〇七年六月に常務執行役員に昇格し、スバル国内営業部長を任された吉永泰之だった。

販売店のオーナーは富士重工業のＯＢが多かった。彼らには軽自動車からの撤退、販売店の削減は死活問題である。説得は難渋《なんじゅう》を極めた。吉永は日本経済新聞夕刊の「人間発見」でこう語っている。

〈販売店が温泉でやる地域の会合に行くと、身の危険さえ感じました。酒が入ると、「ふざけるな。よくここにいられたな」〉（注5）と凄《すご》まれた。

〈そんな壁にぶち当たった時に支えとなった言葉が「莫妄想《まくもうそう》」。鎌倉時代、元寇《げんこう》に直面した北条時宗《ほうじょうときむね》に禅僧が告げた「妄想することなかれ」を「余計な損得勘定をするな」ととらえた〉（同前）吉永は自己流に解釈したのだ。

年二回の販売店との上意下達《じょういかたつ》の会合を、毎月の円卓会議に変えた。吉永は「軽はＯＥＭで供給します。小型車もいいものをつくります」と力説した。

国内営業の黒字化のためには、軽自動車からの撤退は絶対必要だった。軽自動車の開発・生産はトヨタグループのダイハツ工業に任せて、経営資源を小型車にシフトする。販売店のオーナーの反発を食らったが、国内販売店は一年でほぼ黒字になった。最も苦しい時期を、森と吉永は強力なタッグを組んで乗り切った。

社長の森郁夫が取り組んできた構造転換の大きな柱が、米国市場への本格シフトだった。

主力車レガシィを全面改良したのを皮切りに、車体を米国市場に適した大型サイズに切り替えていった。日本仕様では勝負できないと判断した。レガシィ、インプレッサ、フォレスターの主力三車種で米国サイズのクルマが出揃った。米国市場でがっぽり稼ぐタマ（車種）をようやく準備できた。

「大きすぎて日本では売れなくなる」社内にあった反対論は、まさに的中した。国内販売は落ち込みつづけたが、それでもお釣りがくる果実を米国市場でつかんだのである。

〈米国市場を優先して主力車種を一回り大きくしたのは森さんの決断です。国内で売りにくくなるので、私にそこまで度胸《どきょう》はなかった〉（同前）と吉永は振り返る。

「アンカーたれ」と育てられた吉永泰之

吉永泰之は二〇一一年六月、富士重工業の第一一代社長に就任した。森郁夫は吉永を選んだ理由を、こう述べている。

「吉永君とは若いときからずっと仕事をしてきたが、非常に鋭いところを持っていた。うちのエース的な存在として育ってきた。戦略性、実行力の面で非常に優れている。特に構造改革を進めてきた実行力については、信頼を置いている」

森が「エース的な存在」と太鼓判《たいこばん》を押したのには、それなりの理由がある。

富士重工業には興銀や日産から社長が天下ってきていた。生え抜きは社長になれないと誰もが思っていた時代だ。そんななかで、先を見ていた男がいた。松崎一男である。

松崎は日産から送り込まれた川合勇会長、田中毅社長の時代に、生え抜きトップの副社長として仕え、一九九九年に退任した。松崎はつねづね、将来の会社を支える人材を育てなければいけないと考えていた。

松崎との関わりについて、吉永はこう語っている。

吉永が九九年に国内営業本部の営業企画部長になるとき、副社長の松崎が「吉永君はまだまだだよ」と言っていると教えられた。副社長室を訪れ、「まだまだ」というのは、どういう意味ですかと尋ねた。

〈「ちゃんと話してやるから座りなさい」（といって）聞かされた話は生涯忘れません。「君はアンカーたれ」と言うのです。「碇《いかり》」とは何を意味するのか。本社の中枢《ちゅうすう》にいる者が少しでもぐらぐらすると、国内営業の末端では、ものすごく動揺する。「政策を策定するときは考えに考え抜いて、決めたら微動だにするな。君はそこまで行っていない」。海底にガッとくい込む碇のように動くなと戒《いまし》められたのです〉（注6）

その瞬間は、この歳（四五歳）になってもまだ、こんな注意をされなければならないのかと思ったという。だが、社長になって、この戒めをものすごく意識するようになった、と吉永は打ち明ける。

松崎は一九九九年六月の株主総会で退任し、吉永はその年の一〇月、国内営業本部営業企画部長に昇進した。松崎は、吉永をブレないトップになるように諭して会社を去ったのである。

副社長だった松崎一男、前々社長の竹中恭二、前社長の森郁夫（吉永が社長になった後、会長をつとめたが二〇一二年に退任）以下、歴代のプロパー経営陣は、生え抜きの吉永を鍛《きた》え上げ、社長の器《うつわ》に育てた。森が「エース的存在」と評した理由がわかってこよう。プロパーの経営陣が、吉永を世界に通用する社長に磨《みが》き上げた。

吉永の軌跡をたどってみよう。

「なぜ、みんなが入りたがる会社を選ぶのか」

吉永泰之は一九五四（昭和二九）年、東京で生まれた。父が銀行マンだった関係から、米国のシアトル市に小学校の一年のときまで住んでいた。「他の人に合わせなくてはいけない、という気持ちがない」のは、米国で個性を大事にする教育を受けたからだ。吉永は自分の幼児期の体験をこう語っている。

〈向こうでは「粘土で人を作りなさい」と言われると、みな思い思いに作ります。ある子は顔だけ、他の子は耳だけ、また別の子は鼻だけという具合です。先生はそれを見て、「あなたは耳を作ったんだね。すごいね」と褒《ほ》めます。

日本では同じような授業で、顔だけ作ると「吉永君は何で顔だけなの。みんなを見てごらん。みな手や足を付けているでしょう」と言われます。私は猛烈《もうれつ》に反発しました〉（注7）

幼少期からすでに、日本の社会にちんまりとは収まらない異端児だったのである。

成蹊大学経済学部に進んだ吉永の、就職の際の会社選びも独特である。いいものを一生懸命つくっているが、売るのが下手な実直な社風の会社を選んで受けることにした。富士重工業は、製品はすごくよいがシェアが低く、売るのがいまひとつと思って選んだ。そういう会社ばかり志望して、いちばん早く内定してくれたところに行くと決めていた。最初に内定の電話があったのが富士重工業だったので入社した。

親は「なぜ大きなトヨタ自動車や日産自動車を目指さないのか」といぶかった。吉永は「なぜ、みんなが入りたがる会社を選ばなくてはいけないのか」と逆に思ったという。

一九七七年四月に富士重工業に入社した。興銀出身の大原栄一が社長の時代だ。新入社員に生産と営業を経験させる。最初の勤務地は、当時エンジンとトランスミッションをつくっていた東京の三鷹製作所。半年は組み立てラインに入って生産実習をした。

実習を終えて、正式な配属先は生産部工務課となった。フォークリフトで部品を運ぶ仕事だ。一年半、工場内をフォークリフトで駆けずり回り、現場に密着することの大切さを身をもって学んだ。〈おれは中卒のしがない工員だが、この給料で息子を大学に行かせた。吉永君は偉くなっても、現場でこういう仕事をして頑張っている人間が、会社を支えているということを覚えておいてくれよ〉(注8)と言われた。「フォークリフトの体験がなければ、私はまったく別の人間になってしまっていた」と述懐している。

三年目に九州の福岡スバルに出向して、自動車のセールスを三年間やった。一日に二〇〇軒くらい回ったが簡単には売れない。毎日、売れないかもしれないという恐怖と闘わなければならなかった。そこで、ほかのメーカーの車も一緒に売っている業販店や農協を開拓することにした。ここなら月に何台かは売れるとソロバンをはじいた。農協の五つの支所に狙いをつけた。

毎日、「福岡スバルの吉永です」とカウンターに名刺を置いてくる。雨の日はわざとずぶ濡れになって「おはようございます」とやる。半年ぐらい経つと農協の寄り合いに「来ないか」と誘われるようになった。

湯飲み茶わんで出された焼酎を次々に飲み干しているうちに、酔ってぶっ倒れた。これで周囲は認めてくれるようになった。もう仲間である。スバルの車を売ってくれることになった。こうして農協ルートを押さえて、月間五台のノルマを難なくこなせるようになった。

「上司に盲従《もうじゅう》せず」を貫く

一九八二年、本社勤務になった。国内営業本部の営業管理部をへて、八五年に国内営業販売企画課に異動した。ここから企画の仕事にずっとたずさわるようになる。ここで上司の信頼を得、その一方で〝挫折《ざせつ》〟を経験する。

八九年末、三五歳のときに副社長から呼ばれ、米国の販売会社スバル・オブ・アメリカの買収を命じられた。米国のオーナーが持つ五一％の株式を買い取って完全子会社にせよとの命令である。企業買収の経験がないので指令を拒《こば》んだが、「海外の会社を買収したやつは社内に誰もいない。だから、お前がやれ」と言われて、腹を固めた。新設の社長室に移り、買収交渉に着手した。興銀から来た田島敏弘が社長の時代のことだ。

英語が不得意で苦労の連続だったが、企業買収について勉強した。金融機関の力も借りて買収はうまくいった。

買収の仕事が終わると、元の販売企画部に戻り企画課長に栄進した。このとき、上司の専務と衝突した。ある指示が納得できず、それを握りつぶした。「吉永、課長の分際で何だ」と怒鳴られた。それでも専務の考えに従わなかった。「私はいなくなるかもしれないが、（専務に）に従ってはダメだ。

会社のためにならない」と言って回って、課長の椅子を奪われた。

自分の考えを持っていれば、上司や先輩と衝突することは、よくあることだ。こうなったときに、上司の考えに盲従《もうじゅう》しないのが吉永の真骨頂《しんこっちょう》だった。

〈救われたのは、若いころに私を鍛えた人たちが、私をずっと見てくれていたことです。その中の松崎一男常務が「吉永君をつぶすな」と手を差し伸べてくれたおかげで、一九九一年に総合企画部に異動になった〉（注8）

専務とぶつかれば、普通なら、第一線から外されて、地方に飛ばされても文句は言えない。吉永の能力を買っていた松崎が吉永を総合企画部に異動させた。会社全体をみる経営企画の仕事だから、左遷《させん》ではなく栄転といえた。

普通に左遷されていれば、今日の吉永はなかっただろう。富士重工業の将来のことを考えていた先輩・上司のおかげで吉永は救われた。

〈君は自動車を知っているのだから、それ以外の航空機や産業機械部門を担当しろ。経営を知るために常務会の書記をやりなさい〉（同前）と松崎から命じられた。松崎は生え抜き社長の誕生を見据《みす》えて、吉永を徹底的に鍛えようとしていたのである。

経営再建のために送り込まれた日産出身の川合勇社長のもと、総合企画部の一員として、吉永は働いた。九九年、同じ日産出身の田中毅社長のときに国内営業本部営業企画部長に昇進したことは前に述べたとおりだ。

GMとの提携解消、トヨタとの提携を担当

日産が去り、生え抜き社長時代がやってきた。竹中恭二社長のもとで、吉永は経営中枢へと駆け上がっていく。二〇〇二年、スバル戦略本部スバル企画室長、〇五年には執行役員戦略本部副本部長としてGMとの提携解消、そして、その後トヨタとの提携交渉を担当した。

二〇〇六年六月、森郁夫が社長になり、吉永は執行役員戦略本部長に就き、二〇〇七年四月からの中期経営計画を立案した。

〈二〇〇七年二月、吉永は社長の森から声をかけられた。「中期経営計画の最後にパワーポイントを二枚追加したから」と言う。森と一緒に中期経営計画に取り組んできた吉永にとって、もって回ったような、この言い方がひっかかった。

「なんですか？　二枚追加って」

社長は「一枚目は組織変更。二枚目は人事」と言って吉永をじっと見て、こう告げた。

「吉永くん、キミが国内をやって」（という）辞令だった〉（注9）

一〇〇億円以上の赤字を抱えてずっと厳しい状態にあった国内営業を担当してくれ、というのである。中期経営計画では、国内向け商品でしかない軽自動車から撤退し、米国市場で大型車を売る戦略を立てた。その軽の幕引きを立案者の吉永に託したのである。

二〇〇七年六月、常務執行役員スバル国内営業本部長に就任、軽の撤退と販売店の削減に向けて販売店のオーナーを説得して回ったことは、前に書いた。軽自動車を苦労して三台売るより、主力車のレガシィを一台売るほうが収益は大きいのである。軽からの撤退は経営的に見れば当然の帰結だが、

そこが経営の難しいところだ。数字だけでは動かない、情（心）が重要になってくるのである。

軽の撤退をやり遂げ、トヨタとの関係が新たなステージになった二〇〇九年六月、取締役兼専務執行役員スバル国内営業本部長に昇格した。

二〇一一年六月、吉永は一一代目社長に就いた。

「社長やって‼　断れないよ」社長の森はこう告げた。吉永は「天命に従います」と短く答えた。

吉永はこの二〇年間、富士重工業の浮沈を左右する戦略につねに関わってきた。だが、華々しい成果とはほど遠かった。巨額の赤字を抱えて、深く沈んでいた時期が結構、長かった。

いま考えてみると、二〇〇七年に森郁夫と吉永泰之が二人三脚で取り組んだ軽自動車の生産からの撤退と米市場への本格シフトが、末期症状だった富士重工業が奇跡的に蘇生する出発点となった。

「強みを最大限に生かす」経営

吉永ははっきりと、価格と規模の競争を捨てた。トヨタ、日産と同じ土俵《どひょう》に立てば、大火傷《おおやけど》を負うだけだ。小さな会社は人を魅了するクルマをつくれば、それでやっていけるだろう。

吉永は利益率を重視する。売り上げの規模を追うつもりはない。

富士重工業が生き残るための、今後の戦略をこう語っている。

〈明白なのは、スケールメリットを追い上位メーカーと同じ土俵に乗ってはいけないということ。コスト競争では勝てない。基本方針はスバルの個性を維持することだ。趣味性の高いユーザーを味方につけるための投資は惜《お》しまない〉（注10）

最大の特徴は「弱みを補うことよりも、強みを最大限に生かす」というやり方である。

富士重工業はコスト高の解消という課題に直面していた。航空機メーカーの時代からつづく技術と安全に対するこだわりが強かった。開発、生産、販売まで高コスト体質にどっぷり浸かっていた。

コスト高という課題を克服《こくふく》するための早道は、採算性の低い事業をやめることだとわかっていても、誰も手をつけない。吉永は嫌なことを率先しておこなうのが経営者の仕事だと考え、会社の原点ともいえる軽自動車の生産から撤退した。

その一方で強みを引き出す秘訣について、吉永はこう語っている。

〈かつては自分たちの強みの議論が社内ではなかったという感じでした。コスト競争力が弱いとか、コスト低減をもっとやらなきゃいけないとか、常に弱点の話にしかなりません。そうではなくて「ここだけはすごいよね」という議論をすれば、雰囲気は変わります。自分たちの強みやお客様に提供できる価値は何かを改めて議論し、たどり着いた答えが「安心と愉《たの》しさ」という言葉でした〉（注11）

安心の象徴が衝突回避システム「アイサイト」である。車内前方に装備されたステレオカメラ（複数の異なる方向から同時に撮影できる）で前方を監視し、障害物を認識することで自動ブレーキが作動する。市販車用に実用化された世界初のシステムだ。

二〇〇八年に初めてアイサイトを搭載したレガシィは、ぶつからない車を前面に出し大ヒットした。

愉しさとはドライバーが運転を楽しめる走行性能のことだ。スバルの強みは水平対向エンジンである。振動が少なく、走りの安定性を誇る。スバルサウンドと呼ばれる独特な排気音を好む熱烈なスバリストが多数いる。

〈水平対向エンジンを組み合わせたスバル初のハイブリッド車「XV」にテストコースで初めて乗るとき、吉永は開発責任者に聞いた。

「どういうハイブリッドをつくったの？」

「FUN TO DRIVE のハイブリッドをつくりました」

開発責任者が答えると、吉永は膝《ひざ》を打った。

「おお、いいじゃないか。キャッチコピーもそれでいこうよ。FUN TO DRIVE を実感できるハイブリッド」〉（注9）

FUN TO DRIVE とは、クルマを運転する喜びの意味だ。富士重工業は二〇一三年六月、同社初のハイブリッド車「SUBARU XV HYBRID」を発売した。

吉永が考えているスバルが生きる道が見えてきた。コンセプトは「安全と愉しさ」。キャッチコピーでいえば、「ぶつからない車」と「FUN TO DRIVE」だ。

衝突回避システム「アイサイト」を前面に打ち出すことで、スバルのファンの底辺が広がった。四輪駆動タイプの多目的スポーツ車（SUV）で、走行性能にこだわる愛好家の需要を取り込んだ。

大本《おおもと》にあるのは「強みを伸ばす」という経営戦略だ。これが「スバリスト」と呼ばれる趣味性の高いユーザーの熱烈な支持を得た。

冬の時代が長かった富士重工業の社内には高揚感が漂う。たしかに、快進撃は「米国一本足打法」の成果である。だが、これは同時に高いリスクを背負っていることを、吉永は片時も忘れない。

吉永は高い車を売って収益を確保するという考えから、世界販売台数一〇〇万台突破を、声高《こわだか》に目標として掲げてはこなかった。ところが、米国であまりに売れすぎて、世界販売台数は一気に一〇〇万台を超えようとしている。

富士重工業からSUBARUへ

二〇一七年四月一日付で社名をSUBARU《スバル》に変更する。知名度の高い自動車のブランド「スバル」を社名とすることで、航空機事業も含めた企業イメージを向上させる。社長の吉永泰之は「魅力的なブランドを築き、未来を切り開きたい」と語った。

「投資をしながら、一〇%以上の営業利益率を持続的にあげるには、よほどブランド力を高めなければならない。だからこそ社名をスバルに変えるのだ。社員の思考回路を、ブランドを上げる方向に大きく転換する狙いがある」と吉永は打ち明けた。

「とにかく大手ができないこと、しないことを考えつづける。昔からのスバリストと呼ばれる熱狂的な愛好者だけにとどまらず、もう少しスバルの車を買ってくれる人の層を広げたい」のだ。

ところが社名変更が発表されると、インターネット上にはスバリストたちの悲鳴があふれた。「(富士重工業という)社名は重厚感があってよかったのに」という書き込みが多く見られ、吉永は「発表後にネットをチェックしたら八割方が反対だったのでがっかりした」という。

社長に就いてから吉永は、事業の取捨選択を進めてきた。二〇一二年に風力発電システム事業、一三年にゴミ収集車事業を売却。一二年には軽自動車の自社生産から撤退し、ダイハツ工業からのOEM供給に切り替えた。

二〇一七年九月には産業機器の生産を終了する。建設機械に搭載する汎用《はんよう》エンジンが中心で、年間一〇〇万台を販売するものだ。かつては主力事業だったが、低価格品で攻勢をかける中国メーカーに押され、苦戦していた。二〇一六年三月期の産業機器の売上高は三二六億円で、全社売り上げ（三兆二三二三億円）の一％程度にとどまることから、撤退を決断した。

今後は、創業事業である航空機と自動車になる。北米事業を中心に急成長がつづく乗用車に経営資源を集中する。二〇一六年三月期の連結売上高は、自動車が三兆三九四億円。全社売り上げの九四％を占める。

二〇一七年三月期にスバル車の世界販売台数が初めて一〇〇万台を超える見通し。二〇二一年三月期の世界販売台数を一二〇万台超としていた従来計画を一〇万台上積みした。

ＳＵＢＡＲＵへの社名変更は、自動車に一段と注力する姿勢を示したのだ。スキーやカヌーなどスポーティーなライフスタイルを好む層に、スバル車のファンを広げたい。広げすぎるとコモディティ（平凡な量販タイプのクルマ）になってしまうので、このさじ加減が難しい。

限られた経営資源を独自技術の開発に投入し、個性的なクルマを少量生産するビジネスモデルを今後、どう持続していくのか。持続することが、はたしてできるのか。スバリストならずとも気になるところだ。

第3章　カルビー――成長するために変わりつづける

ダイバーシティが経営の基本

二〇一六年三月一六日、経済産業省は東京証券取引所と共同で、女性を積極的に登用している上場企業四五社を二〇一五年度の「なでしこ銘柄《めいがら》」に選定した。企業名を公表することにより、企業に仕事と家庭の両立を支援するなど、女性の活躍につながる取り組みをうながす狙いがある。「なでしこ銘柄」が有望な投資先に育ってほしいとの思いもある。

二〇一二年度からはじめており、今回で四度目。役員や管理職に占める女性の割合、女性のキャリア促進、仕事と家庭の両立を支援する仕組みを経営方針に盛り込んでいるかどうかなどが選考基準になっている。

スナック菓子の最大手カルビーは「なでしこ銘柄」に三年連続で選ばれている。カルビーの会長兼最高経営責任者（CEO）の松本晃《まつもとあきら》は「女性の活躍なくしてカルビーの将来はない」と宣言した。ダイバーシティ（多様性）を重要な経営戦略と考えており、多様な人材の採用と活用を推進してきた。

二〇一〇年度に「ダイバーシティ委員会」を設置し、従業員の約半数にのぼる女性のさまざまな活躍を通じて社内の意識改革をおこなった。

カルビーのダイバーシティ宣言はこうだ。


掘り出そう、多様性。育てよう私とCalbee。

互いの価値観を認めあい、最大限に活かしあう。

多様性こそCalbee成長のチカラ。

「ライフ」も「ワーク」もやめられない、とまらない。


ダイバーシティ推進活動を進めた結果、二〇一〇年四月一日時点で五・九％だった女性の管理職比率は二〇一五年四月に一九・八％、一六年四月には二一・一％にまで上昇した。二〇二〇年に三〇％という高い目標を掲げている。

七期連続最高益を更新させるマジック

ダイバーシティを推進したからといって、それだけで業績の向上に結びつくほど経営は甘くはない。

ところが、カルビーはすごい結果を出した。

伝統的に利益率が低いといわれる菓子業界で、二〇〇九年三月期に三・二％だった売上高営業利益率が二〇一六年三月期は一一・四％になった。売上高は同じ期間に一三七三億円から二四六一億円へと一・八倍になった。二〇一一年三月に上場したときの株価と比較して、現在は約一〇倍になっている。

ダイバーシティの推進と歩調を合わせてカルビーの業績が伸びつづけていることを、数字が如実《にょじつ》に示している。

カルビー会長兼ＣＥＯの松本晃は伊藤忠商事の出身。商社マンから米ジョンソン・エンド・ジョンソンの日本法人の社長を経て、二〇〇九年にカルビーの創業家から三顧《さんこ》の礼をもって経営トップに迎えられた。

松本は業績不振だったカルビーを復活させ、七期連続で最高益を更新中である。売上高営業利益率を一一・四％、就任当時の三・六倍に押し上げた点が株式市場から高く評価されている。食品業界の営業利益率は平均五％だからである。カルビーの営業利益率は業界でも突出している。

カルビーを儲かる会社に変えた松本の経営手法は「松本マジック」と呼ばれている。マジックの極意を、松本は得意のフレーズに込めて語る。

「女性は優秀です。どれくらい優秀かというと、男性と同じだけ優秀。男性もまた優秀。女性と同じだけ優秀。同じだけ優秀ならば、女性も男性も同じだけ活用しない手はない」

「ダイバーシティなくして会社の成長はない」

これが、毎回の決めゼリフだ。

「健康にいい、栄養のある菓子をつくる」

カルビーの創業者は松尾孝《まつおたかし》。一九一二（明治四五）年、広島市で生まれた。家業は広島名産の柿羊羹《ようかん》製造の「松尾巡角堂」である。米ぬかを主にした穀粉《こくふん》の製造販売もおこなっていたが、もち米の暴落で父親が相場に失敗。当時の金で一万円（現在の貨幣価値だと二〇〇〇万円）の借金を抱えた。母も父も亡くなったため、一九三一（昭和六）年、広島第一中学（のちの広島県立広島国泰寺《こくたいじ》高校）を卒業し、家業を継いだ。一八歳のときのことだ。

松尾孝の事跡は、三男の松尾雅彦《まさひこ》が中国新聞に連載した回想録『生きて』などに基づく。

多額の借金を抱えて経営は苦しかった。新たな商売として賀茂鶴《かもつる》酒造から米ぬかを調達し飼料として農家に売ったり、砕《くだ》けた小米《こごめ》をのりに加工し京友禅の業者に納めた。

一九三七年、松尾食糧工業所を立ち上げた。太平洋戦争中は胚芽《はいが》を粉にしたものや、さつまいもの澱粉粕《でんぷんかす》に小米などを入れた団子などの代用食を、軍需工場や学校に供給した。

一九四五（昭和二〇）年七月に応召。八月、福岡県小倉《こくら》市（のちの北九州市）の陸軍造兵廠《しょう》にいたときに、広島市に原子爆弾が投下された。自宅は爆心地から一・五キロメートルの広島市楠木《くすのき》町にあったが、妻と三人の息子は奇跡的に助かった。だが、広島は焼け野原となり、工場も全焼。すべてを失った。

復員して、戦時中につくっていた代用食や鉄道草（ヒメムカシヨモギ）の団子やキャラメルをつくりはじめた。団子やキャラメルはよく売れた。一九四五年一二月、広島市宇品《うじな》にあった旧宇品陸軍糧秣支廠《りょうまつししょう》跡を買い取り、事務所とした。ここがカルビーの発祥の地となる。一九四九年四月、会社組織にして松尾食糧工業株式会社を設立した。

この時代、岡山にカバヤ食品、山口にカンロと地方で飴屋《あめや》が続々誕生。朝鮮戦争特需で活気づいた。しかし朝鮮戦争が休戦となり、日本経済は一気に冷え込んだ。

松尾食糧工業の当時の主要市場だった九州地方を、台風が襲った。「昭和二八（一九五三）年西日本水害」だ。九州最大の河川である筑後川《ちくごがわ》をはじめ、九州北部を流れる河川がほぼすべて氾濫《はんらん》。流域に戦後最悪といわれる水害を引き起こした。被災者数は一〇〇万人という大災害となった。

一九五三年秋、松尾食糧工業は不渡りを出して、倒産してしまった。

一九五五年、カルビー製菓として再スタートする。債権者に「必ず借金は返済する」と誓約《せいやく》したうえでの再チャレンジである。

当時、日本人の栄養状態は悪く、脚気《かっけ》や結核が猛威をふるっていた。松尾孝は「健康にいい、栄養のある菓子をつくること」を再起するにあたっての志《こころざし》とした。

カルシウムの「カル」とビタミンB_1の「ビー」を組み合わせたカルビー製菓を社名にしたのは、栄養食品をつくることを目指していたからである。当初はキャラメルや飴、あられなどの菓子類を販売した。

「かっぱえびせん」の誕生

試行錯誤《さくご》をつづけるなか、米国からの救援物資の小麦粉と、車エビの餌《えさ》になっていた小エビであれをつくってみた。米は配給制であり、簡単には手に入らなかったからである。

日本で初めて小麦あられを製造したことになる。一九五五年、「かっぱあられ」の販売にこぎつけた。人気漫画『かっぱ天国』から商品名をとった。松尾孝は『かっぱ天国』の作者で長崎市出身の清《し》水崑《みずこん》と被爆体験を通して意気投合。かっぱあられの発売時のパッケージデザインは清水崑が担当した。

次に「かっぱあられ」のシリーズを売り出したが、どれも期待したようには売れなかった。

それでも孝は諦《あきら》めなかった。初めはあられを餡でくるんでいたが、少年時代に太田川で採った小エビで、母親があられをつくってくれたことを思い出した。砂糖をからめるとエビの味が死んでしまう。そこで油で揚げて塩をまぶしてみた。これはいけた。これに懸けることにした。

一九六四（昭和三九）年は東海道新幹線が開通した年だ。かっぱあられシリーズ二七番目の商品として「かっぱえびせん」を発売した。やはり、ほかの小麦あられシリーズと同様に、さっぱり売れなかった。

ポテトチップスも人気商品に

三男の松尾雅彦はこう回想している。

〈いかに首都圏に販売を拡大するか。おやじの酔っ払った時の口癖は「花のお江戸で猿芝居で、ひとさし舞いたい」だった。思いついたのは米国でのＰＲ。「米国で評判になれば、お江戸もきっと振り向く」という発想だった〉（注1）

雅彦が入社した一九六七年、米ニューヨークで開かれた国際菓子博覧会に「かっぱえびせん」を出品した。

〈おやじは「東京の人は田舎の商品なんか歯牙《しが》にもかけない」とみて、米国での評判で東京の流通を動かそうとした。博覧会でえびせんの評価は高く、通信社の記事で日本にも評判は届きました〉（同前）

一九六八年、♪やめられない、とまらない　か〜っぱえびせん♪のキャッチコピーとともにテレビCMを開始し、ブランド化に成功する。以後、爆発的に売れ、一九七〇年には単品売り上げで一〇〇億円を超えた。地方の中小企業を成長企業に脱皮させるほどのヒット商品になった。再建を果たしたことから七三年、カルビー株式会社に商号を変更した。

大ヒットは長つづきしなかった。しばらくすると、販売に陰りが出はじめた。

孝が次にカルビーの柱と考えていたのは、ポテトチップスの販売である。一九七五年に「ポテトチップス」を発売した。これも最初はまったく売れなかった。このときも孝はCMを活用した。藤谷美和子《ふじたにみわこ》を起用したCMが当たり、一躍、人気商品となった。発売して三年目には、単品で二〇〇億円の売り上げを達成。一九八〇年代にはポテトチップスの全盛期を迎えた。

この時期、カルビーは一気に国内スナック菓子メーカーの大手に成長した。天才的ともいえる商品開発力でカルビーを率いてきた松尾孝は、「ポテト王」といわれるまでになった。

ポテトチップスが売れはじめた頃から、経営のバトンタッチの作業がはじまった。一九八七年、長男の松尾聡に社長の座を譲《ゆず》り、孝は会長に退《しりぞ》いた。これ以降、孝はジャガイモ研究の日々に明け暮れた。

カルビーは一九九五年、「じゃがりこ」を発売した。孝は「こんなものが売れるはずがない」と言い放っていたが、予想に反して売れた。そこで孝は「じゃがりこより良いスナックをつくってやる」と言い、熱心に次の開発に取り組んだ。

一九九九年八月頃に「じゃがポックル」の試作品が完成した。北海道限定の商品で、当初は手応えがなかった。それがいまでは、北海道土産で一、二を争う人気商品に育った。羽田空港や成田空港の国際線の免税店では、外国人観光客が購入するお菓子のナンバーワンになっている。

ポテト王・孝は、自分で手がける最後の商品となった「じゃがポックル」が爆発的な人気を博す場面を見ることはなかった。二〇〇三年一〇月、松尾孝は東京都目黒区の病院で亡くなった。九一歳だった。

三代目社長が引責辞任の事態に

二〇〇〇年代に入り、カルビーに転機が訪れた。三代目社長の松尾雅彦の時代のことだ。雅彦は一九四一（昭和一六）年二月、孝の三男として広島市に生まれた。広島に原爆が投下されたときには爆心地に近い実家にいたが、奇跡的に助かった。

一九六五年、慶應義塾大学法学部を卒業。富士急行に就職した。将来、瀬戸内海をリゾートの一大基地にするため、リゾート開発をおこなっていた富士急に入社して実地に学ぶことにした。

「仕事を手伝え」と父から呼び戻され、一九六七年にカルビー製菓に入社。一九七五年から発売した「ポテトチップス」を担当した。日本のチップス市場は二三年の歴史がありながら、市場規模は年間一〇〇億円にも満たなかった。

一九八〇年に、子会社カルビーポテトの設立と同時に社長に就任。北海道を中心に全国にジャガイモの契約栽培農家をつくり、あわせて貯蔵体制を確立した。ポテトスナックの原料調達のシステムを整備したわけである。

一九八五年、ポテトチップスは一〇〇〇億円に達する大きな市場になった。原料のジャガイモを年間三〇万トン、全量国産でまかなった。これは日本のジャガイモ生産の一〇%に相当した。

松尾雅彦は一九九二年、兄の松尾聡の後任として、カルビーの三代目社長に就任した。

二〇〇三年秋、父親の孝が亡くなり、舞台は暗転した。今度は雅彦が病床に臥《ふ》すことになる。

二〇〇五年三月、子会社のカルビーポテトが防疫《ぼうえき》検査を受けていないジャガイモの種芋《たねいも》を栽培したとして、植物防疫法違反の容疑で家宅捜索を受けた。カルビーポテトは雅彦が手塩にかけて育ててきた事業だ。家宅捜索を受けた責任を取り、雅彦はカルビーの社長を辞任した。

二〇〇五年六月、創業五六年にして初めて、創業家以外から中田康雄《なかたやすお》が社長に就任した。

中田は一九四三（昭和一八）年二月、東京生まれ。一九六七年、慶應大学大学院経済学研究科修士課程を修了。宇部興産、三菱レイヨンを経て一九七九年にカルビーに入社。二四年間という長期にわたり取締役をつとめた。工場の生産管理を手はじめに人事、労務、情報システム、財務、経理、経営企画を統括し、香港、中国などのアジア地区の関係会社を管掌《かんしょう》した。中田は雅彦の懐刀《ふところがたな》だった。

脱同族、外資提携へ大転換

松尾雅彦は社長を引責辞任したとはいえ、カルビーのオーナーで最高権力者であることに変わりはなかった。その雅彦は三代つづいた同族経営をやめ、株式上場、外資との資本提携を推し進め、後継者を外部から招くことを決断した。

カルビーは創業家の松尾一族のファミリー企業である。多くのファミリー企業がそうであるように、カルビーは松尾家の家業だった。雅彦は閉ざされた家業から、外部に開かれた企業に百八十度転換をはかる大英断を下したわけだ。雅彦には、家業を守ることより、企業として成長させることのほうが大事だった。

不祥事で引責辞任した雅彦が社長に復帰することはあり得ない。松尾家には後継者が育っていないという内部事情もある。自分の代で、松尾家の支配にピリオドを打つことにした。資本と経営の分離という、創業家一族にとっては天地がひっくり返るほどの大改革を推し進めることになった。

時代の趨勢《すうせい》が決断を早めさせた。二〇〇〇年代半ば以降、少子高齢化で国内のスナック菓子市場は縮小した。その例にもれず、カルビーの収益は悪化の一途《いっと》をたどる。二〇〇五年三月期に四・七%あった売上高営業利益率は、二〇〇六年同期二・七%、二〇〇七年同期二・四%、二〇〇八年同期は一・三%に低下。二〇〇八年三月期にはとうとう売上高純利益率が〇・一%と、赤字転落寸前という危機レベルになってしまった。

松尾と中田はペプシコーラで知られる米食品・飲料大手ペプシコの全額出資子会社、ジャパンフリトレーの買収に動く。トウモロコシを材料とする菓子で強みを持つジャパンフリトレーを傘下《さんか》に置くことで、ポテト関連商品が売り上げの七〇%を超えるカルビーを、新たな成長軌道に乗せる腹づもりだった。

ジャパンフリトレーは一九五七年設立のスナック菓子会社だ。国内で最初にポップコーンの製造販売をおこなったことで知られ、一九九〇年二月にペプシコの全額出資子会社になった。主力ブランドはコーンスナック「ドリトス」や「チートス」で、年商一〇〇億円規模の会社だった。

米国流経営を導入した会長・松本晃

松本晃が松尾雅彦から、「経営を手伝ってくれ」と誘われたのは、そんなときだった。ジョンソン・エンド・ジョンソンの日本法人の社長だった松本は、異業種交流会でカルビーの三代目社長の松尾雅彦と出会った。二〇〇三年のことで、その後、年に一回ぐらいのペースで会うようになっていた。

松本は一九九九年から二〇〇七年末まで、ジョンソン・エンド・ジョンソン日本法人の社長をつとめた。

松尾の要請を受け入れ、松本は二〇〇八年六月からカルビーの非常勤の社外取締役に就いた。松本を経営陣に迎えた中田は、暗礁《あんしょう》に乗り上げていたペプシコとの資本・業務提携交渉を、松本に全面的に委任した。非常勤の取締役、言葉は悪いが、どこの馬の骨ともわからない男に、会社の命運を懸けることになるかもしれない大仕事を任せたわけだ。並の経営者にはできない芸当だ。

松本はこう回想している。

〈交渉役を任され、08年9月にペプシコのアジア担当の最高財務責任者（CFO）と会い、「カルビーと何がやりたいのか」と率直に聞きました。すると、「日本にコーン菓子メーカーのジャパンフリトレーという子会社があるが、なかなかうまくいかない。経営を任せたい」という答えでした。ただし子会社を売る代わりに、日本に足場を残すために、カルビーへの出資を求めてきました。カルビーはコーン菓子が弱かったので、いい話と思い、フリトレーを買収し、出資してもらいました〉（注2）

社内では絶望視されていたペプシコとの提携を、松本は短期間のうちにカルビーに有利なかたちでまとめ上げた。そのあざやかな手腕に舌を巻いた松尾から、「社長をやってくれないか」との要請を受けた。松本は「社長はもうしない」と決めていたので、このオファーは断ったが、松尾は一歩も引かない。

松本はガバナンス（企業統治）の強化、CEO（最高経営責任者）とCOO（最高執行責任者）の役割を明確にすることを条件に、会長兼CEOを引き受けた。

二〇〇九年六月、松本はカルビーの会長兼CEOに就任した。ペプシコの全額出資子会社ジャパンフリトレーの買収とペプシコからの二〇％の出資の受け入れを、ほぼ同時に実行した。資本金は二七億四五〇〇万円から七七億五六〇〇万円になった。

松本は企業統治を変えることを、会長を引き受ける際の条件にした。「取締役は社外」が世界の流れである。大株主のペプシコなどから社外取締役を招いた。社外取締役で構成する取締役会が、執行役員を監督する米国流の経営に軸足を移した。

旧経営陣は一掃された。役員陣は一一人から四人減の七人。社外取締役が五人入った。社内の取締役は、会長の松本と社長の伊藤秀二《いとうしゅうじ》の二人だけである。

伊藤は一九五七（昭和三二）年二月、福島県生まれ。七九年に法政大学経営学部を卒業してカルビーに入社した。上がすべて退任したため、常務執行役員から社長兼COOに抜擢《ばってき》された唯一《ゆいいつ》の生え抜きだ。

社外取締役はキッコーマン会長兼CEOの茂木友三郎《もてぎゆうざぶろう》、カゴメ会長の喜岡浩二《きおかこうじ》、日本IBM会長の大歳卓麻《おおとしたくま》、一橋大学大学院国際企業戦略研究科教授の一條和生《いちじょうかずお》、そしてペプシコアジア・パシフィックリージョンプレジデントのユームラン・ベバの五人だった（肩書はいずれも就任時のもの）。

松本が考える役割分担はこうだ。CEOが会社の方向性を示す。方向性に沿ってすべての権限を行使するのがCOOだ。結果責任はトップが負うと決めたうえで、部下に権限を委譲する。人事権は松本が独占せず、社長の伊藤秀二に移管した。

カルビーの松本晃新体制がいよいよ始動した。

「売るのが好き。お金儲けに天性の才能がある」

松本晃は一九四七（昭和二二）年七月、京都市中京区で生まれた。姉、兄、弟の四人兄弟の三番目。小中高から大学、大学院まで京都を出たことはない生粋《きっすい》の京都人だ。実家はもともと友禅染《ゆうぜんぞめ》を手がけていたが、戦後は商売ができる状況ではなかった。復員してきた父は地元の染色会社に勤めた。

京都府立桃山高校から一九六六年、京都大学農学部に進んだ。第一志望は経済学部だったが、裕福な家庭でないので浪人はなんとしてでも避けたい。経済学部は落ちそうだと予感したため、農学部に方向転換して合格した。専攻は農業土木だった。

ちょうど学園紛争《ふんそう》のピークで、三回生の夏からは大学の講義はなかった。マージャン、競馬、パチンコに明け暮れた。一九七〇年の卒業時には、総合建設コンサルタント首位で海外に強みを持つ日本工営の内定をもらった。

それなのに、気楽な学生生活を捨てるのはもったいないと思い、就職せずに大学院に進んだ。しかし、大学院の授業は難しく、ついていけなかった。大学院は二年で修了しようと思い、一年目を終わる時期から就職先を探した。

伊藤忠商事が関西の会社という以外は、何をやっている会社かも知らなかったが、面接を受けたら内定をもらった。内定をもらったので、残り一年は競馬場に通った。

一九七二年、京都大学大学院農学部修士課程修了の肩書で、伊藤忠商事大阪本社に入社した。

伊藤忠にはたまたま入ったが、ものを売ることが自分の天職だと目覚めた。松本は生まれながらの商売人だった。建設荷役《にやく》機械部の新人は、狙い定めた高知の船会社の専務に張り付くと「オトコ芸者」になり切り、鞄持ち兼運転手として尽くしまくる。

〈高知に四国土建という会社がありました。土砂を取り除く浚渫《しゅんせつ》船やタグボートの販売先です。そこの専務に気に入られ、造船所のある広島県尾道市で朝から晩までずっと一緒にいました。まるで織田《おだ》信長《のぶなが》の小姓《こしょう》の森蘭丸《もりらんまる》です。

尾道で食事をともにした後、これから自宅のある高知へ帰ると言い出すので、僕が専務の車を夜通し運転して、送り届けました。すると、「泊まっていけ」「朝飯食べていけ」と言われ、時にはお土産を頂きました。

商売はお客さんに好かれないとだめです。ビジネスは人です。人は買いたいものを買いたい（と思う）人から買うもの。相手の立場になり、しかも売りたいというパッションを持つことが大切です。

今でも買うのは苦手で売るのが好きです。お金もうけに天性の才能があると確信しました〉（注３）

松本には、希代《きたい》の人たらしの才能があったようだ。四国の船会社の専務は、京都大学卒の肩書を持つ若者を鞄持ちにして、大いに優越感にひたったはずである。

破綻《はたん》しかけた子会社の売上高を二〇倍に

新設の農業部門に移り、仕事の舞台は米国となったが、商売の手法は日本とまったく同じだった。井関農機や三菱農機、富士ロビン（のち電動工具トップのマキタ）など日本のメーカーのトラクターや草刈り機を売り込む仕事だ。

日本でやったように、購入してくれそうな企業を探し出し、小さなお土産を持って訪問をくり返し、食い込んでいった。

松本は、米国市場には出回っていなかった日本製トラクターを、現地メーカーのＯＥＭ（相手先ブランド生産）で販売することを提案。一万台の成約にこぎ着けた。ＯＥＭを基本とする手法を中東やヨーロッパでも使い、伊藤忠の農業部門の売り上げを牽引《けんいん》した。

この手腕を買われ、一九八六年、伊藤忠が一〇〇％出資する医療機器輸入販売会社センチュリーメディカルに、取締役営業本部長として出向した。センチュリーメディカルは実際には破綻《はたん》しかけていた。

一言でいえば、お金のない医者に医療関連施設の開設を持ちかけるビジネスだが、そんなものがビジネスモデルとして成り立つわけがない。医療機器は伊藤忠が米国で販売代理店の権利を取得した、ろくでもないものばかりだった。

出向した松本は、まず無駄なものの販売をやめることからはじめた。内臓を縫《ぬ》い合わせる自動縫合《ほうごう》器と、腸など筒状の内臓をつなぐ自動吻合《ふんごう》器の販売に絞った。高価格帯の医療用ステープラーの類《たぐい》である。

営業スタッフを米国の医療機器メーカーに送り込み、技術研修を徹底して受ける教育プログラムを実施した。売る人は、その商品について医師よりも熟知する必要がある、という考え方からだ。ついてこられない者には失格の烙印《らくいん》を押した。

松本は自分にも社員にも大きな試練を課し、業績を赤字から黒字に反転させた。六年で売上高を二〇倍に押し上げ、業界のトップレベルに脱皮させた。

「世のため、人のため」を学んだ「信条《クレド》」

「伊藤忠では社長になれない」と悟《さと》った松本は、四五歳になったら会社を辞めるという人生設計を立てていた。予定どおり、バブル経済崩壊直後の一九九二年九月に伊藤忠を退職した。

センチュリーメディカルでの輝かしい実績のおかげで二三社から誘いがあった。そのなかの一社が米国のジョンソン・エンド・ジョンソン（J&J）だった。米国の役員が何度も来日し、家族まで東京・青山の有名レストラン「サバティーニ」に招待してくれた。サラリーマン人生で、こんなに手厚く遇《ぐう》してもらったのは初めての経験だった。家族のほうが感激した、と松本は打ち明ける。

J&Jの経営理念「我が信条（Our Credo）《アワ・クレド》」に衝撃を受けたことから、入社を決めた。「こんなことを本気でやろうとしている会社があるのか」と松本は思ったという。いまでも「我が信条」が書かれた冊子を片時も離さず持ち歩く。

〈これは本当にすばらしい名文です。一文を紹介すると、「我々の第一の責任は、我々の製品およびサービスを使用してくれる医師、看護師、患者、そして母親、父親をはじめとする、すべての顧客に対するものであると確信する」。これを徹底すれば、経営の方向を誤ることはありません。カルビーにも少しアレンジした形で導入しています〉（注4）

一九九三年、J＆Jのグループ会社のJ＆Jメディカルの代表取締役プレジデントに就いた。医療機器の販売は売って終わりではない。顧客に使い方までしっかり教え込まないと、トラブルが起こる。売る人は医療機器について医師よりも熟知する必要がある。松本の現場通いに拍車がかかった。現場というのは外科の手術室だ。

外科医と看護師が働く手術室で、邪魔にならないように、そっと手術に立ち会う。J＆Jメディカルでも社員教育を厳しくした。米国本社で動物実験など実地研修を受けさせ、試験にパスしないと不採用とした。

こうした経験を通して、松本はまず「世のため、人のため」を考えるようになった。伊藤忠時代を知っている人は誰も信じないだろうが、これを実行した。次はやはり儲けること。仕事の意義はこの二つに尽きる、と思った。

そこから導き出されたのが、一番が顧客と取引先。二番目は従業員とその家族、三番目はコミュニティで株主は四番という理念だった。一九九九年から二〇〇七年末までJ＆Jの日本法人の社長をつとめ、九年間で売上高を三・六倍に増やした。売上高営業利益率は驚異的ともいえる五〇%を超え、これを維持《いじ》しつづけた。

管理職の二五%が女性になった

松本がダイバーシティに目覚めたのはジョンソン・エンド・ジョンソン日本法人の社長の時代である。二〇〇一年のグローバルの会議で、J&J本社の直属の上司が多くの参加者の前で吠《ほ》えた。

「ダイバーシティをやっていないのは日本とパキスタンぐらいだ。パキスタンには宗教上の理由があるそうだが、日本にはそんなものはない」(注5)

松本は、このときまでダイバーシティという言葉すら知らなかった。そんなものは食ったことも身につけたこともなかった。

直属の上司はつづけた。

「自分が知る限り日本人の半分は女性のはずだ。にもかかわらず日本の組織のマネジメントは男性ばかりじゃないか!」(同前)

言われてみれば、そのとおりである。これはやるしかないと即断した。このときを境に、松本は女性の活用に邁進《まいしん》してきた。

三宅玲子《みやけれいこ》は『AERA』の「人たらしのミスター・ダイバーシティ(松本晃)」の中で、ダイバーシティの推進役に任命された近咲子《こんさきこ》の証言をもとに、松本がダイバーシティに目覚めた転換を、こう描写している。

郵 便 は が き

切手をお貼りください。

102-0071

東京都千代田区富士見
一―二―十一
KAWADAフラッツ一階

さくら舎 行

住 所	〒 都道府県		
フリガナ		年齢	歳
氏 名			
		性別	男 女
TEL	( )		
E-Mail			

愛読者カード

ご購読ありがとうございました。今後の参考とさせていただきますので、ご協力をお願いいたします。また、新刊案内等をお送りさせていただくことがあります。

【1】本のタイトルをお書きください。

【2】この本を何でお知りになりましたか。

1.書店で実物を見て　2.新聞広告（　　　　新聞）

3.書評で（　　　　）　4.図書館・図書室で　5.人にすすめられて

6.インターネット　7.その他（　　　　）

【3】お買い求めになった理由をお聞かせください。

1.タイトルにひかれて　2.テーマやジャンルに興味があるので

3.著者が好きだから　4.カバーデザインがよかったから

5.その他（　　　　）

【4】お買い求めの店名を教えてください。

【5】本書についてのご意見、ご感想をお聞かせください。

●ご記入のご感想を、広告等、本のPRに使わせていただいてもよろしいですか。

□に✓をご記入ください。　□ 実名で可　□ 匿名で可　□ 不可

〈松本は、年間二五〇億円を売り上げている営業の基幹部門のマネージャーに女性社員を抜擢《ばってき》する。不安がる本人を、キーとなる医師ひとりひとりのところに一緒に挨拶《あいさつ》に回り、こまやかにサポートした。この結果、すでに頭打ちとなっていた売り上げは劇的に伸びた。近はこう言う。

「女性を登用するとき、『女性にゲタを履かせても伸びず（そのあげくに）ビジネスが伸びなかったらどうするのか』と言われますが、（J&Jで）チャンスを与えた女性がその後、ちゃんと結果を出した。それを示すことができたのが松本さんの大きな成功です」

このとき、松本は、女性も男性と同様に可能性をもっていること、翻《ひるがえ》って、これまで女性に対して与えられるチャンスが不平等だったことこそが問題だと（いう）実情を理解する。実質主義の松本は、建前ではなく女性が出した結果から、ダイバーシティが合理的であることを発見した〉（注6）

J&Jの社長として松本は、まず数字でコミットした。二〇〇八年三月までに全社員の三五%、管理職の二五%、ディレクターの二五%を女性にすることを、ことあるごとに社員の前で発言し、結果として、それを達成した。

ダイバーシティと業績の相関関係は分析のしようがないが、松本はあると信じて推進している。ダイバーシティを進めた結果、業績が悪化すれば、そのときは責任を取って辞める覚悟であった。

「女性の活躍なくしてカルビーの成長はない」

松本晃はダイバーシティ推進の第一人者である。ダイバーシティは外国人も障害者もシニアも対象に入るが、なかんずく女性の活用に取り組んできた。

カルビーの会長兼ＣＥＯに就いた松本は二〇一〇年四月、さっそく「ダイバーシティ（多様性）委員会」を立ち上げた。多様な人材が、どのようなライフステージにあっても能力を最大限に発揮《はっき》しながら、安心して生き生きと働ける会社を目指すために設置された。

二〇一〇年一一月一〇日、全国から二二五名が集まり、本社上階のシャングリ・ラ・ホテル東京で「ダイバーシティ・フォーラム２０１０」を開催した。

松本はこう挨拶した。

〈女性の活躍なくして企業（カルビー）の成長はない。私が経営者として会社を成長させるために、ダイバーシティに投資するのは当たり前のことです。ダイバーシティに取り組まない限り、会社は存続できません。今こそ、会社を変えるチャンスなのです。ダイバーシティの推進は、私のコミットメント（必達目標）の一つです〉（ダイバーシティ委員会の活動報告より）

大株主の米ペプシコのインドラ・ヌーイ会長、カルビーの社外取締役でペプシコの地域会社アジア・パシフィックのユームラン・ベバ社長と、ＪＲ東日本事業創造本部地域活性化部門部長の鎌田由《かまだゆ》美子《みこ》の三人の女性が「フォーラム２０１０」のゲストに招かれた。

鎌田は「駅ナカ」ビジネスの仕掛け人として知られている。駅の中を略した「駅ナカ」は、駅ビルでも百貨店でもない新しい商業施設という概念を表している。駅構内に飲食店や理髪店、コンビニなどを展開する新しいビジネスモデルは、二〇〇四年に「ユーキャン新語・流行語大賞」の候補六〇語の一つに選ばれた。

〈「うちの会社は面白いですよ。よかったら来ませんか」

二〇一三年末、年の瀬も迫る、凍《い》てつく寒さの埼玉県大宮駅近くのホテルの喫茶室で、カルビー会長の松本晃が鎌田由美子にヘッドハンティングの話を切り出した。

鎌田がヘッドハンティングの誘いを受けたのは、一度や二度ではない。「ＪＲという会社で公共性のある仕事をすることに（ついて）意気に感じていたから心は動かなかった」という。そんな鎌田さんを松本会長の言葉が揺り動かした。

「駅ナカのようなものをカルビーで作ってほしいというつもりはない。ゼロから何かを生み出す考え方、やり方をカルビーで生かして欲しい」

この言葉が決め手になった〉（注7）

カルビーは二〇一五年二月一日付で、上級執行役員として鎌田由美子を迎え入れた。カルビーでは新規事業を担当。鎌田は松本が推進するダイバーシティ路線の目玉となった。

コストカットで浮かせた利益を値下げに回す

松尾から経営改革を託《たく》された松本がやったことは、ズバリ言えば、長所と短所をあぶり出すことだった。

カルビーはもともと商品開発力や品質力、サプライチェーン（供給網）の整備で優れた会社だ。その一方で、経営を難しくやりすぎていた。そのため利益率が極端に低かった。創業家が悲願としている上場企業になるためには、財務体質の改善が急務だった。

松本は経営改革の第一弾として、二〇〇八年三月期に一・四％にとどまっていた売上高営業利益率を一〇％に引き上げる目標を立てた。

松本は社外取締役のときから「シェアがこれほど高いのに、こんなに利益率が低い。こんなことは心底ありえない」と思っていた。

なぜ、儲からないのか。

〈単に儲け方が下手だったからです。会社が儲かるのには、基本的には3つの要素があります。「商品の品質」「コストの安さ」「供給体制」です。カルビーは1番目と3番目はよくできていた。ところが、2番目のコスト意識が全くなかった。儲ける気がないんじゃないか、と思えたくらいです〉（注8）

カルビーは品質にこだわるあまり、コストには無頓着《むとんちゃく》だった。

そこで、コスト管理をしっかりやれば、もともと持っている力を発揮できると考えた。即座にコストカットの方針を打ち出した。

全国一七工場が個別におこなっていた原材料の調達を、本社の購買部門に一元化した。「品質向上」を重視するあまり、相見積もりを取らないで原材料を調達している工場が多かった。工場の生産現場はこの裁量権を取り上げられたため、「これでは品質管理に責任を持てない」と反発した。

松本は、本来、現場志向の人だ。オフィスに籠《こも》っていることはない。すぐさま工場に出向き、従来の調達方法の無駄の多さや不合理さを説き、コスト圧縮の重要性を訴えた。

こうして二〇〇八年以前は七〇％を超えていた売上原価率を、二〇〇九年三月期には六四・八％に低減した。

松本改革のユニークさは、コストの圧縮で浮かせた利益を、営業利益に組み入れるのではなく、製品の値下げの原資にしたことだ。「顧客・取引先が一番」という経営理念に基づき、消費者に還元したのだ。

競争力のあるカルビーの商品は、従来は競合品より一五％ほど高い値段で販売していたが、これを競合品並みに引き下げたことで、販売量が一気に増加した。これで工場の稼働率が上がり、コストが劇的に下がった。

誰もコスト圧縮策に文句を言わなくなった。

「生き残ろうと思ったら、変えるしかない」

カルビーの社員にとって衝撃的だったのは、仕事に対する文化が変わったことだ。人事評価はシンプルに数字でやる。夜中まで残業したとかしなかったとかは無関係。約束どおり仕事をしたかどうかで評価した。

「コミットメント（C）＆アカウンタビリティ（A）」

約束と結果責任である。ビジネスの基本は約束からはじまる。約束したことに対しては、結果責任がともなう。問われるのは結果。ものすごくシンプルにした。給与体系をシンプルにして、手当も減らした。

最初は社内から猛反発があった。でも、慣れるのは早い。いまでは「C＆A」は社内の公用語になっている。

同時に、階層を減らした。部長補佐とか部長代行とか、中二階のポストを全廃した。

〈日本の会社には、わけのわからない階層が多すぎる。課長でもないのに課長級とか。部長補佐とか、部長代行もある。すぐに中二階をつくりたがるんですね。そうすることで、上がれない人をちょっと上げて満足させる。身分とか責任を混ぜこぜにして、併存させてしまうわけです。でも、こんなことやっていたら会社は持ちません。生き残ろう、成長しようと思ったら、変えるしかないんです〉（注9）

松本はクビ切りが嫌いだから、リストラはやらない。リストラをやりたくないから、カルビーを儲かる仕組みに変えた。

改革がスタートした初年度の製造原価率は六五％だった。これでは高すぎる。五五％（一六年三月期実績）まで下げた。最終目標は五〇％に置いている。他方、販売・一般管理費を三〇％に落とせば、営業利益率二〇％を楽に達成できる。

そうなれば、カルビーは世界と伍《ご》していける企業になる。これが松本の描いているシナリオだ。

上場四年で時価総額が一〇倍超に大化け

二〇一一年三月一一日、東日本大震災が発生した。この日、カルビーは東証一部に新規上場した。初値は売り出し価格と同じ二一〇〇円。新株発行による公募は二八一万株、初値ベースで株式の時価総額は六六五億円だった。

筆頭株主は創業家の株式信託組織となる一般社団法人幹の会（東京都港区）で、発行済み株式の二二・九％を保有していた。松本は松尾との約束を守り、上場にこぎ着けた。

国内市場の低迷に加え、ヒット商品が不在。カルビーの成長は踊り場を迎えていた。内需頼みを脱却し、海外展開に軸足を移すのが、株式上場の隠された狙いだった。しかし、上場当時、海外売上高比率はわずか五％にすぎなかった。

食品という成熟産業で資本金も大きい大型株ということもあって、上場後、株価が急騰《きゅうとう》すると予想する向きは少なかった。

ところが、予想に反してカルビー株は大化けした。二〇一五年四月一〇日、株価は五七〇〇円をつけ高値を更新した。株式時価総額は七六一六億円。上場四年で、企業の価値は一一・四五倍となった。

カルビーの海外展開を見ておこう。ペプシコの北米市場の販売網の活用や、ペプシコ・サントリーの中国展開にカルビーが乗ることによるシナジー（相乗）効果が期待された。

一九九七年、サントリーとペプシコは日本での業務提携に合意。サントリーは日本でのペプシブランドのマスターフランチャイズ権（フランチャイズ権および製造販売総代理権）を取得していた。株価高騰《こうとう》はペプシコ、カルビーとサントリーの連携プレーの成果だった。

この株価の高騰は創業家に莫大《ばくだい》な富をもたらした。幹の会が保有株の一部を信託契約にのっとり解約して、市場で売却して現金を手にしたものと思われる。

幹の会の二〇一六年三月末時点の保有比率は一七・一七％。上場時点よりは減少したが、それでも第二位の株主だ。筆頭株主は米ペプシコ系の投資会社のFRITO-LAY GLOBAL INVESTMENTS B.V.（所在地オランダ）の二〇・〇三％だ。

創業家出身の松尾雅彦が進めた脱創業家、外資提携、プロ経営者招聘《しょうへい》、株式上場の決断は、大成功したといえる。

最高益でも自らにペナルティ

儲けるための仕組みをつくった松本は、グローバル展開を企業成長のドライブに据《す》えている。

〈言葉が悪くて申し訳ないですが、これまで趣味の海外事業でしたね。本格的に海外事業でメシを食わなければ、という考え方はなかったと思います。未来の成長を考えたら、打って出るしかない〉(注10)

カルビーの二〇一六年三月期の連結決算の売上高は前期比一〇・八％増の二四六一億円、営業利益は一六・三％増の二八一億円、純利益は一九％増の一六七億円。売上高、利益とも過去最高を更新したし、売上高営業利益率は一一・四％と最高を達成した。

海外売上高は三〇・七％増の二九三億円となったものの、全売り上げに占める海外の比率は一一・九％にとどまる。中国では業績不振がつづいていた子会社、カルビー(杭州《こうしゅう》)食品有限公司の合弁契約を解消した。台湾《たいわん》でもスナック菓子の合弁事業を解消した。

日本経済新聞(二〇一六年五月一〇日付朝刊)に「取締役賞与の減額も検討」とする記事が掲載された。日経産業新聞は「カルビー会長(原因は)『経営上のミス』」と書いた。

要約すると、こういう内容だ。

「連結営業利益は、会社計画(一九％増の二八八億円)に届かなかった。売上高営業利益率は計画の一二％に届かなかった。主因は成長源と位置づけ積極投資してきた米国での生産トラブルだ。

米国では豆が原料のスナック菓子『ハーベストスナップス』の販売が伸びており、昨年（一五年）六月にセナトビア工場（ミシシッピ州）を立ち上げた。

だが、生産の立ち上げに手間取るうちに、カリフォルニア州の既存工場が定期修繕《しゅうぜん》に入るなど生産スケジュールに狂いが生じ、店頭に菓子が並ばなくなった。稼働率低下で、米国の売上高は従来予想（三九％増の一三四億円）に届かなかった」（注11）

七期連続の最高益だが、計画には七億円未達だった。日経産業新聞は〈松本晃会長兼最高経営責任者（CEO）は、営業利益が未達になった理由を（偶然的な）トラブルではなく経営上のミスだったと語った〉と報じた。〈問題点の改善に取り組み、今期（二〇一七年三月期）は一割増の営業利益三一〇億円に挑む〉〈会社が公表した計画を「投資家との公約（約束）」と松本は認識している。異例ともいえる取締役賞与減額を検討することになった〉（注12）

「コミットメント（C）&アカウンタビリティ（A）」——約束と結果責任が、ここでも貫徹されることになる。

松本は自身には厳しく、社員にもC&Aの徹底を求めている。コミットメントが未達なら、自らにペナルティを科すのだ。役員賞与は大幅に減額、業績連動型株式報酬はゼロにした。松本の一六年三月期の役員報酬は一億四〇〇万円で、前年より六五〇〇万円減った。

松本の経営の神髄《しんずい》がはっきりと映し出される。

第4章　ベネッセ——失敗したプロ経営者の改革

引責辞任させられた原田《はらだ》泳幸《えいこう》

就任からわずか二年、プロ経営者原田《はらだ》泳幸《えいこう》は、業績不振の責任を取らされて辞任した。

通信教育最大手のベネッセホールディングス（ベネッセＨＤ）は二〇一六年六月二五日、岡山市北区の本社で第六二期定時株主総会を開いた。この日をもって会長兼社長を退任する原田泳幸は姿を見せなかった。

午後一時三〇分、株主総会ははじまった。

冒頭、議長席に立った副社長兼ＣＡＯ（最高管理責任者）の福原賢一《ふくはらけんいち》は、「原田は本日をもって会長兼社長を退任する。本総会は新経営陣に運営をゆだねるとして、本人は欠席しています」と、原田が不在の理由を説明した。

総会は福原賢一ら九人の取締役の選任案が賛成多数で可決され、新体制が発足した。

新社長となる福原は「（ベネッセの）前身の福武書店の社是《しゃぜ》である『顧客中心・信用第一』こそが業績回復のカギ」と述べた。通信教育講座「進研ゼミ」などの立て直しを急ぐほか、成長が見込める海外での教育事業や介護の分野を強化すると強調した。

株主総会に出席した株主は、「二期連続の赤字になった経営責任を、経営トップをつとめた原田がどう謝罪するかを原田自身の肉声で聞きたかった」と語り、それが果たせなかったとつづけた。会長兼社長だった原田には説明責任があるのに、彼はその責任を放棄した。

二年前、原田はベネッセの社長に三顧《さんこ》の礼をもって迎えられた。プロ経営者として名声が高かった原田には、高い報酬《ほうしゅう》が支払われた。二〇一五年三月期の役員報酬は一億四二〇〇万円。二〇一六年同期は二億三四〇〇万円。前年より九二〇〇万円の大幅アップだ。二期連続の赤字に加えて、この時点で二〇一七年三月期の純利益はゼロの見通しだというのに、お手盛りで報酬を六五％も増やした。

経営トップとして業績のV字回復の約束を果たせなかったにもかかわらず、自分の役員報酬は大幅に引き上げた。株主総会に出席していたら、原田のお手盛りの高額報酬が槍玉《やりだま》にあがり、役員報酬の一部返還を求められることだってあり得た。ベネッセの株価が崩落して資産が目減りした株主は、怒り心頭《しんとう》だったはずだ。

なぜ、原田は経営者として最も大切な株主総会を欠席したのか。プロ経営者は難関に立ち向かってこそプロの名に値《あたい》する。ところが原田は尻尾《しっぽ》を巻いて逃げた。プロ経営者が敵前逃亡したのである。

総会には五六〇名の株主が出席したが、彼らが原田から引責辞任した本当の理由を聞くことはなかった。午後三時二六分に株主総会は終了した。

会員数減少が止まらず、三期連続の減収減益

ベネッセＨＤは二〇一六年五月一一日、原田泳幸会長兼社長が六月二五日付で退任すると発表した。同日開かれた二〇一六年三月期の決算説明会の冒頭、原田は二〇一七年三月期を含めて三期連続の減収減益の見通しとなったことの責任を取り、「経営者としてケジメをつける」と発言した。「ゴールデンウィークの最後の日に退任を決断した。道半ばで退任することになり断腸の思いだ」涙をこらえ、言葉を詰まらせながら、表情に無念さをにじませた。

原田はベネッセの創業家出身の最高顧問、福武總一郎《ふくたけそういちろう》に請《こ》われて、二〇一四年六月に社長に就任した。就任直後に個人情報の大量流出が発覚した。個人情報の漏洩《ろうえい》件数は三五〇四万件にのぼった。

「事件のインパクトは思ったより大きかった。業績の見通しは（新学期がはじまった）四月末の進研ゼミの会員数で決まる。三期連続の減収減益が避けられないことが明らかになり、トップとしてどう振る舞うべきかを考え（辞任を）決めた」原田はこう述べた。

主力の通信教育講座「進研ゼミ」の会員数の減少に、社長在任中、とうとう歯止めがかからなかった。

会員数は二〇一二年四月は四〇九万人だった。教材のデジタル化が進み、その翌年から年間二〇万人のペースで減りはじめた。緊急事態である。そこで日本マクドナルドホールディングスを蘇生させた原田が、社長としてリリーフ登板することになった。

ところが個人情報漏洩事件が突然襲い、出鼻をくじかれた。「進研ゼミ」の会員数は二〇一五年四月には前年より九四万人減って二七一万人となり、二〇一六年四月には二四三万人まで減少した。

二〇一六年三月期決算での「進研ゼミ」「こどもちゃれんじ」の売上高は前期比三七七億円の減収。営業利益は同一八九億円の減益だった。

主力の「進研ゼミ」「こどもちゃれんじ」の落ち込みが業績の足を引っ張った。ベネッセHDの二〇一六年三月期の連結決算の売上高は前期比四・一％減の四四四一億円、営業利益は同六二・八％減の一〇八億円、最終損益は八二億円の赤字。個人情報漏洩対策として二六〇億円の特別損失を計上した二〇一五年三月期は一〇七億円の赤字だったから、二期連続の最終赤字となった。

二〇一七年三月期の売上高は前期比一％減の四三八八億円、営業利益は三一％減の七五億円、純利益はゼロとしてスタートした。

「今がスタート。引責辞任を考えたことはなかった」

「トップのけじめ」と言い、原田はみずから引責辞任した格好になっているが、舞台裏はドロドロだ。原田が自発的に辞めたと受け取る向きは、社内外で皆無《かいむ》なのである。そんなやわな人間ではないからだ。激烈《げきれつ》な内部抗争に敗れてベネッセを追われたと考えるのが、辞任の読み方としては正しい。

こうした見方を裏付ける資料がある。記者会見の一問一答（日本経済新聞電子版二〇一六年五月一一日付に全文掲載）に、原田の悔《くや》しさが、まるまる、あからさまに浮き出ている。

「購買サイクルは一年に一回。業績は一～二年で回復するものではなく数年かかる。今がスタートの時期に当たる。引責辞任を考えたことはなかった」（注1）

「顧客情報漏洩事件の影響で潜在顧客リストが事件前の水準に回復するには時間がかかる。新規入会数が退会数を上回り、反転するのは一年半後くらいのイメージ（だった）。一八年三月期以降の業績を語るにはもう少し時間がかかる」（同前）

続投宣言といっても通るような言葉のオンパレードなのである。超強気の原田が退任の挨拶《あいさつ》で涙ぐんだのは、詰め腹を切らされた無念さが形を変えて流れ出たのであろう。

原田の発言を、きちんとトレースしていくと「ゴールデンウィークの最終日」に原田のクビが飛んだと推測できる。

原田に引導を渡すことができるのは、原田を招聘《しょうへい》した創業家の福武總一郎しかいない。だが、福武と原田が、退任の決め手になった理由について語ることは、これからもないだろう。

原田は退任会見で、辞めざるを得なかったことをうかがわせる発言をしている。

「『逃げるのか』という声もあるかと思うが、強烈なリーダーシップが必要とされる時期は終わった。リーダーシップはこれまでのような変革時には必要だが、今後の実行時では意味合いが異なる。社員が筋肉痛を引き起こすようなリーダーシップの取り方はもう必要ないと判断した。実行という局面では、ベネッセでの経験が長く、社員のことをよく分かっている福原副社長ら新経営陣のほうがベターと考えた」（同前）

はっきりしていることは一つ。原田流の経営手法は、ベネッセではまったく通用しなかったということだ。石もて追われたということである。

倒産を経て、「進研模試」で飛躍した福武書店

ベネッセグループの創業者である福武哲彦《てつひこ》は一九一六（大正五）年、岡山県で生まれた。岡山師範学校を卒業、岡山県上房《じょうぼう》郡大和村（のちの加賀《かが》郡吉備中央町《きびちゅうおう》）の村立大和尋常高等小学校の教員として赴任《ふにん》した。二〇歳であった。三年間、教鞭《きょうべん》をとった。

その後、県職員を経て、戦後に独立。一九四九年、岡山市内で問題集などを取り扱う出版社、富士出版を設立した。富士出版は一九五四年七月に不渡りを出して倒産した。書店から売掛代金の回収ができなかったからだ。夜逃げはしなかった。岡山にとどまり再起を目指した。

一九五五（昭和三〇）年一月二八日、福武書店（のちのベネッセコーポレーション、ベネッセHD）を立ち上げ、再スタートを切った。資本金は五〇万円、従業員六人の零細《れいさい》な出版社だった。中学向けの図書・参考書を製作し、生徒手帳の印刷も引き受けた。年賀状の手本集をつくったりもした。こうして少しずつ、富士出版時代の借金を返済していった。

「二度と倒産したくない」との執念《しゅうねん》から猛烈《もうれつ》に働いた。倒産の苦い経験から「現金主義」を貫き、出版物の在庫は持たないことにした。継続可能なビジネスを心がけた。ベネッセのいまにつながるビジネスモデルの源流がこれだ。

哲彦が新しい商材として目をつけたのが模試である。模試は当時、旺文社が全国を席巻していた。哲彦は旺文社の牙城《がじょう》を崩しにかかる。一九六二年、関西進学研究会を設置し、関西模試を開始する。勝算はあった。旺文社は全国の高校生を対象にするため、模試のレベルをやや下げていた。

そこで哲彦は岡山県内有数の進学校を受験する生徒のレベルに合わせた模試をつくり、採点の結果

を複数校が交換し合う「合同模試」というユニークなやり方に変えた。

一九七三年には「進研模試」として全国展開を開始。旺文社を蹴落《けお》とすことになる模試へと飛躍していく。しかし、利益が出たわけではない。公立高校が相手のため、どうしても利幅が抑えられたからだ。

「進研ゼミ」をDMで業界トップに押し上げる

哲彦が収益源とするために取り組んだのが通信教育だった。一九六九（昭和四四）年、通信添削「通信教育セミナ（のちの進研ゼミ高校講座）」をはじめた。しかし、うまくいかなかった。一九七二年にスタートを切った中学講座は五〇〇人しか会員が集まらなかった。

哲彦が再起する過程で、確実に売り上げにつながったのは、工場の寮に住む女子工員に宛てた中学生向け図書のダイレクトメール（DM）だった。この手法を教材にも採用して、通信教育の会員を増やすことにした。哲彦はダイレクトメールマーケティングの第一人者を講師に招き、「心に響くDM」を追い求めた。

通信教育とDMを結びつけたこと。メディアはベネッセの快進撃の秘密をこう分析した。

〈73年撤退を覚悟していた中学講座で「勉強が好きになる本が無料で送られます」とのコピーを打つと、いきなり資料請求はがきが3000枚も舞い込んだ。

ここから加速度的な成長が始まり、75年に23億円だった売上高は、80年、239億円、85年、519億円と急カーブを描いて上昇していく〉（注2）

一九六〇年代から七〇年代は、日本の高度成長と相まって爆発的に増えたベビーブーム世代の受験戦争が勃発《ぼっぱつ》した。まさに受験は本人にとっても親にとっても戦争だった。

一九七九（昭和五四）年の共通一次試験開始も、追い風になった。親は子供の教育に金を惜《お》しまなかった。福武書店は急成長を遂げ、通信教育のトップの座へと駆け上がっていった。

一九八六年四月二六日、哲彦は会議の直後に倒れ、そのまま息を引き取った。享年《きょうねん》七〇。福武書店は転機を迎えることになる。

二代目の新規事業はすべてうまくいかず

東京駐在だった長男の福武總一郎が岡山本社に戻って、社長の椅子に座った。

總一郎は一九四五（昭和二〇）年、哲彦の長男として岡山市に生まれた。名前は、哲彦が尊敬する同郷の倉敷紡績社長、大原總一郎《おおはらそういちろう》からとった。

早稲田大学理工学部を卒業。日製産業、日本生産性本部勤務を経て、一九七三年、福武書店に入社。東京に駐在し、東京支店長、常務、専務、副社長と昇進を重ねた。一九八六年、父・哲彦の急死で東京から岡山に戻り、家業の福武書店を継いだ。

若社長を迎える古参幹部の反応は冷ややかだった。「福武書店の終わりのはじまり」と感じる者が多かったと伝えられている。社内の雰囲気を敏感に感じ取った總一郎は、父を超えるために新規事業を次々と打ち出した。その数は二二にのぼった。

ところが下手な鉄砲も数撃ちゃ当たるという、諺《ことわざ》どおりにはいかなかった。新規事業は、ことごとくうまくいかなかった。

總一郎は進研ゼミには興味がなかったが、哲彦が種を蒔《ま》いた進研ゼミは豊かな果実をたわわに実らせていた。總一郎が事業を引き継いだ一九八六年の進研ゼミの会員数は一〇〇万人。通信添削業界のトップ企業になっていた。その後も会員数は爆発的に増えつづけ、一九九四年には三〇〇万人を突破した。總一郎は進研ゼミの稼ぎを原資に、学術図書や絵本、雑誌などに業容を拡大していった。

總一郎は一九九五年四月、社名を福武書店からベネッセコーポレーションに変更した。福武書店を成功に導いたのは父である。自分のビジネスにふさわしい企業名にしたかった。ベネッセはラテン語の「よく生きる」に由来する。父親を乗り越えることを意図した社名変更であることはいうまでもない。

一九九五年一〇月、大阪証券取引所二部に株式を上場した。大証一部を経て、二〇〇〇年に東証一部に昇格した。福武家は発行済み株式の三七・七八％を握るオーナーであった。

結局、總一郎の新規事業が実を結ぶことはなかった。文芸誌『海燕《かいえん》』や『福武文庫』をつくり、文芸・人文の出版も活発におこなってきたが、一九九〇年代後半までに全面撤退した。

ベネッセと社名を変えたが、通信教育「進研ゼミ」の一本足打法に変わりはなかった。

文化・芸術事業にのめり込む

一方で、總一郎は、理念に掲げた「ベネッセ（よく生きる）」を実践《じっせん》した。株式上場で手にした莫《ばく》大《だい》な資金を元手に、文化事業に軸足を移す。もともと通信教育には興味はなかったこともあって、上場後は文化・芸術事業にのめり込んでいった。郷土の先輩で経営者の先達《せんだつ》でもある大原總一郎の生き方を手本にしたのかもしれない。

岡山最大の実業家は、倉敷を拠点に紡績、銀行、電力など数々の事業を育て上げた大原孫三郎《まごさぶろう》である。孫三郎が「わしの最高傑作」と自慢したのが、ひとり息子の大原總一郎だ。大原總一郎は人絹《じんけん》（レーヨン）部門の倉敷絹織を継ぎ、現在のクラレの基礎をつくった。

大原孫三郎＝總一郎親子は地元に大きな足跡を残した。倉敷のシンボルとなった大原美術館である。親子が二代にわたって収集した美術品がおさめられている。

大原總一郎を敬愛する福武哲彦は、大原總一郎にならって美術を愛好した。二〇世紀前半に米国で活躍した洋画家・国吉康雄《くによしやすお》の代表作百数点やルノワール、シャガールなどの名作を収集し、福武コレクションと呼ばれた。

福武哲彦＝總一郎親子の美術愛好家としての集大成は、瀬戸内海に浮かぶ直島《なおしま》につくった「ベネッセアートサイト直島」である。瀬戸内の島に世界中の子供たちが集《つど》える場をつくりたいとの思いを抱いていた哲彦と、直島に教育・文化エリアを開発したいとの夢を持っていた当時の直島町長・三宅親連《みやけちかつぐ》の思いが重なり、結実したのである。哲彦の死後、息子の總一郎が構想を実現させた。

ベネッセは一九九二年、直島に建築家・安藤忠雄《あんどうただお》の設計によるベネッセハウス・ミュージアムを開設。二〇〇四年、個人資産を寄贈して直島福武美術館財団（のちの公益財団法人福武財団）を設立、同年、地中美術館、二〇一〇年、李禹煥《リウファン》美術館を開館した。直島は「現代アートの聖地」と国内外から高く評価されている。

ベネッセの配当金が文化活動に回る仕組み

公益財団法人福武財団の基本財産は福武家の寄付による。ベネッセホールディングスの株式六〇〇万株、現金や不動産など二五〇億円を超える資産が贈与された。

文化・芸術活動をおこなう福武財団は、養子の英明《ひであき》に引き継がせることにした。

總一郎は二〇〇九年、居住地をニュージーランドに移した。日本の相続税・贈与税の最高税率は五五%。遺産の半分は税金で持っていかれるが、ニュージーランドは無税である。資産管理会社イー・エフ・ユーインベストメントリミテッドの本社をオークランドに置いた。イー・エフ・ユーはニュージーランド北島を水源とするミネラルウォーターの日本への輸出もおこなっている。

總一郎夫妻には子供がなかったので、甥《おい》（妹の息子）の英明を養子にした。英明は一九七七（昭和五二）年生まれ。ＦＡセンサーなどの制御機器のメーカーのキーエンスや介護・医療分野に特化したインターネット関連のベンチャー、エス・エム・エスを経て、二〇〇九年にイー・エフ・ユーインベストメント代表、直島福武美術館財団（のちの福武財団）副理事長に就いた。

ベネッセの筆頭株主は總一郎個人であったが、總一郎および妻・れい子が所有する全株式がイー・エフ・ユーに移管された。

ベネッセＨＤの二〇一六年三月末の筆頭株主は、日本マスタートラスト信託銀行で九・二〇%を保有する。有価証券報告書の脚注によると、このうちの六・六四%、六八〇万九〇〇〇株は、英明が代表をつとめる資産管理および投資目的の法人であるイー・エフ・ユーが信託財産として拠出しているもので、委託された信託財産の議決権の行使はイー・エフ・ユーの指示にしたがう、となっている。

イー・エフ・ユー自体は七・六七％を保有する第三位の株主、福武財団は四・八八％を持つ第四位の株主だ。このほか、福武純子（二・一〇％）、南方ホールディングス（一・七九％）、福武信子（一・七二％）が上位一〇位の大株主として登場する。親族の持ち分を合わせると、二七・三六％を握る圧倒的な大株主だ。

總一郎は亡くなっても相続税を払わなくてすむように海外に移住し、ベネッセの配当金で文化・芸術活動をつづけることができる仕組みを完成させた。

一人目のプロ経営者を招聘《しょうへい》

二〇〇〇年代になると、ベネッセのドル箱だった進研ゼミの会員数が減速をはじめる。二〇〇〇年度に四二〇万人あった会員数は、〇二年度は三八七万人、〇三年度は三七〇万人と減りつづけた。

原因は、ベネッセの教材が会員のニーズに即応できなくなったからだ。二〇〇二年四月、ゆとり教育がはじまった。学力の低下を懸念《けねん》する親が増加しているにもかかわらず、そうした心配を汲《く》み上げる教材や学習システムを構築できなかった。

進研ゼミは、全国一律、教科書に準拠した教材がセールスポイントだった。ゆとり教育で受験戦争に負けるのではないかと危機感を募《つの》らせていた親は、もっと高いレベルの教材が欲しいと思っていた。ベネッセには、それに応える教材を開発する力がなかった。

進研ゼミの会員は、成績上位者から順に抜け落ちていった。ベネッセの教材は、できる生徒にはやさしすぎて敬遠されたのである。

経営者としての限界を自覚していた總一郎は、外部からプロ経営者をスカウトしてきた。ソニー出身の森本昌義《もりもとまさよし》である。

森本は一九三九（昭和一四）年、大阪市生まれ。一九六二年、東京大学法学部を卒業しソニーに入社した。六三年から六四年、コロンビア大学大学院に留学。一九七二年にソニー・コーポレーション・アメリカに赴任してから一九九七年に帰国するまで二五年間、米国・ブラジルに駐在しつづけた。ソニーの創業者の一人、盛田昭夫《もりたあきお》が米国でソニーのブランドの定着に奔走《ほんそう》していた当時、森本は米サンディエゴでテレビ工場の立ち上げにたずさわり、その後、経営危機におちいっていたブラジルの現地法人を、社長として軌道に乗せた。

森本は盛田昭夫を信奉してやまなかった。森本のベネッセの社長室の机には、盛田の写真が飾られていたほどだ。

海外で実績を上げた森本は、一九九五年にソニーの取締役に昇進。帰国後、常務、専務と出世の階段を駆け上がった。

二〇〇一年に業績が悪化したオーディオ機器の製造子会社アイワに、社長として送り込まれた。アイワの国内の全工場を閉鎖、数千人を削減するという大リストラを断行したが、再建できなかった。ソニーはアイワの単独での生き残りを断念し、二〇〇二年にアイワを吸収合併した。

アイワの再生に失敗した森本は、ソニーでの出世の道を断たれた。そんな折、ベネッセからヘッドハンティングの口がかかった。森本は捲土重来《けんどちょうらい》の気持ちでベネッセの社長を引き受けた。

V字回復なるもスキャンダルで辞任

森本は二〇〇三年六月二五日、總一郎の後を継いでベネッセコーポレーションの社長兼最高執行責任者（COO）に就いた。創業家の福武一族以外から初めての社長が出た。それも異業種からのスカウトと、異例尽くしのトップ人事がメディアをにぎわした。

盛田昭夫に心酔していた森本は、盛田にならい、ベネッセのビジネスモデルをゼロベースで見直すことにした。就任直後から、進研ゼミの旧態依然とした教材づくりにメスを入れた。教科書に準拠した教材を、レベル別、進路別に三つに分けた。二〇〇四年には「超難関私立中高一貫講座」をはじめた。これまで郵送のみだった進研ゼミの添削サービスを、ファックスやメールでおこなうなどの改革を進めた。

進研ゼミはふたたび成長軌道に乗りはじめた。二〇〇三年三月期に一六〇億円にまで落ち込んでいた経常利益を、二〇〇六年同期には二九四億円とV字回復を果たした。總一郎の全幅《ぜんぷく》の信頼を得た森本は二〇〇六年六月、社長兼最高経営責任者（CEO）となり、名実ともにベネッセのトップに立った。

森本が教材の見直しと並行して進めた改革は、ダイレクトメール（DM）中心の営業からの脱皮である。DMを大量に送付する広告戦略が、ベネッセが大躍進するエンジン役を果たしたことは間違いない。しかし、二〇〇五年の個人情報保護法、翌〇六年の住民基本台帳法改正によって、個人情報の取得が難しくなってきた。

そこで森本はイベントを活用する方式に切り替えた。イベントでアンケートに答えてくれた生徒に進研ゼミのメールを送ることにした。絨毯爆撃《じゅうたん》からピンポイント作戦に切り替えたわけだ。

通信添削が先細りになることを見越して、お茶の水ゼミナールや東京個別指導学院を買収。学習塾の経営にも乗り出した。

脂《あぶら》が乗っているときに、人間は油断するものだ。森本は、業務とは別の次元のスキャンダルで足をすくわれることになる。

『週刊新潮』は二〇〇七年三月一日号（首都圏では二月二二日発売）に「部下の妻を『愛人』『社長室長』にした『進研ゼミ』社長」という記事を掲載した。

森本と社長室長の女性が、六本木で白昼堂々、腰に手を回してキスをしたり、にやけた表情でケータイで撮影した写真を見せ合う様子などを、全六ページを割《さ》いて報じた。森本も女性も既婚者。不倫である。だが、単純な不倫騒動ではおさまらなかった。まずいことに、女性の夫はベネッセの現役幹部だということが記事の中で暴露《ばくろ》された。部下の妻を寝取ったわけだ。（注3）

森本は、『週刊新潮』が発売される前日の二月二一日、辞任を申し出て、同日開かれた取締役会で了承された。總一郎が会長兼社長兼CEOにいったん復帰し、四月二七日、執行役員専務の福島保《ふくしまたもつ》が社長兼COOに就いた。

社内からのリークで、森本は刺された。これで森本改革は頓挫《とんざ》した。森本改革が実《み》を結んでいれば、ベネッセは生まれ代わり、森本は〝中興の祖〟とうたわれるようになったかもしれないと、惜しむ声があったのは事実だ。しかし、教育産業のトップが部下の妻を寝取ったのである。放置したら、しめしがつかない。

高卒生え抜き社長が緊急登板

總一郎が後継に指名した福島保は生え抜きだ。一九五三（昭和二八）年、岡山で生まれた。一九七一年、岡山県立林野高校を卒業、福武書店に入社した。実家が裕福でなく、夜間大学の授業料を稼ぐため就職した。創業社長の福武哲彦が面接した。「大学卒業後はどうするの？」と聞かれ、「違う会社を探します」と答えた。昼は福武書店で働き、夜は岡山大学法文学部第二部（夜間）に通った。

当時の社員数は九〇人前後。小規模な会社だった。通信教材の封筒入れから発送までを担当した。仕事が面白くなり、大学を二年で中退した。入社三年目に独立を考えた。発送の代行会社をつくろうと、会社に五〇〇万円を貸してほしいと申し入れたが、あっさりと断られた。

知人に「自分の強みを持たないと器用貧乏で終わる」と忠告され、DM作成という新しい分野に挑戦することを決めた。以後、進研ゼミのDMに長くたずさわることになる。

一九八三年に、高校生向けの通信教育を統括する部門の責任者に就いた。一九七九年に共通一次試験がはじまり、進研ゼミの会員数が右肩上がりで伸びていた時期だ。調子に乗って、一九八五年に会員向け雑誌『Between』を、上司の決裁を受けずに創刊したが、一年ももたずに休刊に追い込まれた。三億円の赤字が発生した。

雑誌の休刊を決めたことの報告と、責任を取って辞表を手渡すために創業社長の福武哲彦に面会しようとしたが会ってくれない。見かねた専務があいだに入ってくれたが、それでも会ってくれない。雑誌を出しつづければ赤字は増えるし、部下からの信頼もなくなる。「このときはきつかった」と福島は述懐している。

一ヵ月後、やっと面会がかなった。

〈社長は「赤字分の3億円を返すのなら辞めていい」。辞表を出せば失敗の責任を取ったことになるという考え方を否定されました。「おまえはただ逃げているだけだ」と。仕事に対する姿勢や執念《しゅうねん》について改めて考える機会になりました。この経験を踏まえ、部下には「責任を取るという言葉を簡単に使うな」と言い続けました〉（注4）

その直後の一九八六年四月、福武哲彦が会議中に倒れて急逝《きゅうせい》したことは前に述べた。「逃げるな」が哲彦の福島に対する遺言となった。

福島の仕事に取り組む執念を評価したのが總一郎だった。總一郎の側近として、トントン拍子で出世を遂げた。森本昌義が社内不倫で失脚し、思いがけず社長の座が転がり込んできた。「タナボタ社長」と陰口を叩《たた》かれた。

二〇〇九年一〇月一日、ベネッセは持ち株体制に移行。ベネッセコーポレーションからベネッセホールディングスに商号を替えた。同時に会社分割をおこない、完全子会社としてベネッセコーポレーションを設立した。總一郎が持ち株会社の代表権のない会長になり、福島が社長に就任した。

しかしながら、進研ゼミの草創期からビジネスにたずさわってきた福島には、進研ゼミの会員の減少に歯止めをかけることができなかった。

通信教育はタブレットで学習する時代

ＩＴの進展を受けて、教育業界は大きく変わろうとしていた。オーナーの總一郎が動いた。總一郎が白羽の矢を立てたのは、アップルコンピュータ、日本マクドナルドで経営手腕を評価されていた原田泳幸だ。

總一郎は数年前から後継者探しをしていた。原田に打診したのは二〇一三年一二月だ。原田は同年六月にベネッセの社外取締役になっていたから、話を持っていきやすかったのだろう。

森本昌義の次は原田泳幸——。總一郎はプロ経営者というブランドが大好きなのである。

情報漏洩事件が発覚する直前、『日経ビジネスオンライン』（二〇一四年七月一七日付）に登場した總一郎は、原田を起用した理由を次のように語った。

〈重視したのは、グローバル化とデジタル化だ。海外の売上高はいずれ国内を上回るだろうし、今後は戦略的パートナーとの提携も必要になる。しかし、アナログな雑誌の会社が内部からこうした『改革』を推進することは難しい。その点、原田氏は外資系出身でＩＴ（情報技術）に強く、しかも顧客目線で（成功した）実績がある〉（注５）

總一郎が原田に託したのは、タブレット端末を中核に据《す》えた教育事業への大転換である。

通信教育や学習塾で、タブレットを使った学習サービスが急速に普及していた。文部科学省では「二〇二〇年度までに児童・生徒一人一台の情報端末の整備」を目標に掲げ、ＩＣＴ（情報通信技術）教育を推進している。タブレットの活用が家庭の学習のあり方を変えつつあった。かつて通信教育は赤ペンで添削したペーパーをやりとりしたが、タブレットが紙に取って代わった。

ベネッセの会員の減少に歯止めがかからないのは、タブレット時代という大きな潮流に乗り遅れたからだ、と總一郎は認識していた。

タブレット通信教育で成功したジャストシステム

ジャストシステムがタブレット通信教育で先陣を切った。タブレット端末を使った小・中学生向け通信教育「スマイルゼミ」が好調で、最高益の更新をつづけた。二〇一六年三月期の連結売上高は前期比二・九％増の一八二億円、営業利益は一〇・八％増の五〇億円、純利益は一七％増の三七億円だった。

ジャストシステムは浮川和宣《うきがわかずのり》・初子《はつこ》夫妻が一九七九年、徳島市で創業した。一九八五年八月、日本語ワープロソフト「一太郎」を開発した。浮川が学生時代に家庭教師をしていて病死した中学生の名前にちなんで、ソフトを一太郎と命名した。一太郎は大ベストセラーとなり、日本語ワープロソフトの代名詞となった。

一太郎の前に立ちふさがったのは、米マイクロソフト（ＭＳ）のワード（Word）である。「ウィンドウズ95」が世に出たのはインターネット元年といわれる一九九五年。新興ＩＴ企業の群雄割拠《ぐんゆうかっきょ》状態から抜け出て、基本ソフト（ＯＳ）の世界標準になったのがマイクロソフトのウィンドウズだった。世界中のパソコンの九割以上が、ＯＳにウィンドウズを採用した。ウィンドウズのＯＳを世界標準にしたＭＳは、日本市場でも一太郎のシェアを奪《うば》っていった。

一太郎の最大の特徴は、縦書きの機能が充実していることだ。映画やテレビのドラマの原作・脚本を手がける脚本家は、一太郎で執筆している人が多い。また、官公庁や一部の企業では、公文書作成のために一太郎を標準のワープロソフトとして利用していた。

一太郎は日本語ワープロとしての機能を充実させたため、世界規格から離れてしまうという皮肉な結果を招いた。日本の携帯電話と同じように、一太郎は日本だけでしか通用しないガラパゴス化したといえる。

世界標準になれなかったジャストシステムは経営が悪化。二〇〇九年四月、東証一部上場のキーエンスの傘下《さんか》に入り、創業者の浮川夫妻は経営から退《しりぞ》いた。

脱・一太郎を目指し、二年かけて通信教育事業の企画・開発に力を注ぎ、他社に先駆けて子供に人気が高いタブレットを使った新商品を世に出した。二〇一二年一二月、タブレットを使った小学生向け通信教育「スマイルゼミ」がスタート。ジャストシステムは自社開発の端末を配り、教材を配信した。

タブレットを使用した学習という斬新《ざんしん》さと先見性が受け、会員は順調に増加した。二〇一三年一二月から中学生向けの講座をスタートさせた。二〇一六年三月末現在のタブレットのユーザーは六九〇万人にのぼる。

ジャストシステムのタブレット通信教育システムは、通信教育業界の勢力地図を塗り替えつつある。これに危機感を抱いたのが、通信教育の老舗《しにせ》ベネッセの創業家の二代目、福武總一郎だった。プロ経営者として評判の原田泳幸を招いて、進研ゼミもタブレット端末に対応した教材の開発に乗り出したのである。

ベネッセＨＤは二〇一四年六月二一日に開催した株主総会で、原田泳幸が会長兼社長に就任した。会長の福武總一郎は最高顧問に退いた。社長の福島保は代表権のある副会長に就き、原田をサポートすることになった。

原田は「ビジネスにおける集大成という意気込みで臨《のぞ》みたい」と抱負を語った。会員数が大幅に減少する進研ゼミについては、「会員数をまずプラスにする」と宣言した。

三五〇〇万件の顧客情報漏洩《ろうえい》事件

原田船長のベネッセ丸は、船出したとたんに大波に襲われた。顧客情報が漏洩したのである。

二〇一四年七月九日、会長兼社長の原田は記者会見し「顧客情報が外部に持ち出され、最大二〇七〇万件の情報が漏洩した可能性がある」と発表した。流出した情報は進研ゼミなどの顧客情報であり、子供や保護者の氏名、住所、電話番号、性別、生年月日などであるとした。

流出した当時のベネッセHD社長で、原田がトップに就任した後は副会長になっていた福島保と、事業子会社ベネッセコーポレーションの社長をしていた明田英治《あけた えいじ》が引責辞任した。

七月一七日、警視庁は、ベネッセの子会社シンフォームに勤務していた派遣社員のシステムエンジニア松崎正臣《まさおみ》を不正競争防止法違反（営業秘密の複製、開示）の容疑で逮捕した。松崎は、勤務先だったシンフォームの多摩事業所内でベネッセの顧客データベースにアクセス。個人情報三五〇四万件をダウンロードして、名簿業者三社に売った。

二〇一六年三月二九日、東京地方裁判所立川支部は松崎正臣に懲役三年六ヵ月、罰金三〇〇万円（求刑同五年、罰金三〇〇万円）の判決を言い渡した。弁護側は流出した個人情報は、営業秘密にあたらないとして無罪を主張したが、裁判所は不正競争防止法で持ち出しを禁じている営業秘密に当たると認定した。弁護側は即日控訴《こうそ》した。

原田の発言に批判殺到

アップルコンピュータや日本マクドナルドでは「ブレない男」と呼ばれた原田泳幸が、ベネッセHDの危機管理ではブレまくった。顧客情報の漏洩問題に対する発言が二転三転したのである。

顧客情報の漏洩では、原田の初期対応の稚拙《ちせつ》さが目立った。

ボタンのかけ違いは七月九日の会見で起こった。通信講座・進研ゼミなど二六サービスの顧客の情報が七六〇万件、最大で二〇七〇万件流出した可能性があると発表。会見に臨んだ原田は「クレジットカード番号などの重要情報は流出しておらず、金銭的謝罪は考えていない」と述べ、金銭的補償の必要はないと言い切った。

この強気の発言が、自らの首を絞《し》めた。顧客からの批判が殺到。容疑者のシステムエンジニアが逮捕されたことを受けた七月一七日の会見では、「二〇〇億円の原資を準備し、お客様に謝罪する」と補償する方針に転換した。

しかし、七月二二日に開いた会見に、原田は出席しなかった。それまでの原田の発言をくつがえす内容だったからだ。ベネッセHDの松本主税《まつもとちから》・最高リスク管理責任者は、この時点での漏洩件数が二二六〇万件に上ること、クレジットカード番号などの重要情報が流出した可能性があることを認めた。七月九日の会見で原田は、クレジットカード番号などの流出はないと言い切っていた。

当初、原田は「社員ではない」と外部業者による漏洩と強調していた。しかし、ベネッセにとって、ビジネスの根幹である顧客情報データベースの保守・管理をする子会社に派遣されていたシステムエンジニアが逮捕されたのである。外部業者の責任ですむレベルの話ではない。

流出情報を利用していたジャストシステム

原田は早々と「金銭的補償はしない」と明言した。過去にも個人情報を流出させた企業は少なからずあった。ポイントカード会員の住所などが流出したローソンは二〇〇三年、五六万人に一人五〇〇円の金券を配布した。二〇〇九年には三菱ＵＦＪ証券（のちの三菱ＵＦＪモルガン・スタンレー証券）が五万人に一万円の商品券を配って補償した。

金銭補償の前例が数多くあるのに、原田はなぜ補償しないと断言したのか。「ベネッセは被害者」と認識していたからである。では、加害者は誰なのか。流出した情報を営業に利用した同業者のジャストシステムと見なしていたのである。

ジャストシステムのタブレット通信教育システムが、通信教育業界の勢力図を劇的に塗り変えつつあることは前に触れた。ベネッセはタブレットを活用する通信教育で後《おく》れをとった。それに危機感を抱いたベネッセオーナーの福武總一郎は、原田に通信教育の立て直しを負託したのである。

ベネッセの会長兼社長に就いた原田がタブレット端末などに対応した教材開発のテコ入れに乗り出した矢先に、ベネッセから流出した顧客情報二五七万件をジャストシステム社が営業に利用していたことがわかったわけだ。

ジャスト社に向けた、原田の非難の舌鋒《ぜっぽう》は鋭かった。七月九日の会見では、名指しこそ控えたものの、漏洩した情報を営業活動に使ったジャスト社の経営陣の倫理観を問う発言をくり返していた。

謝罪会見の場で競合企業を非難する。通常では、まずありえない。原田は「ベネッセは被害者だ」と認識し、「加害者のジャスト社」に牙《きば》を向いたのである。八日後の一七日の会見では、「ベネッセは加害者か被害者か」と問われると、「迷惑をおかけしたという意味では加害者だと思っている」と答えた。ここでも歯切れは悪かった。

肚《はら》の底では「被害者だ」と思っていたからだろう。だから、その後、原田は、「加害者だ」と記者に追及される公《おおやけ》の場に姿を見せなくなった。マクドナルド時代には、つねに記者会見の前面に出てマスコミ対応をしてきた原田の姿からは、考えられないことだった。この時点で、原田は逃げた、と見る社内関係者の厳しい指摘もある。

ベネッセＨＤは九月一〇日、顧客情報漏洩件数は三五〇四万件と公表した。個人情報が漏洩した被害者に、金券五〇〇円を用意するとした。

ベネッセＨＤの二〇一五年三月期の連結決算は、最終損益が一〇七億円の赤字（前の期は一九九億円の黒字）だった。最終赤字に転落するのは一九九五年の上場以来で初めてのことだ。通信講座などの顧客情報の漏洩で、お詫びにかかる費用など二六〇億円の特別損失を計上したことが響いた。特別損失の内訳は顧客の補償に二〇〇億円、お詫びの文書の発送や事件の調査、セキュリティー対策などに六〇億円をあてるとした。

実際には二期連続で赤字になったのだが、この時点で、二〇一六年三月期の最終損益は三八億円の黒字を見込んでいた。黒字になるかどうかは、ひとえに進研ゼミの会員数が下げ止まり、反転の兆《きざ》しが出てくるかどうかにかかっていた。

空振りに終わった「進研ゼミ＋《プラス》」

進研ゼミの会員数は、二〇一二年四月には四〇九万人だったが、一三年四月には三八五万人、二〇一四年四月に三六五万人。タブレット通信教育への対応の遅れが響き、減少がつづいていた。これに二〇一四年七月の個人情報の漏洩が追い打ちをかけた。翌二〇一五年四月の会員数は、二七一万人にまで激減した。

原田にとって喫緊《きっきん》の課題は、進研ゼミの会員数の減少に歯止めをかけ、浮上させることだ。教育業界は四月の新学期が勝負どころである。新しく入学してくる中学生や高校生を会員に獲得《かくとく》できるかどうかで決まる。一度会員になると、三年間は大きく変わることはないといわれている。

原田が反転攻勢の武器として進めてきたのが「進研ゼミ＋《プラス》」という新しい教材だった。

原田は顧客情報の漏洩が発覚する以前から、DMによる新規会員獲得に依存するビジネスモデルからの脱却をはかってきた。ベネッセは国内最大級の潜在顧客リストをもとにDMを発送し、進研ゼミの会員を獲得する。これがベネッセ最大の営業上の強みといわれてきた。そのドル箱の顧客情報が流出したことを奇貨《きか》として、DM依存体質の刷新を進めることにした。

そのための先兵が、「進研ゼミ＋」という新しい教材だ。紙のテキストとアイパッド（iPad）のデジタル教材を組み合わせたハイブリッド教材のことである。

端末をネットにつなぎ、問題を解くと即添削される。学習上で困ったことが起こったら、相談すればメールで返事がくる。二〇一六年二月から全国で体験会を実施してきた。

アイパッドを持っていない家庭には、アイパッドの機種に応じて月額一九八〇円、もしくは二四八〇円でレンタルすることにしたのだが、価格がネックとなった。

月額二〇〇〇円内外というが、教材費以外にこれだけの金額が上乗せされるわけだ。家計の負担が大きすぎた。しかもベネッセの専用端末ではない。子供がアイパッドを自由に使い、インターネットやゲームができることに難色を示す保護者もいた。

「進研ゼミ＋」は二〇一六年四月の商戦ピーク時に、入会会員数が伸びなかった。「進研ゼミ」「こどもちゃれんじ」の会員数は二〇一六年四月時点で二四三万人に激減した。顧客情報漏洩が発覚する前の二〇一四年四月と比較すると一二二万人減。一二年同期と比べると、じつに一六六万人目減りしたことになる。

皮肉にも、新規会員の獲得に威力を発揮したのは、「進研ゼミ＋」ではなく、顧客リストをもとにしたDMだった。

これを機に、原田が否定してきたDM派が復活することになる。

日本マクドナルドでの成功の真相

原田がベネッセで失敗したことに、さほど驚きはない。原田の得意技は、機先《きせん》を制する先制攻撃とマーケティングと代理店戦略にあった。

原田泳幸は一九四八（昭和二三）年、長崎県佐世保市に生まれた。東海大学工学部通信工学科を卒業後は、外資系一筋だ。外資系で腕を磨《みが》いてきたのがマーケティングで、代理店戦略に長《た》けていた。アップルコンピュータの日本法人の社長として、直販化を推進した。四〇社強あった一次卸《おろし》を四社に絞り、三〇〇〇店あった販売店を一〇〇店に削《けず》るという荒療治《あらりょうじ》をやってのけた。

ここで「主張がブレないタフネゴシエーター」という評価が定着した。アップルジャパンでの剛腕《ごうわん》を買われて、米マクドナルド本社にヘッドハンティングされた。ドン底状態にあった日本マクドナルドの体質を根本からつくり変えるには、うってつけの人物と見込まれたのである。アップルの主力商品マッキントッシュとマクドナルドの愛称がともにマックだったことから「マックからマックへの華麗な転身」と話題になった。

「今から新しいバスが出発する。新しいバスのチケットを買いたい人は乗れ。買いたくない人は乗らなくていい」（注6）

二〇〇四年五月、日本マクドナルドホールディングスの最高経営責任者（ＣＥＯ）に就いた原田が、幹部を集めた場で発した第一声がこれである。自分が運転するバスに乗る者には、それ相応の覚悟を求め、その覚悟がない者は去れという意思表示である。

機先を制した発言で、主導権を握る。これが原田の真骨頂《しんこっちょう》だ。ベネッセでは顧客情報の漏洩での対応がブレまくり、ベネッセの社内で、結局、主導権を握れなかった。

このことがのちのちまで尾を引いた。原田が早期退任に追い込まれる原因となった。

原田は十八番《おはこ》の代理店戦略で、日本マクドナルドＨＤに切り込んでいった。

二〇〇七年三月、全国に三八〇〇店ある店舗の運営形態を徹底的に見直し、直営店七割、ＦＣ（フランチャイズ）店三割の比率を、五年後をメドに直営店三割、ＦＣ店七割に逆転させる方針を打ち出した。

直営店だと人件費（もちろん残業手当も）やもろもろの出店コストは、すべて本社の負担となる。FC化することができれば、それらの諸経費はFC店のオーナーにつけ回すことができる。それどころか、FC店のオーナーに営業権や固定資産（店舗）の買い取りを求めた。ロイヤリティや広告費も、売上高に応じて自動的に上納させる方式に変えた。

直営店をFCに転換させるスキームは、利益を膨《ふく》らませる妙案だった。コストをすべてFCに押し付けることができるからだ。経営努力を何もしなくても、その分、利益が出る。原田流の経営合理化である。

それだけではない。直営店の不動産をFCのオーナーに売却して、それを利益に上乗せした。連続増収増益は、直営店を売って得た利益によって達成されたのである。

荒療治の成果はすぐに出た。日本マクドナルドHDの二〇〇九年一二月期決算は営業利益（二四二億円）、経常利益（二三二億円）、当期純利益（一二八億円）とも過去最高を更新した。直営店のFC化が利益増に直結した。

次に原田は、向こう一年で全店舗の一割以上、四三三店を閉鎖する方針を打ち出した。

大量閉鎖の真の狙いは別にあった。創業者である藤田田《ふじたでん》の子飼いのFC店オーナーを一掃することにあった。原田が脱藤田路線を打ち出したとき、最大の抵抗勢力となったのが藤田の直参《じきさん》旗本と呼ばれたFC店オーナーたちだった。この時期、原田の剛腕は冴《さ》え渡っていた。

破壊者であって建設者ではなかった

すぐに、原田の〝神通力〟は薄れてきた。理由ははっきりしている。直営店のFC転換を進め、抵抗勢力である直参旗本のFC店を一掃した。これで原田は切れるカードを使い切ってしまったのだ。

原田は仮想の敵をつくり、敵と戦うことで燃える男だ。彼は、「日本マクドナルドでは社員が反対することばかりやってきた」と語っているが、抵抗勢力をすべて淘汰《とうた》したため、敵を叩くという目標を失った。この時点で、原田のマクドナルドでの任務は終わったといっても過言ではない。

原田は破壊者であって、ビジネスを地道に構築する人間ではない。破壊者としては剛腕を発揮するが、新しいビジネスを根気強くつくり上げるビルダー（建設者）ではない。

ベネッセに乗り込んだ原田は、抵抗勢力に囲まれた。抵抗が強ければ強いほど燃える男だが、ベネッセでは日本マクドナルドでの成功体験が通用しなかった。

タブレットを使った教育システムというIT商品を売るのに、代理店戦略は存在しない。マーケティングの発想もいらない。得意技を封じられて相撲をとるようなものだった。

原田泳幸がベネッセでしくじった最大の理由は、小手先のマーケット戦略では乗り切れない実業の世界が舞台だったことだ。

創業の原点に回帰する

原田が目玉としてきた「進研ゼミ＋」というデジタル教材は不発に終わった。タブレットの値付けに失敗したのが根本的な原因だ。教育事業のイロハが身についていれば、アイパッドのレンタル代ももっと安くしただろう、といわれている。

原田本人は社長をつづける気でいたが、古参の幹部たちのあいだでは「原田のやり方はおかしい」との声が高まり、「(福武が)原田をかばい切れなくなった」(ベネッセの元幹部)。創業家の福武總一郎が原田を切ることを決めたのは、教育事業で原田は素人《しろうと》のままだったからである。ベネッセではプロ経営者ではなかった。タブレット端末に対応した新規プロジェクトで結果を出せなかった、という皮相的な事実だけでクビを切ったわけではない。

原田の後任の社長には、副社長の福原賢一が昇格した。

福原は一九五一(昭和二六)年、岡山県の生まれ。一九七六年、京都大学法学部を卒業し、野村證券に入社。米アリゾナ州グレンデール市にあるグローバルビジネスを専門にした最古の大学院であるアメリカ国際経営大学院に留学した後、ノムラ インターナショナル リミテッド ロンドンに勤務。一九八八年に帰国し、投資銀行部門に所属した後、海外プロジェクト室長、機関投資家営業部長、グローバルリサーチ担当金融研究所長兼投資調査部長などを歴任ののち、二〇〇〇年に取締役に就任。野村リサーチ・アンド・アドバイザリー社長、野村ヒューマンキャピタル・ソリューション社長などをつとめた。

二〇〇四年、ベネッセコーポレーションに入社。ベネッセスタイルケア社長、ベネッセコーポレーション副会長兼CEO補佐を経て、二〇〇九年一〇月から副社長。二〇一二年に公益財団法人福武財団の副理事長を兼務している。

金融のプロとして福武總一郎の節税対策を指南しただけあって、福武家とも関係は深かった。福原の社長としての第一声は「創業者は『不易《ふえき》と流行』の区別をつける」だった。不易の価値は何か。それは、学びや意欲に寄り添うことであり、向上心とも言い替えられる。これこそベネッセの語源となった『よく生きる』ことの本質である。「お客様と向き合い、全力を尽くしたい」と語った。創業者、福武哲彦の言葉をくり返し引用した。原点回帰と創業家への配慮が感じられた。裏を返せば、原田はベネッセの企業文化から逸脱し、創業家をないがしろにした、と言っているようにも聞こえる。

わずか三ヵ月で社長交代の迷走

ベネッセの迷走は止まらない。わずか三ヵ月で、またもや社長が交代した。

二〇一六年一〇月一日、社外取締役で米投資ファンド、カーライル・ジャパン会長をつとめる安達《あだち》保《たもつ》が社長に就任した。社長の福原賢一は代表権のある副会長に退いた。

二〇一四年に日本マクドナルドから社長にスカウトした原田泳幸が、業績低迷で二〇一六年六月に引責辞任した。副社長だった福原が社長に昇格したが、わずか三ヵ月で退任することになった。

業績悪化に歯止めがかからないのが理由だ。二〇一六年四～六月期連結決算の売上高は前年同期比一・七％減の一〇五六億円、営業損益が七億一八〇〇万円の赤字（前年同期は六億二三〇〇万円の黒字）、最終損益は二九億六五〇〇万円の赤字（同四億一九〇〇万円の赤字）だった。四～六月期で営業赤字になるのは、上場以来初めてのことだ。

福原は「経営体制の強化が急務と判断した」として、創業家出身の福武總一郎・最高顧問に「事前に相談して了承を得た」と語った。突然の社長交代は、福武の意向が強く働いたとの見方が有力だ。

新社長となった安達保は一九五三（昭和二八）年生まれ。東京大学工学部機械工学科卒。一九七七年、三菱商事に入社した。一九八三年、マサチューセッツ工科大学でＭＢＡを取得。帰国後は情報産業本部に籍を置き、第二電電（のちのＫＤＤＩ）に出向した。

一九八八年、マッキンゼー・アンド・カンパニーに転職。マッキンゼー在職中は大前研一《おおまえけんいち》、平野正雄《ひらのまさお》らとコンサルタント業務に従事し、パートナー（共同出資者）にまで登りつめた。

一九九七年、マッキンゼーを退職し、ＧＥキャピタル・ジャパンの事業開発本部長となる。会社更生法を申し立てた日本リースの自動車リース部門をＧＥキャピタルが買収したのにともない、一九九九年に日本リースオート（のちのＧＥフリートサービス）の社長に就いた。

二〇〇三年にカーライル・グループのマネージングディレクターに転じ、二〇〇七年にカーライル・ジャパンの共同代表、二〇一六年に日本法人の会長になる。

創業家の福武と安達の関係は深い。安達はベネッセの社外取締役をつとめてきた。最初は二〇〇三年から五年間、二度目は二〇〇九年から六年間つとめた。二〇一六年六月、三度目となる社外取締役に就任する。原田を解任した福武が、次に経営を託すべく安達に白羽の矢を立てたのだろう。安達は一六年七月に経営助言機関の経営戦略委員会の委員長になり、「事業の状況、現在の窮状《きゅうじょう》を熟知している」（関係者）。

福武總一郎は、森本昌義と原田泳幸という二人のプロ経営者を社長に招いた。だが、外部人材登用の失敗がつづく。安達保は「事業再生のプロ」と評されている。三度目の正直となるのか、二度あることは三度あるのか。

安達の起用で本格的な業績回復に道筋をつけられるかは未知数だが、原田について「変革を急ぎ、顧客や現場から離れていた面があった」と、〝病根〟はきちんと把握している。

就任会見で安達は「大変な危機感を持っている。顧客目線に立ち、新しいサービスの開発に挑む」と抱負を語った。迷走を止める手立てを具体的に示せるかどうかにかかっている。原田と違って、「教育事業は狩猟的ではなく農耕的なアプローチが必要だ」と考えている点が救いである。

ベネッセが抱える問題は、情報漏洩の後遺症のレベルを超え、もっと根深いところにある。

「進研ゼミは一億総中流だった時代のビジネスモデルだ。現代は中産階級の貧困化が進み、富が完全に二極化した。富裕層は個別指導塾で教育にいままで以上に金をかける。それができない家庭向けにはインターネットでの学習などもっと安い講座がある」（ネット教育の関係者）

たとえばリクルートホールディングスのオンライン予備校「スタディサプリ」は月額九八〇円で講義を何度も受講できる。「進研ゼミ」は月額にすると五四〇〇円。これでは勝負にならない。教材のデジタル化が進み、ペーパー時代の王者、進研ゼミの優位性はなくなった。

金額だけではない。質を問う声もある。進研ゼミは難関校を狙う受験生が必要とする内容に十分に応えていない、との指摘がある。逆に学校の勉強についていけない生徒が教材を使いこなすのは簡単ではない。ターゲットが明確ではないから高い料金を払って利用する家庭が減りつづけているのだ。

第5章 アサヒビール——落日から奇跡の大逆転

一五期連続で最高益を更新

アサヒグループホールディングス（アサヒGHD）は二〇一六年二月一〇日、英ビール大手SABミラーの欧州事業の一部を買収すると発表した。買収額は二五億五〇〇〇万ユーロ（約三三〇〇億円）。世界的再編が進むなか、アサヒは欧州市場を足がかりに海外事業を強化する。

アサヒGHDが買収するのは欧州の四社である。

・イタリアのビール製造会社ペローニ。イタリアで一七・四％のトップシェアを持つ。二〇一五年三月期の売上高は四四九億円、営業利益は三二億円。

・オランダのビール製造会社グロルシュ。オランダでのシェアは一三・〇％で第三位。二〇一五年三月期の売上高は三八三億円、営業利益は二四億円。

・英クラフトビール製造会社ミーンタイム。二〇一四年一二月期の売上高は二八億円、営業利益は二億円。

・英国のビール輸入会社ミラーブランズ。二〇一五年三月期の売上高は四三五億円、営業利益は五二億円。

四社合計の売上高は一二九五億円、営業利益は一一〇億円になる。（注：一ユーロ＝一二九・三円、一ポンド＝一六六・四四円で換算）

ビール業界では、海外で大規模な再編が進んでいる。世界最大手アンハイザー・ブッシュ・インベブ（ベルギー）が二位の英ＳＡＢミラーを二〇一六年一〇月に買収した。世界のシェアの三割を握る巨人が誕生したわけで、グローバル市場では勝負がついた。

大手の間隙《かんげき》を縫《ぬ》うアサヒに欧州の事業拡大のチャンスが訪れたのは、最大手と二位の合併によって独占禁止法に抵触する地域が出てくるためだ。合併を成功させるために、事業を売却せざるを得なくなった。アサヒは、これを海外に打って出るチャンスととらえた。

アサヒＧＨＤの二〇一五年一二月期連結決算の売上高は、前期比四・〇％増の一兆八五七四億円。純利益は一〇・六％増の七六四億円。一五期連続で最高益を更新した。

国内のビール類（ビール、発泡酒、第三のビール）の販売数量は一・四％減ったが、ウイスキーとワインが伸びた。ウイスキーは二九・四％増。ＮＨＫの朝の連続テレビ小説「マッサン」の効果だ。二〇一四年九月から一五年三月まで放映された「マッサン」は、〝日本のウイスキーの父〟と呼ばれ、ニッカウヰスキーを創業した竹鶴政孝《たけつるまさたか》と、その妻リタがモデル。二人のウイスキーにかける情熱が大きな反響が呼び、ウイスキーの販売数量が大幅に伸びたのである。ニッカウヰスキーは、現在はアサヒの子会社になっている。

しかし、アサヒＧＨＤの限界も見えてくる。国内の酒類事業の営業利益は一一九五億円で、アサヒＧＨＤ全体の八八・四％を占める。国内ビール市場ではメーカー別のシェア（市場占有率）で首位を走るが、その実態はスーパードライに依存した一本足打法である。

課題は海外である。海外事業の売上高は二五一九億円で全体の一三・五％、営業利益は一五五億円で一一・四％にとどまる。アジアやオセアニアを中心にＭ＆Ａ（合併・買収）を進めてきたが、キリンホールディングス、サントリーホールディングスなどと比較して、大型の買収案件が少なかった。

世界の販売シェアが一・二％（第一〇位）では、日本というローカル市場のビール会社にすぎない。少子高齢化の進行もあって、国内のアルコール飲料市場は大きな伸びを期待できない。スーパードライで得た資金を、欧州で長い歴史を持つ企業を傘下《さんか》におさめることなどに有効に使う。これによって手薄だった海外事業を底上げする。欧州のビール会社四社を買収することで、海外の売り上げ比率を二〇％まで高めることができる。

海外Ｍ＆Ａを成長戦略にした新経営陣

欧州のビール会社の買収の発表に先だつ二月九日、二〇一六年からの中期経営計画と新しい経営体制を発表した。アサヒＧＨＤが三月二四日に開催する株主総会後の取締役会で、傘下のビール事業会社アサヒビール社長の小路《こうじ》明善《あきよし》が社長兼最高執行責任者（ＣＯＯ）に就任。社長の泉谷《いずみや》直木《なおき》は代表権のある会長に就き、最高経営責任者（ＣＥＯ）をつづける。

新しい経営陣は、国際事業を成長の牽引役《けんいん》と位置づけ、M&Aなどに積極投資する方針を示した。二〇一五年一二月期に八・八%だった自己資本利益率(ROE)を一〇%以上に、一株利益は平均一〇%伸ばす目標を掲げた。

このカギを握るのが海外だ。アンハイザー・ブッシュ・インベブが英SABミラーを買収することで、世界制覇《せいは》をなし遂げたいま、アサヒGHDが大型のM&Aを仕掛けても、勝負にならない。

そこで社長の小路は「(品質の高さなど)日本発の強みを生かしたグローバルプレーヤーを目指す。スピード感ある意思決定で、ダイナミックな投資を実行する」と力を込めた。小路には、キリンやサントリーなど同業他社に決定的に立ち遅れている海外をどうするか、というグランドデザインの構築がぜひとも必要になる。

泉谷CEOと小路COOの二人三脚で、M&Aを柱とする海外での成長戦略を本格化させる。

「コクキレ」のコンセプトを見出す

泉谷と小路には共通項がある。アサヒビールが負け戦《いくさ》をつづけていた時代に入社し、ドン底の辛酸《しんさん》を舐《な》めてきた。一九八七(昭和六二)年に発売したアサヒスーパードライの大ヒットで、奇跡と呼ばれた大復活を果たしたとき、若手幹部として第一線に立っていたことでも似ている。アサヒビールの浮沈を現場で目《ま》のあたりにしてきた世代である。

泉谷直木は一九四八(昭和二三)年、京都に生まれた団塊の世代だ。京都産業大学法学部法律学科を卒業、一九七二年に朝日麦酒(のちのアサヒGHD傘下《さんか》のアサヒビール)に入社した。営業志望だったが、最初の配属先は福岡市の博多工場。たまに会う同期は背広とネクタイをビシッと決めている。作業服姿の泉谷は、それがうらやましくて仕方がなかった。

工場では倉庫係だった。空き瓶などを洗って生産ラインに戻す仕事だ。自分の父親と同じくらいの年齢の人たちと一緒に、汗を流して働いた。夜になれば酒を飲む。焼き鳥屋で焼酎の一升瓶が空くまで帰してもらえない。しこたま飲んで、バカ話をして盛りあがる。理屈《りくつ》よりも現場で一緒に汗をかいて、酒を飲んで腹を割って話すほうが仕事はうまくいくことを知った。

泉谷の仕事観、人間観の基本は博多工場時代に培《つちか》われた。

この頃から「街を観察する」ことをはじめた。最新の流行や街並みの変化などを知らないと、外部の人とまともに議論ができなかったからだ。

一九八五年に転機が訪れた。CI（コーポレート・アイデンティティー）の事務局員に起用された。CIとは、わかりやすくいえば、企業の全体像を消費者に認知してもらうことだ。

住友銀行から送り込まれた第五代社長の村井勉《むらいつとむ》が、一九八二年に「CI導入準備委員会」を設置した。CI事務局は八四年夏と八五年夏に東京と大阪で計二回、五〇〇〇人に味覚・嗜好《しこう》調査をおこない、「若い人を中心に大半の消費者は苦《にが》みではなく、口に含んだときの味わい（コク）と喉《のど》ごしの心地よさ（キレ）を好む」という結果をまとめた。

一九八六年一月二一日、新しいCI活動「ニューセンチュリー計画」が発表された。一〇〇年つづいた「旭日マーク」のラベルに代え、新しいロゴを採用した。同日、「コクとキレ」をアピールしたアサヒ生ビールを発売した。新しいCI導入で、ヒラ社員の泉谷は頭角をあらわした。

一九八六年三月、住友銀行から樋口廣太郎《ひぐちひろたろう》が第六代社長に就任した。泉谷は同年八月、広報部広企画課長兼CI事務局員に昇格した。CI導入と同時に、新しいビールの商品開発が進められた。これが八七年に発売したアサヒスーパードライである。スーパードライについては後で詳述する。

CI導入で実績を上げた泉谷は、スーパードライが大ヒットした時代に、広報で辣腕《らつわん》を振るった。九五年、広報部長、九六年、経営企画部長、九八年、経営戦略部長となり経営中枢《ちゅうすう》に足場を築いた。

初めて営業を担当したのは、二〇〇一年に東京支社長に就任したときからだ。二〇〇一年はキリンを抜いてシェアでトップに立った年である。国内の最大のマーケットを相手にしているのが東京支社だった。

〈「私みたいな素人《しろうと》でいいですか」と当時の社長（第八代社長の福地茂雄《ふくちしげお》）に訊ねたら「世の中変わってきているんだから、変わったヤツに担当させてもいいんだ」と言う。

「夜はぜんぶ空けるから、お客さまのところに連れて行ってくれ」と部下に頼んだ、毎晩、お客と酒を飲み、店に伺った。自分の目で現場を見て、現状に合った判断を行なう。現場、現実、現物の「三現主義」が私の仕事の基本原則です〉（注1）

営業の最前線で実績を上げ、二〇〇三年に取締役に昇進した。その後、常務、専務とトントン拍子に出世し、二〇一〇年三月、第一一代社長兼COOに就いた。スーパードライが泉谷を社長に押し上げたといっても過言ではない。

〝夕日ビール〟と皮肉られたドン底時代

小路明善は営業マン時代にドン底を味わった。これがビジネスの原点となった。

一九五一（昭和二六）年、長野県生まれ。青山学院大学法学部卒業後、一九七五年、朝日麦酒に入社した。アサヒビールのシェアは一桁《けた》間近まで下がり〝夕日ビール〟と皮肉られていた時代だ。

入社直後に先輩から言われた言葉を、いまでもはっきりと記憶している。

「僕は君の能力なんて全然見てもいないし、期待もしていない。大切なのは努力だ。君のような入社二週目の社員でも、毎日一〇件のお得意先を一〇年間回りつづけることはできるはず。それをやり遂げれば、能力がなかったとしても必ず結果が出る」

このとき以来、小路は努力の量を意識するようになった。

もう一つは、入社後まもなく配属された岩手県の営業所での体験である。ライバルメーカーの厚い壁に跳《は》ね返されるなか、ある飲食店の社長に諭《さと》された。

「営業なら『顧客に満足してもらう』という信念を持ちつづけることが大事だ」

会社がドン底時代に、営業の第一線で、いくつもの貴重な経験をした。

入社五年目に労働組合の専従になった。リストラ策をめぐって会社側と従業員の板挟みになることが多い、損な役回りだ。なり手がいなくて、一〇年間組合の仕事をやった後、やっと営業に復帰した。

一九八九年、銀座エリアの営業をになう課長に起用された。スーパードライが大ヒットし、息を吹き返した時期と重なる。銀座近辺の飲食店を回り、競合他社の銘柄《めいがら》から自社のビールに替えてもらうのが仕事である。

激烈なドライ戦争を戦い抜く

一九八七年に「アサヒスーパードライ」を発売した。辛口とキレ味を前面に出し、小説家の落合信彦《おちあいのぶひこ》をテレビCMの初代キャラクターに起用した。

スーパードライの爆発的なヒットを受け、一九八八年、ライバル各社はアルコールの度数を高めたドライビールを発売。「ドライ戦争」と呼ばれる激烈な販売競争、シェア争いが展開された。

キリンビールは「キリンドライ」だ。CMにジーン・ハックマンを起用し、アグレッシブさと大人の渋味《しぶみ》を見せる演出をした。サッポロビールは「サッポロドライ」のCMに吉田拓郎《よしだたくろう》、広岡達朗《ひろおかたつろう》、石田《いしだ》えりを起用。八九年には爽快感を追求した「サッポロクールドライ」を投入した。サントリーの「サントリードライ」はCMにプロボクサーのマイク・タイソンを起用して話題になった。しかし、アサヒのスーパードライの強さは揺るがなかった。

「ドライ戦争」は一九九六年六月に勝負がついた。アサヒスーパードライが月間シェアでキリンラガービールを逆転、トップに立った。この年、キリンは主力のキリンラガービールを熱処理方式から熱処理をしない製法に変更。アルコール度数を四・五%から五%に引き上げた。ところが、古くからのラガーファンから不評を買い、大失敗に終わった。

ドライ戦争の結果、ビールの王者の座をアサヒのスーパードライが占めることになり、これ以降、スーパードライが常勝将軍となった。

世紀の大逆転をもたらしたドライ戦争の最前線で、小路明善は銀座エリアの営業を担当していた。都内屈指《くっし》の激戦区といえる銀座には、ライバル各社も凄腕《すごうで》の営業マンを貼り付けていた。

〈最初は営業エリアを地下鉄や車で回っていましたが、意外と遠回りしていると気付きました。ひらめいたのが自転車です。総務部に直談判《じかだんぱん》して購入してもらいました。効果はさっそくあらわれ、一日に20軒近くの店を回れるようになった。スーツ姿で路地裏やガード下を疾走《しっそう》する光景が話題になり、他社の営業マンも次々とまねを始めました〉（注2）

ビール会社の営業は超ハードだ。飲食店に入っている他社のビールを切り替えさせる、オセロゲームのような闘いである。早朝に自転車で出勤し、帰宅がいつも午前零時過ぎの生活がつづいた。

一九九五年、人事課長に就いた。営業マンとして最前線で闘った経験から、「闘う人事」に脱皮すべきだと考えた。小路は武闘派と呼ばれるようになる。

九九年にはみずから指揮して新しい人事制度を構築した。本来の能力よりも、努力して実績を上げた人に光が当たるような制度設計にした。

二〇〇一年に執行役員に昇格し、経営戦略・人事戦略を担当。〇三年から〇七年まで子会社のアサヒ飲料の常務取締役企画本部長をつとめ、二〇〇七年、アサヒビールの常務に復帰した。

二〇一一年、持ち株会社アサヒグループホールディングスへの移行にともない、事業会社アサヒビールの社長に就いた。国内のトップの座を不動なものにした実績を買われ、二〇一六年三月に持ち株会社アサヒＧＨＤの社長に昇格した。

泉谷は小路を後継に指名した理由を「事業会社のトップとして、掲げた事業計画をずっと達成してきた」ことを挙げた。努力の量を評価したわけである。

米国の小説家レイモンド・チャンドラーは、代表作『プレイバック』でこう書いた。

「強くなければ生きていけない、優しくなければ生きていく資格がない」

小路はこのセリフが大好きだ。この言葉を会社経営に重ね、「強いブランド、財務体質がなければ勝ち抜いていけない、だが優しい社風でなければ企業として価値はない」と考えている。

アサヒＧＨＤの現在のツートップである泉谷ＣＥＯと小路ＣＯＯは、どちらも海外事業は未知との遭遇《そうぐう》となる。

「内弁慶と外地蔵」という諺《ことわざ》がある。アサヒに置き換えると、国内では弁慶のようにめっぽう強いが、海外ではお地蔵さんのようにおとなしいということになる。

海外で、一朝一夕《いっせき》に弁慶になることは難しいが、うまく両立させないと成長戦略は描けない。圧倒的な強さを誇るスーパードライを磨きながら、世界に通用する次の大型商品を投入できるかどうかにかかっている。

日本のビール王がつくった大日本麦酒

日本のビール産業の興隆期には各地にビール会社が乱立していた。その後、淘汰《とうた》が進み、大阪麦酒《ビール》、札幌麦酒、日本麦酒醸造、麒麟《きりん》麦酒の四大ビール会社の時代となる。

アサヒＧＨＤのルーツである大阪麦酒は一八八九（明治二二）年に鳥井《とりい》駒吉《こまきち》が堺市で創業した。酒造業をいとなむ父伊助が亡くなり、一八七〇年に駒吉が一七歳で家業を受け継ぐ。若い当主を危ぶむ声があったが、酒造業を盤石《ばんじゃく》のものとして、ビール事業に進出した。

札幌麦酒の前身は一八七六（明治九）年、北海道・札幌で創業した開拓使麦酒醸造である。

日本麦酒醸造は一八八九年に、現在の東京・恵比寿ガーデンプレイスの地で創業した。商品名は恵比寿ビール。札幌麦酒と日本麦酒の二社の流れを受け継ぐのが、のちのサッポロホールディングスである。

のちにキリンホールディングスとなる麒麟麦酒の前身は一八六九（明治二）年、横浜で居留地の外国人向けに開設されたビール醸造所、ジャパン・ヨコハマ・ブルワリー（初代）である。一八八五（明治一八）年に、三菱財閥《ざいばつ》の岩崎弥之助《いわさきやのすけ》らが発起人になり、ジャパン・ブルワリー（二代目）を設立。その後、三菱財閥と明治屋の共同出資により、その事業を継承する麒麟麦酒株式会社が創立された。

そして一九〇六（明治三九）年、大阪、札幌、日本の大手三社が大合同して、大日本麦酒株式会社が誕生した。合併を画策《かくさく》したのは日本麦酒社長の馬越恭平《まごしきょうへい》だ。

馬越は備中国《びっちゅうのくに》木之子村（のちの岡山県井原市）の生まれ。上京して、井上馨《いのうえかおる》の先収《せんしゅう》会社（貿易会社）に入社。解散後、その事業を受け継いだ三井物産に入社した。井上馨は、西郷隆盛《さいごうたかもり》から「三井の番頭さん」と揶揄《やゆ》されるほど三井財閥との関係が深かった。井上は政界における三井財閥の後ろ盾《だて》だった。

馬越と日本麦酒との縁は、一八九二（明治二五）年、経営困難になっていた同社に派遣されたことにはじまる。一八九六年、馬越は三井物産を退職し、日本麦酒の経営に専念する。しかし、価格競争が激しく、日本麦酒の経営は改善しなかった。そこで、渋沢栄一《しぶさわえいいち》ら当時の政財界の大物に「国内の過当競争の排除と輸出の促進、資本の集中化をはかるため」の合併勧告を出すよう働きかけた。

大日本麦酒が設立されると社長に就任。その後、次々と買収を重ね、大日本麦酒は市場占有率を七九％にまで高め、馬越恭平は日本のビール王と呼ばれるようになる。

晩年、馬越は貴族院勅選議員、日本工業倶楽部《クラブ》会長をつとめた。一九三三（昭和八）年に八九歳で亡くなった。

戦後分割されてできたアサヒとサッポロ

一九四五年八月一五日、太平洋戦争は日本の敗北で終結した。米国を中心とするＧＨＱは、日本の軍隊を解体するとともに、戦争を引き起こした政治、社会、経済の改革を断行した。財閥解体と公職追放がメインイベントである。

一九四九年、財閥解体のあおりで過度経済力集中排除法と企業再建整備法の適用を受けた大日本麦酒株式会社は、法定整備計画に基づき、西日本地域の朝日麦酒株式会社（以下、アサヒ）と東日本地域の日本麦酒株式会社（以下、サッポロ）に分割された。

市場占有率（シェア）は分割時点において日本麦酒が三八・七％、朝日麦酒が三六・一％、麒麟麦酒（以下、キリン）が二五・三％だった。どの資料でもこうなっている。数字を合計すると一〇〇・一％になるが、これまでの数字を踏襲《とうしゅう》することにする。

アサヒは東京都中央区銀座に本社を置き、初代社長には大日本麦酒の専務だった山本為三郎《やまもとためさぶろう》が就いた。

山本は「生粋《きっすい》の大阪人」であることを誇りにしていた。一八九三（明治二六）年、大阪・三国町

（のちの大阪市淀川区）に生まれた。ガラス瓶工場を経営していた父は、上方《かみがた》商人の慣例にしたがい五〇歳で隠居。一六歳で家業の山為硝子《ガラス》を継いだ為三郎は、三ツ矢サイダーなど得意先回りをしながら、一九一二年に大阪府立北野中学（のちの北野高校）を卒業した。卒業後は進学せず、家業のかたわら英国人教師について英会話を学んだ。

一九一七年、二四歳で渡米して半自動式の製瓶機を買い付け、日本製壜《せいびん》を設立した。そのとき、「ガラス会社として発展するにはビール（会社）とタイアップすべし」という富士紡社長、和田豊治《わだとよじ》の助言にしたがい、三ツ矢サイダーの帝国鉱泉、根津嘉一郎《ねづかいちろう》（初代＝東武鉄道グループの創始者）の傘下《さんか》にあった加富登《カブト》麦酒と合併。一九二一（大正一〇）年、日本麦酒鉱泉を創立して常務となった。

〈合併交渉では、父親と同い年の根津コンツェルンの総帥《そうすい》を向こうに回して、「対等合併」を主張した。激論三日間。根負けした根津は「仕方がない。君を買うことにしよう。君の若さを買ってやるんだ」と折れた〉（注3）

新会社が発売したユニオンビールは山本独特の近代的マーケティングで急成長。馬越恭平の大日本麦酒、三菱財閥系のキリンと張り合い、業界の奔馬《ほんば》といわれた。

第一次世界大戦後の不況と乱売合戦が重なり、大日本麦酒と日本麦酒鉱泉は一九三三年に合併することになった。この結果、ビール業界は新生・大日本麦酒とキリンの二社体制となる。この年、ビール王・馬越恭平が亡くなった。

翌年、山本はビール業界の王者、大日本麦酒の常務に抜擢《ばってき》された。自称「船場《せんば》の贅六《ぜいろく》」は、四一歳の若さで、当時、日本で五指に入る大企業の経営者にのし上がったのである。

敗戦後の一九四七年に同社専務。一九四九年に会社分割によって設立されたアサヒの初代社長に就いたのである。

分割されなかったキリンがシェアを伸ばす

アサヒの戦後は、シェアを落としつづける歴史でしかなかった。分割された会社と分割されなかった会社の差は大きかった。態勢が整わないうちに配給制から自由販売に移行したことで、アサヒは出鼻を挫《くじ》かれた。

一九五三（昭和二八）年、原料は配給制だったから、サッポロ・アサヒ・キリンのシェアは三社同率一位。ここから、自由販売がヨーイ・ドンでスタートした。一九五四年には一位がキリン、二位がアサヒ、三位がサッポロとなり、アサヒは一九六〇年まで二位を維持《いじ》しつづけた。

大日本麦酒時代から地域別に、北海道はサッポロ、首都圏はヱビス、西日本はアサヒの三つのブランドだったため、東京でアサヒビールの知名度はまったくなかった。これが決定的な痛手となった。

西日本では戦前からアサヒブランドが定着しており、アサヒビールは西日本を中心に需要はあったが、首都東京は大日本麦酒時代からヱビスの牙城《がじょう》であり、アサヒの苦戦がつづいた。分割をまぬかれ、首都圏が地盤のキリンは全国に販売網を拡張できる余力があったことから着々とシェアを伸ばし、トップを独走することになる。

高度成長とともに東京への一極集中が進むと、アサヒとサッポロは、さらにシェアを落とした。分割の際にトップシェアを誇ったサッポロは、ブランド名をヱビスではなく、なじみのないニッポンビールとしたことがたたった。一九五七年にブランド名をサッポロビールに変えたが、北海道のローカルなビールというイメージを植え付けただけで、シェアの低下に拍車がかかった。

アサヒもサッポロもブランド政策の失敗が最大の原因で、シェアの低下に歯止めがかからなかった。アサヒは関西のビールで、全国ブランドにはほど遠かった。

戦前からのブランドを維持できたキリンがぐんぐんシェアを伸ばし、その結果、アサヒ、サッポロは残りのパイを食い合うことになった。ことに販売が西日本に偏重《へんちょう》していたアサヒは、最大の市場である東京に食い込めないままだった。シェアは一九六一年に三位へ下がり、それ以降、三位が定位置となる。

後発組のサントリーにもシェアを食われる

アサヒの苦境に追い打ちをかける事態が起きた。洋酒大手の寿屋《ことぶきや》（のちのサントリーホールディングス。以下サントリー）がビールへの参入を決めたのだ。サントリー社長の佐治敬三《さじけいぞう》にとって、ビール事業は先代社長で実父の鳥井信治郎《とりいしんじろう》の悲願でもあった。佐治が病床《びょうしょう》の父にビール進出の決意を打ち明けると、鳥井が「やってみなはれ」と答えたというエピソードは有名である。

サントリーは一九六三（昭和三八）年にビール発売にこぎつけたが、そこに至るまでの最大の壁は先発三社が独占する専売制の販売網だった。

意を決した佐治は、山本為三郎の門をたたく。山本と鳥井は同じ大阪の船場育ちで竹馬の友であった。無理を承知でと頭を下げる佐治に、山本が「よし、わかった。うちの販売網を貸そう」と快諾したのは、二度目の来訪のときだった。便法《べんぽう》として、サントリービールをアサヒビールのブランドの一つとして販売できるように手配してくれたのである。

「わが国のビール生産者は世界に類を見ないほど数が少ない。業界の発展のためには、一つくらい新しい会社が立派に育つようにしてやらなければいけない」

山本の門戸開放の弁である。一九六二年、アサヒとサントリーは業務提携した。

この提携は、アサヒにはマイナスにしか作用しなかった。同じ問屋で、アサヒビールとサントリービールの競合関係が生じた。ゼロからスタートしたサントリーがアサヒからシェアを奪った。シェアを食われたアサヒは大打撃をこうむった。

キリンに打ち勝つには、アサヒとサッポロが合併して、往年の大日本麦酒を復活させるしか道はない。しかし、大合併という最後の大仕事を成就できないまま、山本為三郎は一九六六（昭和四一）年、心筋梗塞《しんきんこうそく》のため死去した。享年《きょうねん》七二だった。

メインバンク・住銀の植民地と化す

山本は亡くなる一週間前に、末席常務の中島正義を専務に抜擢した。会長と社長を兼務していた山本は、古参の常務たちを辞めさせて、専務にしたばかりの中島を後継者として育て上げ、スムーズにバトンタッチする腹づもりでいた。だが、山本が急逝《きゅうせい》したため、新米専務の中島正義が急遽《きゅうきょ》、二代目社長に就任した。

いきなり登板したのだから、ウォーミングアップ不足は否《いな》めなかった。先輩常務たちは「新社長のお手並み拝見」と冷ややかに見ていたという。

中島は人事畑を歩き、営業の経験はまったくなかった。切った張ったの営業の修羅場《しゅらば》を経ていない人間に、ビール会社のトップがつとまるのか、というわけだ。経営陣はバラバラ。アサヒの経営は一段と悪化した。

中島は近衛《このえ》師団長だった中島正武《なかじままさたけ》中将の息子で、実兄は当時、三菱グループのシンクタンク三菱総研の社長の中島正樹だった。

キリンは三菱銀行（のちの三菱東京ＵＦＪ銀行）、アサヒは住友銀行（のちの三井住友銀行）がメインバンクだ。実兄が三菱グループの重鎮ということで、住友が支援してくれないのではないかという被害妄想《もうそう》に中島は苛《さいな》まれた。

そこで、住友銀行頭取の堀田庄三《ほったしょうぞう》のもとに中島は日参した。そして、「プロパー役員が育つまで」との条件つきで、住銀から社長を派遣してもらうことに、ようやくこぎ着けた。

要請したのは副頭取の高橋吉隆《たかはしよしたか》を派遣してもらうことだった。住銀の次期頭取の有力候補と目《もく》されていたが、高橋は、アサヒ・サッポロに分割される前の大日本麦酒の最後の社長をつとめた高橋龍太郎《りゅうたろう》の長男だったことから白羽の矢が立った。狙いはズバリ、アサヒとサッポロの合併である。サッポロの役員たちも、高橋吉隆を「坊ちゃん」と呼んでおり、合併してできる新会社のトップにおさまるのに、ふさわしかった。高橋吉隆が三代目社長の椅子に座った。

ところが、サッポロのトップが交代して富士銀行（のちのみずほ銀行）との関係を強めたため、合併話は幻《まぼろし》と消えた。

これ以降、高橋を含めて四人の社長が住銀から派遣された。アサヒは住銀の植民地といわれるようになった。

高橋は住銀名古屋支店長の延命直松《えんめいなおまつ》常務を帯同し、専務に就けた。

延命は高橋の後任として四代目社長に就いた。預金集めの鬼といわれていた延命は自信家で、こと営業に関しては見識を持っていた。たしかにバンカーとしては営業に長《た》けていたのかもしれないが、それがそのまま、ビールを売る戦場で通用するわけがなかった。

延命は自己流の営業方針を押しつけたため、社内からも特約店からも総スカンを食らった。延命が張り切れば張り切るほど、社長を送り込んだ住銀に対する社内のアレルギーは強まっていった。

社内の混乱を、仕手筋《してすじ》は見逃さなかった。

仕手筋・十全会による乗っ取り騒ぎ

一九八一年、京都の医療法人十全会グループがアサヒの発行済み株式の二三％に当たる四六〇〇万株を、一〇〇億円以上を投じて買い占めていたことが判明した。「株式市場に妖怪がうろついている」と、株式の専門紙は表現した。

十全会グループの理事長、赤木孝は一九二三（大正一二）年生まれ。伝統的な価値にしばられないアプレ・ゲールの世代だ。岡山医学専門学校を卒業すると、京都にあった進駐軍のダンスホールを買い取り、東山サナトリウムを開設した。当時は結核患者が多く、治療は公費負担だったため、サナトリウムは増築をくり返し大きくなっていった。結核患者が減少すると精神病院に転換した。

十全会グループは医療法人の所得申告額で日本一となった。その巨額な資金を元手に、理事長の赤木は株式市場に殴り込みをかけた。百貨店の名門、髙島屋の株式を二二〇〇万株買い占め、筆頭株主になった。宝酒造の株買い占めでは、転売して二〇億円の利ざやを稼いだ。

この十全会グループが次にターゲットにしたのが、アサヒだった。高値で売り抜けて、莫大《ばくだい》な利益を手にするのが狙いだったのは言うまでもない。

当時の住銀頭取の堀田庄三が動いた。時の厚生大臣の園田直《そのだすなお》も加わり、厚生省、国税庁、警察庁の〝三者協議会〟をつくり、十全会グループの調査に乗り出した。トンネル会社を利用していた赤木一族の金の流れをつかみ、暴露した。十全会グループは赤木一族が総退陣、買い占めた髙島屋やアサヒの株式を処分し、土地取引も精算した。十全会によるアサヒの乗っ取り騒ぎは決着した。

髙島屋株はダイエーに譲渡された。髙島屋とダイエーのあいだで新たな攻防が繰り広げられた。アサヒ株をそっくり引き受けたのは、宮崎輝《みやざきかがやき》社長が率いる旭化成だった。旭化成はダボハゼ経営といわれ、何にでも手を出した。このときの名残《なごり》で、旭化成はアサヒＧＨＤの三・四％の株式を保有する第四位の大株主である。信託口や自社株を除くと、旭化成が事業会社として筆頭株主になる。

十全会の持ち株の引き受け交渉にあたったのは、旭化成の山口信夫《やまぐちのぶお》。宮崎輝の死去後、会長として旭化成のドンに君臨、日本商工会議所会頭をつとめた。住銀側の交渉窓口が副頭取の亀岡孝彰《かめおかたかあき》である。

この縁で、亀岡はアサヒの会長となった。

再建社長・村井勉《むらいつとむ》の意識改革

十全会グループに株を買い占められた一九八一年、延命直松が病に倒れた。住友銀行は〝住銀の法皇〟と称された堀田庄三の時代が終焉《しゅうえん》し、磯田《いそだ》一郎《いちろう》の天下になっていた。頭取の磯田がアサヒに送り込んだのが、副頭取の村井勉《むらいつとむ》である。アサヒビールが〝再生〟するきっかけをつくった経営者だ。

村井勉は一九一八（大正七）年、福岡県小倉《こくら》市（のちの北九州市）に生まれる。一九四二年に東京商科大学（のちの一橋大学）を卒業し、住友銀行に入行した。

住銀の常務時代の一九七八年に、オイルショックの影響で、自慢のロータリーエンジンがさっぱり売れなくなり経営危機におちいった東洋工業（のちのマツダ）の副社長に送り込まれた。東洋工業の再建をわずか二年という短期間でやり遂げたことで、「住銀に村井あり」と金融界で知られる存在になった。住銀に戻った村井は専務、副頭取と昇進する。

頭取の磯田からアサヒビールの再建を命じられ、村井は五代目社長になった。

村井が社長になった当時のアサヒは、まさにドン底だった。アサヒのシェア低下は、サントリーがビールに参入してからペースを速めたことはすでに書いたとおりだ。一九八二年にはシェアが九・九％となり、とうとう一〇％の大台を割り込んだ。〝夕日ビール〟と揶揄《やゆ》される状況でありながら、社内の空気は現状維持に満足していた。

村井が最初に取り組んだのは、社員の意識を変えることだった。消費者志向、品質志向、人間性尊重、労使協調、共存共栄、社会的責任の自覚の六つの柱の経営理念を定め、一〇項目の行動規範を社員に示した。

村井が取締役たちに強く言ったのは、経営理念に沿って行動し、判断しろということだった。村井は関西同友会の代表幹事として米国のジョンソン・エンド・ジョンソンに視察にいったときの経験で、経営理念の大切さが身に染みていた。

ジョンソン・エンド・ジョンソンの経営理念「我が信条」に衝撃を受けた経営者に、松本晃《まつもとあきら》がいる。グループ会社のＪ＆Ｊメディカルの社長をつとめ、現在カルビーの会長兼ＣＥＯである。松本は経営理念が書かれた冊子を片時も離さず持ち歩く。

冊子にはこう書かれている。

「我々の第一の責任は、我々の製品およびサービスを使用してくれる医師、看護師、患者、そして母親、父親をはじめとする、すべての顧客に対するものであると確信する」

これを徹底すれば、経営の方向性を間違うことはない。

村井はジョンソン・エンド・ジョンソンの経営理念に触発され、アサヒの経営理念と行動規範をまとめ上げた。特にマーケットインの発想を取り入れたことが、その後のアサヒの営業や商品開発の方向を決定づけた。マーケットインの発想とは、市場（マーケット）や商品の購入者の立場に立つことだ。

村井が次におこなったのは、「企業イメージ向上計画（ＣＩ）」「全社的品質管理（ＴＱＣ）」「業務効率化と事務環境整備」の三つのテーマのもと、長年親しまれてきた「旭日マーク」のラベルを変え、青色から現在の銀と黒のロゴに大転換したことだった。これは単なるロゴの変更ではなく、社員の意識改革を形にしたもので、総仕上げの意味を持っていた。

ＣＩ導入と並行して、アサヒはビールの味を変えた。これまでの苦《にが》みではなく、コクとキレが新しい味の目標となった。ビールの味を変えることは、業界のタブーとされてきた。味を変えて旧来のファンを逃がしたら、絶対に彼らは戻ってこない。それを恐れるあまり、ビール各社は旧来の味にこだわりつづけた。アサヒはマーケットインの発想で新しい味に変え、挑戦的な企業というイメージを浸透させていった。

残念ながら、村井改革が即、業績の向上に結びついたわけではない。依然としてシェアは低空飛行をつづけていた。一九八四年に九・八％、八五年には九・六％まで崩落した。サントリーの八五年のシェアは九・二％である。このままいけばサントリーに代わって業界四位、ドン尻に転落するのは時間の問題とみられていた。

アサヒの救世主・樋口廣太郎《ひぐちひろたろう》

ここで樋口廣太郎《ひぐちひろたろう》が登場する。アサヒスーパードライを大ヒットさせ、奇跡の大逆転をもたらしたアサヒの救世主として名前をとどめる。

樋口廣太郎は一九二六（大正一五）年、京都市の決して豊かとはいえない、ふとん店に生まれた。小さい頃から家業を手伝いながら、苦学して京都大学経済学部に進学。卒業した一九四九年、住友銀行に入行。住銀の中興の祖で、〝法皇〟と呼ばれた堀田庄三の頭取秘書をつとめ、かわいがられた。「茶坊主」とねたみを買うほどだった。

樋口が出世階段を駆け上がっていくきっかけとなったのは、安宅《あたか》産業の解体である。十大商社の一角を占め、年間の取扱高二兆円だった安宅産業は、カナダの製油所ニューファンドランド・リファイニング・カンパニー（NRC）に対する一〇〇〇億円の焦《こ》げ付きで、経営危機におちいった。

安宅のメインバンクの住銀は一九七五（昭和五〇）年一二月、安宅問題を処理するために、七人の特別チームを編成した。副頭取の磯田一郎をトップに、一二月に常務に昇格したばかりの樋口、のちに住銀頭取となる融資部次長の西川善文《にしかわよしふみ》らが顔をそろえた。

『ザ・ラストバンカー　西川善文回顧録』で西川は、自分がまとめた安宅産業と住友商事との合併案を樋口がぶち壊した、と暴露している。

〈樋口廣太郎常務が（住友商事の）屋代《やしろ》（治三郎《じさぶろう》）副社長とソリが合わなかった。（屋代副社長は）ずけずけものを言い、相応のキャリアを持つ人からすれば、まるで馬鹿にされているように思えてしまうらしかった〉（注4）

西川は〈私自身としては住友商事にうんと言ってほしかった〉と悔《く》やんだが、住商との合併案は破談となった。合併の成否が個人的感情に左右されることがわかる、実に面白いエピソードである。

西川は自著で、樋口への恨みつらみを書いているが、安宅産業の解体には正史（本筋の話）がある。

実は一九六六（昭和四一）年、住銀頭取の堀田庄三が住友商事社長の津田久《つだひさし》に安宅との合併を申し入れ、実現寸前までこぎ着けていた。だが、このときに、オーナーの安宅家の猛反対でご破算になった。住友金属工業との取引が主だった住商に、親密商社の安宅をやるわけにはいかないという、八幡《やわた》製鐵《せいてつ》（のち新日本製鐵、その後新日鐵住金）首脳の思惑がブレーキになったとの指摘もある。とどのつまり、安宅家の〝家業〟という意識が合併のネックとなったのだ。

結局、安宅は、新日本製鐵の商権が欲しかった伊藤忠商事が〝救済合併〟する。伊藤忠商事社長の戸崎誠喜《とざきせいき》が、住銀頭取の伊部恭之助《いべきょうのすけ》と協和銀行頭取の色部義明《いろべよしあき》の強い要請を受け入れたのだ。〈伊藤忠との現場交渉には、副頭取の磯田さんはもちろん樋口さんも絶対に顔を出さなかった〉（同前）西川は樋口には、いい感情を持たなかったようで、樋口を描く筆致は冷ややかだ。

安宅解体をなし遂げた論功行賞《ろんこうこうしょう》で、磯田は一九七七年頭取に就任した。磯田政権下で、樋口は専務、副頭取と昇進していく。安宅解体の特別チームのメンバーとして結びつきが強かったことが、出世の糸口となった。

住銀の元役員によると、「（結婚していた）磯田さんの娘（黒川園子、イトマン事件の絵画取引の原因をつくったピサ〔旧西武ピサ〕の嘱託《しょくたく》社員）がロサンゼルスに駆け落ちした折、アメリカから連れて帰ってきたのが樋口さん」という真偽不明の逸話がある。

ガラスの灰皿を投げつけられた

次期頭取が有力視されていた副頭取の樋口が住銀を去るのは、最高実力者の会長磯田一郎と衝突したからだ。戦後最大の経済事件といわれるイトマン＝住銀事件が、二人のあいだに影を落とした。

イトマン＝住銀事件とは、大阪の中堅商社イトマン（当時は伊藤萬）を通じて巨額の融資が、絵画取引やゴルフ場開発などの名目でおこなわれた不正経理事件である。イトマンは利益拡大に走る住銀の別動隊として動いており、イトマン＝住銀から流出した金額は三〇〇〇億円ともいわれ、そのほとんどが暴力団などの闇社会に流れた。戦後最大の経済事件と、いまでも語り継がれている。

樋口は日本経済新聞に連載した『私の履歴書』に、こう書いている。

〈磯田さんとの関係を決定的なものにしたのは、イトマンへのある融資をめぐる意見の食い違いでした。イトマンが手がける石油の取引に大口の融資をするという話が出てきた時、私は担当副頭取として断固反対しました。イトマンは石油の分野で営業実績はないし、石油関係の専門家もいない。だから、私は会長室に行って、「この融資の話はおかしい」と指摘したのです。

ところが、それが磯田さんの逆鱗《げきりん》に触れました。「これは銀行の方針だ。そんなに気に入らないのか。君、辞めるつもりか」とまで言うので、私は「自分の考えは変わりません」と答えました〉（注5）

「部屋を出ようとする樋口副頭取に磯田会長がガラスの灰皿を投げつけた」という秘話が残っている。

しばらくして、磯田から住友の関連二社の社長ポストが提示され、「どちらか選べ」と言われたが、その話を樋口は蹴っ飛ばした。

〈当時のアサヒの社長は、私の長年の上司で大変縁の深い元副頭取の村井勉さんです。進退の相談にうかがった私の話を聞いて、村井さんは「よし、樋口くん。力を合わせてやろうや。私も残るよ」と言ってくださいました〉（同前）

村井は住銀で樋口の七年先輩だった。樋口が東京事務所に異動になったとき、直属の業務部課長が村井だった。さらに業務部次長に昇進した村井にも仕えた。樋口が常務で東京支店長になったとき、前任の支店長の村井から引き継ぎを受けた。

村井とは二重三重の縁で結ばれていた。その村井の招きで、落城寸前の〝夕日ビール〟に樋口は転じた。銀行からの天下りの人事ではなく、村井＝樋口のマンツーマンで決まった〝情実人事〟だった。

スーパードライの発売を決断

樋口は一九八六（昭和六一）年の年明け、顧問としてアサヒに初出勤した。社長の村井に対する、樋口の第一声は「今日から仕事を全部任せてもらえませんか」だった。村井はあっさりしたもので、「ああいいよ。好きなようにやってくれ」と応じた。

樋口は顧問に就任した日からフル回転した。一九八六年一月のロゴマーク変更に際し、社内の猛反対を押し切って、売れ残っていた古いビールをすべて店頭から回収・廃棄した。二月には新たなラベルを採用したアサヒ生ビールを発売。三月、住銀副頭取を辞め、アサヒ六代目社長に正式に就任した。

一九八六年三月、新製品開発プロジェクト、コードネーム「FX」が始動した。同年六月に試作品が完成し、樋口など役員を対象に試飲を実施、FXは高い評価を得た。二月に発売したばかりの「コクとキレ」のアサヒ生ビールが好調だったため、FX商品化の最終段階で「共食いするのではないか」という懸念《けねん》が社内に広がった。だが、樋口は断固としてFXの発売に踏み切った。

一九八七年一月二一日、辛口を前面に出したアサヒスーパードライというネーミングが発表され、同年三月一七日に首都圏で限定販売した。販売目標は年間一〇〇万ケース（一ケースは大瓶二〇本換算）だった。

ところが、アサヒスーパードライは誰も予想していなかった、お化け商品となる。一九八七年は当初目標の一〇〇万ケースをはるかに凌駕《りょうが》し、一三五〇万ケースという記録破りのメガヒットとなった。

翌八八年は、年間七五〇〇万ケースという、前年比五倍以上の伸びを達成した。さらに翌八九年には一億五〇〇〇万ケースと、わずか三年で一億ケースを突破した。

一九八八年には売上高とシェアが劇的に回復し、サッポロを抜き二位に返り咲いた。

八九年一月一日、社名を朝日麦酒株式会社からアサヒビール株式会社に変更。アサヒスーパードライという金の卵を手に入れた新生アサヒは、ドン底から脱出して、業界トップのビール会社へと大変身していく。

経営者の任務は「方向の指示」と「兵站《へいたん》」

元アサヒビール副社長だった中條高徳《なかじょうたかのり》が、「村井さんの人柄と樋口さんの気迫」のタイトルで雑誌に寄稿している。中條は、村井が社長に就任した一九八二年に常務営業本部長に就任。アサヒの〝生まれ変わり作戦〟を企画立案し、実際に指揮を執《と》った人物だ。「生《なま》こそ命」のかけ声のもとスーパードライを開発、同商品を押し立ててシェアを回復させた現場の責任者である。八八年にアサヒ副社長、九〇年アサヒビール飲料の会長に転じた。

中條は村井と樋口を間近に見てきた。陸軍士官学校で学んだ中條は、軍隊用語で二人の違いを表している。

〈兵法でいう指揮官の任務は、第一は「方向を指示する」。経営理念を作るとか、行くべき方向、目指す方向を特定することです。二番目は「兵站《へいたん》する」（兵站とは、後方にあって連絡・交通を確保し、車両・軍需品の輸送・補給・修理などの任務をいう＝筆者注）。兵站するとは、後方を準備するということで、つまりおカネを調達するわけですね。人事も方向性を指示し、兵站するために行うものなのです。（経営者には）その二つしかない。

とすれば、アサヒビールの方向を指示するのに村井さんほど適切な人物はいませんでした。八六年までの五年間、村井さんはアサヒビールを率いて進むべき方向を明らかにしたんです。兵站の方には、もっと優れた（人間が）必要だった。そこに登場したのが、次の樋口廣太郎社長です。

これまた選択の余地などないんです。私（＝中條）が兵站を習っていたから、こちらからこういう方をくださいと言って来ていただいたわけじゃない。選択もしていないのに、この順序で二人が登場したことは、企業にも命運があると思わずにはいられません。これが逆だったら（アサヒビールは）成功していませんよ〉（注6）

中條は、村井と樋口の絶妙な組み合わせがアサヒの奇跡の復活をもたらした、と分析している。アサヒを再建した後の二人の〝後史〟について触れておこう。

村井勉は一九八七年、西日本旅客鉄道（ＪＲ西日本）の初代会長に就いた。二〇〇八年一〇月三一日、肺炎のため九〇歳で死去した。

樋口廣太郎は経済団体連合会副会長、小渕《おぶち》内閣経済戦略会議議長、小泉《こいずみ》内閣特別顧問、大阪証券取引所会長などを歴任。二〇一二年九月一六日、急性心不全のため八六歳で他界した。

キリンを奇跡の大逆転

一九九〇年代、アサヒは昇竜の勢いでシェアを伸ばした。四代つづいた住銀出身の社長から生え抜き社長に替わった。スーパードライを発売した樋口廣太郎に後継指名されて、一九九二年に七代目社長に就いた瀬戸雄三《せとゆうぞう》は、実に二一年ぶりの生え抜き社長だった。瀬戸はスーパードライに経営資源を集中、就任時に二四％だったビールのシェアを在任中に四〇％にまで引き上げた。

一九九六年六月、スーパードライがキリンのラガーを抜いて、トップブランドに躍り出た。キリンのラガーは生化《なま》（生ビールに変えること）に失敗、古くからのラガー愛好家が飲まなくなったことによって自滅したのである。タナボタでスーパードライがトップブランドになった側面がなかったとはいえないが、これも運である。

アサヒが名実ともに業界トップに躍り出るのは、八代目社長の福地茂雄《ふくちしげお》の時代だ。二〇〇一年のビール類（当時はビールと発泡酒が該当）のシェアで、アサヒが三七・四％、キリンは三七・三％となった。長らく業界首位に君臨していたキリンを、アサヒが追い抜いた瞬間だ。奇跡の大逆転劇であった。

業界トップに押し上げた主役はスーパードライである。ビール単体のシェアはアサヒが四八・三％、キリンが二九・二％。まさに、アサヒの圧勝であった。

スーパードライの一本足打法をどうするのか

九代目社長の池田《いけだ》弘一《こういち》、一〇代目社長の荻田伍《おぎたひとし》の時代には、発泡酒の増税により「第三のビール」の競争が激化した。第三のビールでヒットを出したキリンと激しいデッドヒートを繰り広げた。

二〇〇九年、キリンは第三のビール「のどごし生」を伸ばし、アサヒを再逆転。首位の座を一時奪回したが、その後アサヒが抜き返し、現在ではジリジリと差を広げている。

二〇一五年のビール系飲料（ビールと発泡酒、第三のビール）のシェアはアサヒが三八・二％で横ばい。主力ビール「一番搾り」の販売が伸びたキリンは前年比〇・二ポイント増の三三・四％と、六年ぶりにシェアを伸ばした。ビールの新商品「ザ・モルツ」を投入したサントリーも〇・四ポイント増の一五・七％と過去最高となった。サッポロはシェアを一一・八％まで落とした。

二〇一六年、アサヒが七年ぶりに新しいビールブランドの「アサヒ　ザ・ドリーム」を発売した。テレビCMでは、ラグビー日本代表の五郎丸歩《ごろうまるあゆむ》選手が鋭く右足を振り抜く。楕円《だえん》のボールがゴールに向かって一直線に飛んでいく。日本中が沸《わ》いた二〇一五年秋のワールドカップ（W杯）の場面を再現したものだ。

各社のビール類の売り上げ構成には、それぞれ大きな特徴がある。サントリーは第三のビールが六〇％以上を占め、残りの大部分は「ザ・プレミアム・モルツ」などのビールで、発泡酒はほとんどない。キリンは「一番搾り」などのビールと発泡酒、第三のビールがそれぞれ三分の一前後の割合。サッポロは「ヱビス」などのビールが五〇％程度、第三のビールは四〇％弱、残りが発泡酒だ。発泡酒はキリン、第三のビールはサントリーが圧倒的なシェアを誇る。

これに対して、アサヒはビールの売上高が五七四四億円で七五％を占める。第三のビールは一七％で発泡酒は八％にとどまる（二〇一五年一二月期実績）。

アサヒはスーパードライの〝一本足打法〟なのだ。だが、若者のビール離れによってビール市場は年々縮小している。ドル箱のスーパードライの販売数量は、ピーク時の半分程度にまで減ってきた。

ビール離れが強まるなか、アサヒはあえて「ビールの復権」を掲げて勝負に出た。ビールの復権なくして成長はない。それが七年ぶりに投入した新ビール「アサヒ　ザ・ドリーム」なのだ。ザ・ドリームはその名のとおり、第二のスーパードライに育つのだろうか。しかし、出足は必ずしも順調とはいえない。

海外市場に活路を求める

国内市場の縮小が避けられないなか、アサヒは海外に活路を見いだす。冒頭に取り上げたように、二〇一六年中に英ビール大手ＳＡＢミラーの欧州事業の一部を三三〇〇億円で買収する。

アサヒの海外投資は二〇〇九年の中国の青島《チンタオ》ビール（投資額六八〇億円）、二〇一一年のニュージーランドのインディペンデント・リカー（投資額九八〇億円）などアジア・オセアニアが中心だった。今回、日本勢としては、初めて欧州市場に本格参入する。（一〇月一一日に買収手続きが完了。買収額は二九四五億円）

ＳＡＢミラー傘下の四社を買収することが決まったことから、米飲料大手トーキングレインの買収を白紙撤回した。アサヒは二〇一五年秋から買収交渉し、最終段階まできていた。買収額は五〇〇億円規模。欧州四社の買収で借入金が膨らむため、トーキングレインとの交渉を打ち切った。

中国市場が狙い目だ。サントリーホールディングスは二〇一五年一〇月、中国二位の青島ビールと折半出資の合弁事業を解消すると発表した。中国最大手の華潤雪花ビールなどとの価格競争で、サントリーの中国のビール事業は赤字に転落した。

アサヒは青島ビールにおよそ二割出資している。両社は山東省《さんとう》と広東省《カントン》で合弁生産をおこなっているる。サントリーとの合弁解消は、アサヒが一大消費地の上海《シャンハイ》地区で青島と協力体制を築く絶好のチャンスに映る。

世界市場の四分の一を占める最大のビールマーケット・中国で再編の動きが出てきた。アサヒは大歓迎である。世界の最大手で中国市場でも三位のアンハイザー・ブッシュ・インベブ（ＡＢＩ）による英ＳＡＢミラーの買収が完了したことは冒頭で触れたが、ＳＡＢミラーは華潤雪花に四九％出資している。

香港株式市場に上場しているビールメーカーの華潤ビール（チャイナリソーシズ・ビール）は二〇一六年三月、事業会社である華潤雪花ビールを一〇〇パーセント子会社にすると発表した。ＳＡＢミラーが保有する四九％の株式を一八〇〇億円で買い取る。ＡＢＩのＳＡＢミラーの買収で、中国市場でのＡＢＩのシェアが高くなりすぎ、独占禁止法に抵触する恐れがあるためだ。

中国のビール業界は、華潤雪花、青島ビール、ＡＢＩが三強。青島ビールに出資するアサヒは、どんな手を打つのか。今後の海外戦略を占う試金石となる。

ＳＡＢミラーがらみで新たな動きがある。東欧五ヵ国のビール事業の買収をアサヒが提案する。買収額は五〇〇〇億円超。実現すれば日本企業による海外ビール事業の買収で過去最大となる。

ＳＡＢのチェコ、ポーランド、ハンガリー、スロバキア、ルーマニアの東欧五ヵ国のビール事業が対象。ＡＢＩが入札手続きに入り、アサヒはこれに応札する。チェコの「ピルスナーウルケル」など有力なブランドを含む。スロバキアを除き、四ヵ国でＳＡＢのシェアは首位だ。

第6章　日本航空――最悪の組織でも再生できる

再建JALの反転攻勢

日本航空（JAL）は二〇一六年六月二二日、第六七期定時株主総会を千葉県浦安市の舞浜アンフィシアターで開催した。配当や定款《ていかん》の一部変更、取締役や監査役選任の四議案をすべて可決して閉会した。

JALは二〇一二年九月の再上場後、株主総会を皇居外苑につながる千代田区の日本武道館で開いてきた。今年は二〇二〇年の東京オリンピック・パラリンピックに向けて改修工事に入る可能性があったため、場所を移して開催した。このため出席者は六七四人で、昨年より四三〇人減少した。

総会の冒頭、社長の植木《うえき》義晴《よしはる》は「中期経営計画の総仕上げである二〇一六年度は、必ず目標数字を達成する」と述べた。

二〇一〇年に経営破綻《はたん》したJALは、二〇一二年度から二〇一六年度（二〇一二年四月から二〇一七年三月期）の五ヵ年の中期経営計画を策定。三つの大きな目標としてＪＡＬグループの存立基盤である「安全運航」の実現に加え、「顧客満足度ナンバーワンになること」「五年連続で営業利益率を一〇％以上、自己資本比率を五〇％以上の達成」を掲げた。

ＪＡＬの二〇一六年三月期決算は、売上高が前期比〇・六％減の一兆三三六六億円、本業の儲けを示す営業利益は一六・四％増の二〇九一億円、最終利益は一七・一％増の一七四四億円だった。訪日外国人を中心に国際線の利用客が増える一方、原油安で燃料コストが下がり利益を押し上げた。

売上高営業利益率は一五・七％、自己資本比率は五三・四％。目標はすでにクリアしている。中期経営計画の最後の年度である二〇一六年度（二〇一七年三月期）は「三つの目標を完遂《かんすい》して終えたい」と自信を覗《のぞ》かせた。

植木がその先に見据えているのは、反転攻勢である。

経営破綻によってナショナル・フラッグ・キャリア（国を代表する航空会社）の座をライバルのＡＮＡホールディングス（旧全日本空輸）に奪《うば》われた。ＡＮＡに追いつき、追い越せが、直近の目標となる。

経営破綻したＪＡＬには、再生のために公的資金が注入された。借金の棒引きや法人税の減免といった優遇《ゆうぐう》措置が取られた。その一方、競争で優位に立ちすぎないように、新規路線や投資を制限する足枷《あしかせ》をはめられた。

足枷とは、国土交通省航空局が二〇一二年八月一〇日に示した「日本航空の企業再生への対応について」と題する文書のことである。ＪＡＬの中期経営計画の最終年度となる二〇一六年度まで、新規路線の開設や新規投資にしばりをかけた。これが二〇一六年度いっぱいで効力を失う。二〇一七年四月から、JALの新規路線開設や設備投資が解禁される。

ドル箱の国際線はANAに完敗

国際線旅客数でANAホールディングス（ANAHD）が初めてJALを上回った。

JALの二〇一六年三月期の国際線旅客数は、前期比三・七％増の八〇八万人。だが、旅客収入は一・三％減の四四八七億円となった。燃油代を別途請求する燃油サーチャージが減った影響が出た。

対するANAの国際線旅客数は同一三・三％増の八一六万人、旅客収入は一〇・一％増の五一五六億円。ANAは成田―ヒューストン・クアラルンプール・ブリュッセル線、羽田―広州《こうしゅう》・シドニー線を新規に開設した。ほかにも成田―シンガポール・ホノルル・バンコク線、羽田―北京《ペキン》・上海《シャンハイ》・香港《ホンコン》線を増便することで需要を掘り起こした。

航空会社の実力を測る指標に、輸送能力を示す「座席キロ」（座席数×飛行距離）と売上高に直結する「旅客キロ」（旅客数×飛行距離）がある。

国際線の座席キロはJALが同一・三％増の四八三億座席キロ、ANAが一〇・六％増の五四七億座席キロ。

旅客キロはJALが五・四％増の三八〇億旅客キロに対して、ANAは一四・〇％増の四〇六億旅客キロとなった。

ドル箱である国際線は、旅客数、座席キロ、旅客キロのいずれでも、ANAがJALを上回った。

この結果、ＡＮＡＨＤの二〇一六年三月期の連結決算の売上高は、前年同期比四・五％増の一兆七九一一億円、営業利益は四九・一％増の一三六四億円、純利益は二倍増の七八一億円となった。売上高、営業利益、純利益ともに最高益を更新した。

国の支援を受けたＪＡＬとの収益力格差はまだ大きいが、国際線ではＡＮＡがＪＡＬに、はっきりと水を開けた。

自民党の露骨なANAびいき

ＪＡＬ再生の枠組みは民主党政権時代につくられ、同政権時代の唯一《ゆいいつ》の成功例といわれていることから、政権に復帰した自民党はＪＡＬに対して厳しく当たっている。

ＡＮＡ優遇、ＪＡＬ冷遇。安倍晋三《あべしんぞう》政権の基本的スタンスである。

ナショナル・フラッグ・キャリアの座がＪＡＬからＡＮＡに移った象徴的な出来事があった。

政府は二〇一四年八月、政府専用機の後継機を米ボーイング社の「７７７－３００ＥＲ」に決めた。二〇一九年度から現行のボーイング「７４７－４００」と交代する。機体の整備業務はこれまでＪＡＬが担当してきたが、後継機を導入後は、ＡＮＡに変更することを決めた。

今後、政府専用機用のタラップには、ＡＮＡのシンボルカラーである青色が使われる。

二〇二〇年の東京オリンピック・パラリンピックの年に、〝日本の翼〟がＪＡＬからＡＮＡに交代することが明らかになったのだ。

政府専用機は天皇陛下や首相らの外国訪問に使われる。現在、運用されているのはボーイング「７

４７－４００」の二機だ。機体の整備や手荷物の積み込み、燃料給油などはＪＡＬが一手に引き受けてきた。

一九九三年の導入から二〇年以上が過ぎ、老朽化《ろうきゅう》が目立ってきたことから、政府は後継機の導入を検討してきた。機種や整備委託先を募集。ＪＡＬとＡＮＡがそれぞれ、ボーイングの「７７７－３００ＥＲ」を使用することを柱とした提案書を提出した。

最終的に、国内で同機種を多く保有し、経費を安く抑えられる点などを評価し、ＡＮＡの提案を採用したと説明されている。だが、「安倍晋三政権のＡＮＡびいきが背景にある」というのが業界の見方だ。

こんなエピソードもある。二〇一六年七月一〇日に投開票された参議院選。首相の安倍は激戦区の一人区に応援に入ったが、使用するエアラインはＡＮＡを優先。時間的に合わないときだけＪＡＬを使うという徹底ぶりだった。閣僚や自民党の首脳も右にならえ。ここでもＪＡＬは徹底的に排除された。

ＪＡＬが二〇一〇年一月に経営破綻した際に、民主党政権は三五〇〇億円の公的資金を投入したほか、法人税の減免、金融機関からの借金五二〇〇億円を棒引きにするという、異例ともいえるバックアップ体制を敷いた。

ＪＡＬの焼け太りを恐れるＡＮＡは、下野《げや》中の自民党と組んで、反ＪＡＬキャンペーンを猛烈《もうれつ》に展開。安倍政権の誕生で航空業界の主導権は「民主党＝ＪＡＬ」から「自民党＝ＡＮＡ」に、一気に移った。

国土交通省は二〇一四年三月からの羽田空港の新たな国際線の発着枠の配分で、ANAに一日一一便、JALに五便という、露骨《ろこつ》な傾斜配分をおこなった。

民主党政権が主導したJAL再建に批判的な自民党の意向を、国交省が忖度《そんたく》した結果というのが、これまた業界の常識だ。自民党内には、「一六枠全部をANAに渡すべきだ」という極端な意見もあったという。

国交省は二〇一六年四月二六日、二月の日米航空交渉で決まった羽田空港の米国路線の発着枠について、ANAに四便（一往復が一便）、JALに二便割り当てると発表した。新たに増える昼間と深夜・早朝枠の二枠は、すべてANAに配分した。ANAは二〇一六年一〇月、ニューヨーク線とシカゴ線の新規路線を開設する。ANAへの傾斜配分は、これで二度目だ。

二〇一七年三月期はANAにとって、JALが動きを制約されているあいだに勢力を拡大できる最後の一年間になる。

そこでANAは二〇一六年七月、国営ベトナム航空に出資した。ベトナム航空はJALと提携していたが、解消させた。ミャンマーでは現地財閥《ざいばつ》と合弁で航空会社を設立した。二〇一六年九月にはカンボジアの首都プノンペンと成田とを結んだ。二〇一七年二月には、日本の自動車メーカーの進出がつづくメキシコシティへ就航する。南米やアフリカへ路線を広げることにも意欲的だ。

JALは二〇一七年四月に新規路線の開設や設備投資が解禁される。いまJALは、政界へのロビー活動に余念がない。社長の植木義晴は新路線開設に向けてスタートダッシュをかける。

航空会社の命運を決めるのは時の政権である。これが日本の空の歴史でもある。

敗戦国・日本に出された航空禁止令

日本航空の創立は一九五一（昭和二六）年である。

一九四五年の敗戦後、連合国軍総司令部（ＧＨＱ）の航空禁止令によって、日本の航空会社と運輸省航空局は解体された。戦前の大日本航空は海外拠点が五〇ヵ所以上、一〇〇機以上の輸送機を保有していたが、日本に残っていた八九機はすべて連合軍によって破壊された。

しかし、米ソ対立や朝鮮戦争の勃発《ぼっぱつ》という時代背景もあって、占領軍の規制が緩和《かんわ》された。

一九五一年八月一日、戦後初の民間航空会社として日本航空株式会社（旧日航）が資本金一億円で設立され、一〇月二五日に国内の定期便の運航を開始した。

初代会長に藤山愛一郎《ふじやまあいいちろう》、社長には柳田誠二郎《やなぎたせいじろう》が就いた。藤山は大日本製糖など藤山コンツェルンの二代目で、戦前は日本商工会議所会頭、大日本航空の非常勤取締役をつとめていた。戦後は政治家に転じ、岸信介《きしのぶすけ》内閣で外相になった。

初代社長の柳田誠二郎は東京帝国大学法科を卒業。戦前は日本銀行副総裁だったが、戦後、公職追放で日銀を去った。追放解除後、日本航空の社長になった。

旧日航はスタート直後に大事故を起こした。一九五二年四月九日、東京発福岡行きの「もく星号」が伊豆大島の三原山《みはらやま》に墜落《ついらく》、三七人が死亡した。

その後、一九五三年一〇月一日、国際線の就航にあたり、新・日本航空株式会社が政府・民間の折半出資、資本金二〇億円で設立された。翌五四年二月、東京―ホノルル―サンフランシスコ線を開設。初の国際線の定期便が飛んだ。

“航空憲法”に守られた国策企業

二代目社長・松尾《まつお》静磨《しずま》は「戦後の日本航空業界の父」と呼ばれた人物だ。九州帝国大学工学部機械工学科卒。逓信《ていしん》省航空局に入り、航空畑を歩む。

航空禁止令によって、日本の空を飛ぶのは外国の飛行機だけというありさまだった。初代の電気通信省航空保安庁長官をしていた松尾は、GHQと粘《ねば》り強い交渉を重ね、日本人がつくった会社が航空事業をいとなむことの承認を勝ち取った。

松尾は初代の運輸省航空庁長官を最後に退官。一九五一年に旧日本航空に専務として天下った。副社長を経て、一九六一年に社長に就任した。

松尾が社長時代にJALは黄金期を迎える。一九六〇年代は、それまでのプロペラ機に代わり、ジェット機が世界の航空業界で主役に躍り出た。JALは一九六〇年八月、ジェット旅客機四機を購入した。

一九六一年一〇月、東京・大阪・名古屋の三証券取引所の二部に上場。六五年一月二〇日、海外渡航の自由化にともない、団体旅行「ジャルパック」の販売を開始。日本人の海外旅行ブームを後押しした。

ニューヨーク線につづき、世界一周路線（西回り）を開設。日本の翼《つばさ》を世界の空へ広げていった。

あわせて松尾は安全性を優先し、「臆病者《おくびょう》と呼ばれる勇気を持て」という有名な言葉を残した。

松尾の時代に、JALはナショナル・フラッグ・キャリアに認定された。一九七〇（昭和四五）年に閣議了解され、一九七二（昭和四七）年に運輸大臣通達が出されたことに由来する「45／47体制」が定められ、これが〝航空憲法〟と呼ばれるようになる。

JALは国際線の一元的運航と国内幹線を、ANAは国内幹線とローカル線、国際チャーター便の運航、東亜航空と日本国内航空が合併した東亜国内航空（のちの日本エアシステム）が国内ローカル線を担当するという棲《す》み分けができた。JALがドル箱の国際線を独占する体制が確立した。

乱立する労組、泥沼の労使対立、多発する事故

松尾社長の時代に、JALのガン細胞となる社内対立・反目が芽生えた。そして一九六〇年代は労使紛争《ふんそう》の時代となった。第二組合、すなわち御用組合を設立して、既存の組合を弱体化させる攻撃をつづけた。その結果、労組が乱立して、従業員に一致団結の気風が失われた。

暗黒の労務政策の第一波は、一九六五（昭和四〇）年にやってくる。会社主導で第二組合を設立し、分裂《ぶんれつ》・分断をはかった。既存の組合に対しては役員選挙に不当に介入したり、組合役員の処分、配置転換を強行。あわせて第二組合を優遇することに力を注いだ。

日本航空労働組合、日本航空乗員組合、日本整備労働組合の三つの労組があったが、いずれの組合も分裂して、新たに日本航空新労働組合、日本航空民主労働組合、日本航空客室乗務員組合、日本航空運航乗務員組合、機長会の五つの組合が誕生。八つの労働組合に分かれた。これが第一次分裂と呼

ばれている。

三代目社長・朝田静夫《あさだしずお》の時代に第二次分裂が起きる。朝田は東京帝国大学法学部を卒業し、逓信省に入省。戦後、運輸省に移り、事務方のトップである事務次官に就任。海運業界再編を手がけた。退官後、日本航空に天下る。専務、副社長を経て、一九七一年に社長の椅子に座った。

御用組合として設立したはずの日本航空客室乗務員組合は、組合員の反発で経営側の意に添わない存在となった。組合員が激減した日本航空乗員組合も息を吹き返した。

そこで、会社側は機長全員を管理職にして日本航空運航乗務員組合から脱退させ、日本航空乗員組合と統合させた。二つの組合が統合したわけだ。「新組合に加入しないと、昇格や待遇で不利に扱われる」という情報を流し、客室乗務員を新労組に取り込んでいった。

一九七五年、経営側の主導で設立した、日本航空新労働組合、日本航空民主労働組合、日本航空客室乗務員組合の第二組合が結集して全日本航空労働組合（のちのJAL労働組合）がつくられ、最大の労組となり、現在にいたっている。

労働組合の分断によって、経営側が目論《もくろ》んだ人件費抑制の目的は達せられた。しかし、高い代償を支払うことになる。

組合は分裂。職場は意図的に分断された。対立・反目が社内を支配し、互いにいがみ合うことになり、技能向上の障害にもなった。こうして、空の安全が揺らいでいった。

経営側による労組の分断工作が激化していた時期、JALは事故が多発した。はじまりは一九七二（昭和四七）年六月一四日だった。東京発ロンドン行きがニューデリーで進入降下中に墜落《ついらく》、八六人が死亡した。同年一一月二九日、コペンハーゲン発東京行きが経由地のモスクワ離陸時に墜落、六二人が亡くなった。

一九七七年一月二四日、米ワシントン州のモーゼスレイク発東京行きがアンカレッジ空港離陸直前に墜落、五人が死亡。同年九月二七日、東京発シンガポール行きはクアラルンプール着陸直前に墜落、三四人が亡くなった。

あまりに事故が多発したため、朝田静夫社長は更迭《こうてつ》された。

最悪の惨事《さんじ》となった御巣鷹山《おすたかやま》事故

労務担当役員の高木《たかぎ》養根《やすもと》が四代目社長に就いた。

高木は府立四中、一高を経て、一九三三年、京都帝国大学文学部に入学。同年の文部省による滝川《たきがわ》幸辰《ゆきとき》法学部教授の処分（滝川事件）に反対、古谷《ふるや》綱正《つなまさ》・花田《はなだ》清輝《きよてる》（のちの文芸評論家）らとともに大学自治を擁護《ようご》する文学部の運動の中心となった。

学内で配ったビラの文面が治安維持《いじ》法に違反するとされ、入学して二ヵ月で退学となった。一年間の拘留《こうりゅう》生活の後、一九三五年に東京帝国大学法学部に再入学した。

一九四〇年に東大を卒業し、大日本航空に入社したが敗戦により解散。一九五一年に、民間航空事業の再開を見越して日本航空に入社した。ＪＡＬの草創期からのメンバーで、初の生え抜き社長である。

高木が社長に就任して早々の一九八二年二月九日、福岡発東京行きが羽田空港滑走路手前の海に墜落、二四人が亡くなった。

一九八五（昭和六〇）年八月一二日、東京発大阪行き123便ジャンボジェット機が群馬県御巣鷹《おすたか》山《やま》付近に墜落した。乗員乗客五二四名のうち死者は五二〇名、生存者はわずか四名だった。お盆の帰省ラッシュが重なり、大惨事《だいさんじ》となった。歌手の坂本九《さかもときゅう》など著名人の犠牲《ぎせい》者を出し、社会全体に大きな衝撃を与えた。日航ジャンボ機墜落事故はＪＡＬが経営破綻に向かう一里塚となった。

大惨事の経営責任を取り、高木は一九八五年一二月、社長を辞任した。

日航ジャンボ機墜落事故をモデルにした山崎豊子《やまさきとよこ》のベストセラー小説『沈まぬ太陽』（新潮文庫）に登場する国民航空社長・堂本信介のモデルが高木とされる。

〈労務担当役員として冷徹に組合交渉に臨み、権謀術数《けんぼうじゅっすう》を巡らせ組合の分断工作を行う。過激な労働運動を行った組合幹部には「アカ（共産党）」のレッテルを貼って抹殺《まっさつ》する。

社長就任後は、官僚の天下りではない「生え抜き派」として長期政権をねらうが、大事故の発生により失脚。社長退任後は院政を画策する〉（注1）。徹底した悪役として描かれている。

中曽根首相が送り込んだ再建経営者

一九八〇年代に入ると、ＪＡＬの完全民営化を求める声が政府・与党内に高まった。テレビドラマ『スチュワーデス物語』（ＴＢＳ系）がブームになった一九八三（昭和五八）年、ＪＡＬは国際線定期輸送実績で世界一となった。一九八七年まで五年間、世界一の座を守った。

首相の中曽根康弘《なかそねやすひろ》は、ＪＡＬに国際競争力がついたと判断した。一九八五年、航空会社の活動の大幅な自由化に踏み切り、航空憲法と呼ばれた「45／47体制」を廃止した。国内の幹線、ローカル線の区分をなくし、一つの路線に二、三社が乗り入れる複数トラック制とした。ＪＡＬを完全民営化して、幹線だけでなくローカル線への参入を認めた。ＡＮＡには国際線への進出を認めた。

だが、ＪＡＬの歴史が大きく変わるはずの一九八五年八月に、ＪＡＬは御巣鷹山で世界最大の墜落事故を起こした。

完全民営化を控え、安全面でも深刻な問題を抱えていることが明らかになったＪＡＬの経営に危機感を抱いた首相の中曽根は、鐘紡（のちのカネボウ）会長の伊藤淳二《いとうじゅんじ》をＪＡＬの副会長に招き、一九八六年六月の株主総会で会長に就任させた。

伊藤は当時、〝ペンタゴン経営〟と呼ばれる独自の多角化経営と労使運命共同体の労使協調路線を成功させ、カネボウの中興の祖といわれていた。カネボウは二〇〇五年に破綻し、その原因が多角化経営の失敗を隠すための粉飾決算と労使運命共同体による労使の癒着《ゆちゃく》だったことが判明するのだが、当時はカネボウを再建した〝伊藤神話〟が生きていた。

中曽根内閣からＪＡＬ再建を委任された伊藤は、事業の多角化と労使協調で解決をはかろうとした。〝ペンタゴン経営〟をＪＡＬに持ち込もうとしたわけだ。

城山三郎《しろやまさぶろう》の小説『役員室午後三時』の主人公のモデルとなった伊藤は、その策士ぶりがつとに知れ渡っているが、ＪＡＬでは、その策士ぶりが命取りになった。

伊藤がＪＡＬで全権を握っていた当時、ＪＡＬには労働組合が四つあった。経営主導で設立した第二組合が結集してできた全日本航空労働組合が最大の労組で、その他の組合とのあいだに給料や昇格に歴然とした格差があった。

伊藤はそのことを問題視し、是正《ぜせい》に乗り出した。経営幹部から御用組合の出身者を追放し、それまで会社になびかなかった組合幹部を経営の中枢《ちゅうすう》に据えた。東京大学法学部卒のキャリア組ながら、冷や飯を食っていた小倉寛太郎《おぐらひろたろう》を会長室部長に抜擢《ばってき》、社内改革に当たらせた。サプライズ人事であり、いかにも策士らしい奇策だった。

『沈まぬ太陽』のモデルを重用するも総スカン

小倉は日本航空労働組合委員長時代の一九六〇年代前半に、経営陣と鋭く対立した。六二年四月、勤務条件や待遇改善を求めてストライキを決行、国内線二八便が欠航した。航空会社のストライキは戦後初めてだった。このストを契機に、経営側は御用組合づくりに狂奔《きょうほん》し、労組の分断を進めた。ストの懲罰《ちょうばつ》人事で、小倉は一〇年間、カラチ、テヘラン、ナイロビ勤務という、島流し状態になった。国内に戻されても閑職《かんしょく》のままだった。

左翼分子と見なされている要注意人物の小倉を重用《ちょうよう》したことで、多数派を形成する労組と経営陣は一斉に猛反発した。労使関係はこじれ、伊藤のスキャンダルを綴《つづ》った怪文書が社内外に流された。反伊藤陣営が仕掛けた『日航事故を利用したのは誰か』というタイトルの本の出版妨害《ぼうがい》事件も起きた。伊藤の〝ペンタゴン経営〟を「資産を切り売りする蜘蛛《くも》の巣経営」と酷評《こくひょう》し、ＪＡＬでの左翼優遇の労務政策を厳しく批判した内容だとされる。

その出版を察知したカネボウは、専務がじきじきに出版社の社長と交渉し、一万五〇〇〇部を一〇〇〇万円で買い占めた。買い取った本はすべて、カネボウの物流子会社で処分された。

伊藤自身は買い占めへの関与を否定したが、ナショナル・フラッグ・キャリアであるJALトップとしての資質が疑われた。さらに、フィクサーを使って生え抜きの役員に忠誠を求める誓詞《せいし》を書かせるなど、スキャンダラスな出来事が相次いだ。

会長の伊藤淳二、社長の山地進《やまじすすむ》、副社長の利光松男《としみつまつお》のトップ三役は不仲で、JAL経営陣の対立は深刻の度合いを深めた。伊藤の指導力に関して政府・自民党からも批判が高まり、一九八七年三月末、任期途中で辞任に追い込まれた。策士策に溺《おぼ》れる、の顚末《てんまつ》だった。

伊藤が失脚し、小倉はふたたびアフリカへ飛ばされた。山崎豊子の小説『沈まぬ太陽』の主人公・恩地元のモデルとなったのが小倉寛太郎である。JAL経営陣は、山崎の小説は「見方がいちじるしく偏っている」として、小説掲載中、『週刊新潮』を機内に置かない措置をとった。

完全民営化のJALを食い物にする政治家

伊藤が排斥《はいせき》され、運輸省出身の社長の山地進が実権を握った。東京大学工学部造船工学科を卒業、さらに法学部政治学科へ進む。一九五一年に運輸省に入省。一九八一年から総理府（のちの内閣府）に転じ、一九八四年に新設された総務庁の初代事務次官に就任した。一九八五年五月に退官し、完全民営化という重い経営課題を抱えるJALへは常任顧問として入った。同年八月、日航ジャンボ機墜落事故が発生、遺族補償問題に取り組んだ。

高木養根の引責辞任を受けて、山地は五代目社長になった。会長の伊藤淳二が追い落とされた一九八七年三月から、山地はＪＡＬの名実ともにトップとなった。

山地の使命は、政府が出資する企業だったＪＡＬの完全民営化を実現させることにあった。一九八七（昭和六二）年九月、ＪＡＬを完全民営化する法案が成立。政府は三四・五％を保有しているＪＡＬの株式を、同年すべて売却した。

一九八七年一一月、ＪＡＬは民間企業として新たなスタートを切った。だが、民営化がパンドラの箱を開けることにもなった。ＪＡＬを蝕《むしば》むあらゆる悪が飛び出してきた。深い闇に光が当たった。

完全民営化は政治家に新たな利権をもたらした。それまで幹線だけの運航だったが、ローカル線にも入れるようになった。有力政治家は国土交通省に働きかけて、地元に空港をつくらせる。建設会社は政治家の有力なスポンサーである。粗製濫造《らんぞう》された地方空港と羽田を結ぶ路線にＪＡＬを飛ばせ、と政治家は命じた。

ローカル線は搭乗率が低く赤字路線ばかりだったが、政治家の圧力を恐れてＪＡＬは赤字路線を維持した。ローカル線で採算がとれなくても、ドル箱である羽田や成田の発着枠を既得権として確保してもらえたからだ。

こうした政官業のもたれあう構図が、ＪＡＬが経営危機におちいる元凶《げんきょう》となった。ＪＡＬが経営破綻したとき、国内二七四路線のうち七割の一九三路線が赤字だったことが判明している。

完全民営化で、経営の多角化が求められた。完全民営化への移行に備えて、一九八四年一〇月、子会社を通じて米ニューヨーク・マンハッタンの有名なホテルを買収し「ニッコー・エセックスハウス」と改名、ニッコーホテルズの旗艦ホテルとした。

ろくに調査もせずに言い値で購入したため、マンハッタンのホテルは満室でも赤字という有り様だった。ＪＡＬの放漫《ほうまん》経営の象徴と呼ばれた。

日本の航空業界は自由化の波に晒《さら》された。国内線で圧倒的な地盤を築いたＡＮＡが国際線に進出し、ＪＡＬはいっそう苦境に立たされた。日本はバブル景気に沸《わ》いており、ＪＡＬも決算上は神風が吹いたが、これは一時的なもの。根本的な経営改革はなおざりにされていた。

管理部門と営業部門の派閥抗争が激化

一九九〇年代、バブル崩壊による不況の影響で、積年の宿痾《しゅくあ》がいっぺんに噴出した。ＪＡＬは本格的な経営不振に直面し、内部抗争は激しさを増した。

ＪＡＬには経営の中枢で繰り広げられてきた、長い人事抗争の歴史がある。

〈東大を中心とする国立大学出身者が牛耳《ぎゅうじ》る管理部門（人事・経営企画）と、私学出身者が幅をきかせる営業部門の対立である〉（注2）。

管理部門は運輸省と一体となった民僚派、営業部門は野武士集団と呼ばれた。

社長は運輸関係省庁からの天下りポストだったが、完全民営化によって生え抜き社長の時代を迎えた。それで社長の座の争奪戦は熾烈《しれつ》なものになった。

天下りの山地進の後任として、利光松男《としみつまつお》が六代目社長に就任した。小田急電鉄の創業者の利光鶴松《つるまつ》の長男で、上智大学経済学部経済学科を卒業。一九五一年、ＪＡＬの第一期生として入社。旅客営業畑を歩く。若手幹部時代に、海外パックツアーの先駆けとなるジャルパックの開発にたずさわった。

ジャルパック社長、日航商事（のちのＪＡＬＵＸ）社長に転出していたが、御巣鷹山事故で危機に直面したＪＡＬの舵《かじ》取り役として呼び戻された。経済界から起用された会長の伊藤淳二、総務省出身の社長の山地進、生え抜きの副社長の利光松男でトロイカ体制を敷いた。

利光は一九九〇年に社長に就いたが、バブル崩壊と湾岸戦争の影響で一九九二年、完全民営化後初の赤字に転落した。一九九三年、経営再建のため、地上職員や客室乗務員の新卒採用を中止。パイロットの送迎をハイヤーからタクシーに切り替えるなど、合理化策を打ち出した。一九九四年、客室乗務員を契約社員にしようとしたが、運輸大臣の亀井《かめい》静香《しずか》が「安全上の問題がある」と、これに待ったをかけた。利光は一九九五年、社長辞任に追い込まれ、相談役に退いた。

〝ポスト利光〟をめぐって、管理部門出身の近藤晃と営業部門出身の稲川弘幸の両専務がデッドヒートを繰り広げた。稲川は利光の腹心だったが、〈朝田静夫、高木養根の元社長二人が運輸省航空局に掛け合い、近藤社長の誕生を後押しした〉（注3）。

近藤晃は一九五七年に東京大学法学部を卒業し、ＪＡＬに入社。管理部門を歩き、七代目社長に昇り詰めた。

近藤社長の時代は、利光を派閥の領袖《りょうしゅう》とする営業グループと、近藤の下で結束をはかる管理部門が人事のたびに火花を散らし、主導権争いを演じた。

利光が社長の頃には、営業部門は社内を肩で風を切って歩いていた。運賃の値引きが自由にできなかったため、旅行代理店には正規の料金で航空券を卸《おろ》す代わりに、キックバックの形でリベートを渡していた。営業部門は金にまつわる闇に包まれた伏魔殿《ふくまでん》だった。

派閥抗争はＯＢや労働組合、政治家、官僚を巻き込みエスカレートしていった。一九九八年三月期に九四二億円の大赤字を出し、近藤は辞任に追い込まれた。

近藤が後継に指名したのは管理部門でも営業部門でもない、労務出身の兼子勲《かねこいさお》だった。〈営業部門が幅をきかせた利光時代に逆戻りを阻止《そし》するためだった〉（同前）といわれている。

兼子は一九六〇年、東京大学法学部卒業と同時にＪＡＬに入社。労務畑を歩き、御巣鷹山事故のときは勤労部長だった。第八代社長となり、ＪＡＬ史上、初めて労務出身の社長が誕生した。

山口組系組長が個人株主第二位に浮上

兼子は社長に就任したとたんに、闇社会との癒着が明るみに出た。一九九八年八月、株主総会の進行に協力してもらうため、住吉会系の暴力団組長や総会屋に、植木鉢のリース代の名目で二三〇〇万円を利益供与していたことが表面化した。一九九九年には、ＪＡＬの株主優待券を金券ショップで換金し、総会屋対策の裏金を捻出《ねんしゅつ》していたことも発覚した。

一九九九年一一月、相談役の利光松男の自宅に銃弾が撃ち込まれた。これ以降、ＪＡＬは「総会屋・暴力団などの反社会的勢力と訣別《けつべつ》したらこうなるぞ」という威嚇《いかく》・報復に脅《おび》える会社になった。

このときから二〇〇四年一〇月まで、利光邸は二四時間体制で警察が警備した。

警察の警備が解除された一ヵ月後の同年一一月八日、利光松男は首を吊った状態で発見された。警察の調べで自殺と断定された。

一九九九年には、ＪＡＬの株式一〇〇万株が山口組系武闘派の大物組長の名義になっていた。ＪＡ

Lの個人株主の第二位に浮上し、経営陣はパニックにおちいった。その後、売却されたのだろうか、大物組長の名義は消えた。

内紛《ないふん》の真っ只中の一九九八年二月、元衆議院議員の糸山英太郎《いとやまえいたろう》がJALの発行済みの株式三％、五三四〇万株を買い占め、個人筆頭株主に躍り出た。糸山は政界引退後、湘南工科大学の理事長に就いていた。

コワモテの糸山を取り込むために、兼子は糸山にJALの特別顧問のポストを与えた。糸山はJALが上場廃止になるまで個人筆頭株主でありつづけた。兜町《かぶとちょう》では、経営破綻前にJAL株の売り抜けに失敗し、多額の損失を出したと伝えられている。

タナボタ社長の長期独裁体制に

管理部門と営業部門の派閥抗争によって、兼子勲は漁夫《ぎょふ》の利を得て社長の座を手に入れた。「兼子は短期政権」――このトップ人事を誰もがそう受け止めていた。ところが、兼子は社内がびっくりするほどの権勢を振るうことになる。

兼子を襲った試練は、二〇〇一年にニューヨークで発生した同時多発テロとイラク戦争だった。国際線に頼ってきたJALは深刻な経営危機に見舞われた。そこで兼子は日本エアシステム（JAS）との統合に突き進む。ANAに差をつけられている国内路線を確保することと、JASが持つ羽田空港の発着枠を手に入れるという、一石二鳥の狙いが秘められていた。

二〇〇二年一〇月、持ち株会社・日本航空システムが発足した。兼子が持ち株会社の初代社長に就任した。国内線で圧倒的優位に立っていたANAの追撃体制を、JASを合併することによって整えた。

しかし、JASの古い機材を抱え込んだことに加え、新型肺炎（SARS《サーズ》）や原油高などのトリプルパンチに見舞われ、二〇〇四年三月期は八八六億円の巨額の最終赤字を計上。無配に転落した。

兼子は強行突破を試みる。日本航空システム社長に新町敏行《しんまちとしゆき》を抜擢し、みずから会長兼グループCEOに就任した。新町は一九六五（昭和四〇）年に学習院大学政経学部を卒業し、JALに入社。貨物部門を歩いてきた。傍流《ぼうりゅう》である貨物部門の新町を起用し、院政を敷くことにしたのだ。

同時に、持ち株会社の傘下にあった日本航空と日本エアシステムの商号をそれぞれ日本航空インターナショナル、日本航空ジャパンに変更し、完全統合を果たした。同年六月に持ち株会社を日本航空に社名変更し、便名もJALに統一した。

異例の業務改善命令が下る

兼子はJASとの経営統合を機に、営業や管理部門の役員を次々と関連会社に飛ばしていった。新しく引き上げた役員は、兼子派と呼ばれる一団を形成していく。あわてた経営企画部門の主流派は兼子降ろしに暗躍する。「日本航空の現状を憂《うれ》う維新の会」や「日本航空グループ社員会」などの名称で、兼子の退陣を求める怪文書がバラまかれた。

JALの社長をつとめた管理部門の重鎮《じゅうちん》である近藤晃は、二〇〇四年末に兼子に会い「退任」を勧告した。兼子はにべもなくこれを撥《は》ねつけた。

年が明けた二〇〇五年一月、旧ＪＡＬの元専務三人が立ち上がった。兼子を訪ね、退陣を求める文書を突きつけた。兼子は激怒して、先輩を追い返したという。

主流派の管理部門からの攻撃には徹底抗戦の構えを見せていたが、落とし穴は思わぬところにあった。兼子体制下で、現場の規律が乱れ、運航トラブルが頻発《ひんぱつ》した。ジャンボ機が強度不足の部品に気付かず、そのまま飛行した。管制官の離陸許可を聞き逃したり、待機命令に従わなかったりして、客離れを招いた。

国土交通省は二〇〇五年三月、ＪＡＬに異例の業務改善命令を出した。国交省が乗り出して兼子に引導を渡したわけだ。経営企画部門は国交省のＪＡＬ出張所といわれるほど関係が深かった。

トップに七年間君臨した兼子は、二〇〇五年四月、最高経営責任者（ＣＥＯ）を辞任。貨物畑の新町敏行に後を託した。兼子は六月の株主総会で取締役を退任した。

兼子を追い落とした主流派は、追及の手を緩《ゆる》めなかった。二〇〇六年二月、新町敏行ら三人の代表取締役に対して、国際線運航会社ＪＡＬインターナショナルの役員四人が、業績低迷を理由に辞任を要求した。過半数の役員の署名と部長クラス五〇人の名前が入った血判状をたずさえての行動だった。

結局、新町も辞任に追い込まれた。

倒産会見を帝国ホテルでやろうとする非常識

派閥抗争とは無関係だった財務畑の西松遙《にしまつはるか》が、末席の取締役から一〇代目社長に特進した。一九七二（昭和四七）年、東京大学経済学部を卒業し、ＪＡＬに入社。資金部長をつとめており、金融機関が西松を後押しした。

西松は三ヵ年の中期再生プランを策定したが、傍流であったことから手足となって動く手駒をもっていなかった。二大派閥の経営企画と営業にソッポを向かれ、抜本的な改革に着手することができなかった。この西松がJALの幕引き役をになうことになる。

JAL破綻の直接の引き金となったのは、二〇〇八年のリーマン・ショックがもたらした世界規模での金融危機だった。二〇〇九年三月期の最終損益は六三〇億円の赤字、二〇〇九年四～九月期の最終赤字は一三一二億円と、雪ダルマのように膨らんだ。事実上、JALは政府の管理下に置かれた。

二〇〇九年九月、民主党政権が誕生し、国土交通相に前原誠司《まえはらせいじ》が就任した。前原がJALの生体解剖《かいぼう》を主導した。

前原の要請でJALを調査していたタスクフォースは〈JALは一九八七年に完全民営化したが、経営が厳しくなった九〇年代以降、役所や政治家に救済してもらおうと、ますます「お上頼み」になっていた〉と結論付けた。（注4）

前原は、政官業のもたれあう構図が「JAL不振の根源」と判断。国が責任を持った形で、法的整理をすべきだと考えるようになった。

前原がJAL再生の切り札として白羽の矢を立てたのが、京セラ名誉会長の稲盛和夫《いなもりかずお》だった。前原の選挙区は京都。京セラは京都を代表する企業の一つだ。地縁もあって、稲盛は永らく前原を支援してきた。

〈(稲盛にJAL会長就任を二〇〇九年）十月から二度お願いしていたのですが、けんもほろろに断られていた。ただ、断りながらも日本航空の状況を聞いてこられ、興味が全くないわけでもなさそうでした。そして十二月、メガバンクの頭取三人の合意を取り付けた後に会いに行くと、「法的整理をするのならＣＥＯを受ける」と仰ってくださった〉（注５）

ＪＡＬは二〇一〇年一月一九日、東京地裁に会社更生法を申請した。申請したのは、持ち株会社の日本航空と子会社の日本航空インターナショナル、航空機リース会社ジャルキャピタルの三社で、負債総額は二兆三二二一億円に達した。

〝倒産〟という事態になっても、ＪＡＬの意識は変わらなかった、と前原は書きとめた。

〈一月十九日の〝倒産〟会見も、プライドの高い彼らは当初、帝国ホテルでやろうとしました。企業再生支援機構に「無駄使いだ」と指摘されて、ようやく商工会議所になった〉（同前）

西松遙は会社更生法の適用を申請した責任を取って、社長を辞任した。

二〇一〇年二月一日、大西賢《おおにしまさる》が第一一代社長に就いた。一九七八（昭和五三）年、東京大学工学部を卒業しＪＡＬに入社。成田整備工場一筋に歩んできたエンジニアだ。同時に、稲盛和夫が会長に就任した。

稲盛和夫は看破「日航は八百屋も経営できない」

稲盛和夫はカリスマ経営者といわれている。これに異論を挟《はさ》む人はいないだろう。京セラを創業し、日本を代表するハイテク企業に育て上げた。さらに第二電電（のちのＫＤＤＩ）を設立して、通信業界に旋風《せんぷう》を巻き起こした。

普通なら隠居の齢《とし》である七八歳の稲盛が、経営破綻したＪＡＬの会長に就いたりはしない。民主党政権の要請で、無給を条件にＪＡＬの会長を引き受けた。

百戦練磨《れんま》の経営者である稲盛は、ＪＡＬの致命的な欠陥をすぐに見抜いた。就任早々、「日航は八百屋も経営できない」と批判し、誇りだけで生きていた多くのＪＡＬ社員を憤慨《ふんがい》させた。ＪＡＬには利益について責任を持つ人が誰もいなかったから、八百屋も経営できないと稲盛に看破されたのだ。

ＪＡＬは完璧《かんぺき》な（と自負する）予算制度をとっていた。販売計画と費用計画をきちんと組む。ところが、この二つがまったくリンクしていなかった。販売（売り上げ）が落ちても、費用の計画は修正されることなく実行された。最終的に収支を噛《か》み合わせると赤字になっている。利益に責任を持つ人が誰もいなかったことから、こうした漫画のような経営がつづいていたのだ。

稲盛は会長就任後、真っ先に経営企画部の解体に乗り出した。運航や営業など現場を知らない一部スタッフが、路線や投資計画など会社のあらゆる重要方針を計画立案し、上意下達《じょういかたつ》で組織に下ろす。無謀《むぼう》な拡大路線に走らせる原因となっただけでなく、この部署がＪＡＬのエリート意識と官僚主義を生み出す大本《おおもと》だと考えていた。

稲盛はただちに、より現場に近い部門に権限を分散させ、経営企画部を解体した。

重要な方針をオープンの場で議論することに決め、表と裏で情報を使い分けて人を動かすことに長けた官僚タイプの幹部を封じ込めた。経営管理本部と路線本部を解体・発展させた路線統括本部が設けられた。路線統括本部が、路線開設についてのすべての権限と収益に責任を持つこととなった。予算の配分も全体を俯瞰《ふかん》して、同本部がおこなうことにした。

路線統括本部が、稲盛が再生の切り札として持ち込んだ部門別採算制を統括する、JALのヘッドクォーターとなった。

パイロット出身の植木義晴を社長に指名

稲盛は部門別採算制を組織に浸透させるために、実力主義の人事を導入した。人事は信賞必罰である。二〇一〇年一一月、副社長に抜擢された人物が降格された。一度役員になれば安泰とされたJALでは前代未聞《みもん》の出来事だった。このショック療法で、役員や幹部社員は目の色を変えて部門別採算制に取り組むようになった。

部門別採算制は、次の経営陣を選抜するための実地試験でもあった。これを血肉にするためにはトップに強いリーダーシップが必要だ。JALに長らく根づいているセクショナリズムを払拭《ふっしょく》するには、強いリーダーを育てなければならない。

稲盛は聖域に切り込んだ。二〇一二年一月一七日、二月に開催する臨時株主総会で、植木義晴が社長に昇格する人事を発表した。会長の稲盛は代表権のない名誉会長に、社長の大西賢は代表取締役会長にそれぞれ就いた。

植木の社長抜擢は、まさにサプライズ人事だった。植木は社長の登竜門といわれた経営企画や営業部門、労務部門の経験がまったくないパイロット出身だったからだ。経営そっちのけで内部抗争を繰り広げてきたJALで、パイロットはしばしば先鋭化した。組合の第二次分裂後、一九八六年に発足した日本航空機長組合がその拠点となった。

飛行機が飛ばない事態を恐れるあまり、パイロットのリストラは過去に何度も頓挫してきた。飛行機を止めるカードを握るパイロットの組合は強力だった。

パイロット部門のトップにいた植木は、会議で「会社が生き残るには（パイロットのリストラは）避けて通れない」と発言し、経営破綻前に三〇〇〇人超いた〝身内〟を半分に減らした。

植木の言動は、再建にメドがつけば経営の第一線を退くつもりだった稲盛の目にとまった。

二〇一〇年二月、植木は執行役員運航本部長として経営陣の一角に加わった。六五歳まで飛びつづけるつもりで、パイロットに未練があったが、はからずも、社長としてＪＡＬの操縦桿《かん》を握ることになる布《ふ》石《せき》が、このとき打たれたわけだ。

植木は稲盛直伝《じきでん》の部門別採算制を路線管理部門で実行し、実績を上げていった。

植木を抜擢することで、喫緊《きっきん》の課題だった後継者問題にカタをつけた。

植木義晴は、昭和期の剣戟《けんげき》映画の大スター、片岡《かたおか》千恵《ちえ》蔵《ぞう》の息子である。パイロットに憧れ航空大学校を卒業し、一九七五年、ＪＡＬのパイロットになった。入社以来、パイロット一筋できた。

二〇一〇年一月一九日、ＪＡＬは会社更生法の適用を申請して、経営が破綻した。

〈親方日の丸体質にどっぷり浸かっていたＪＡＬの幹部や社員には、倒産したという意識がまったくなかった。日航が法的整理になるとは、どういうことか。植木は知り合いの弁護士に尋ねた。

「お前の会社はつぶれたんだよ。公共機関の航空部門の雄で、日本国に必要だから、会社更生法を適用して再建を手伝ってやるということだ」と言われた〉（注６）

植木はそれほど経営知識に疎《うと》かった。

「親方日の丸」体質を捨てられるか

ＪＡＬは二〇一二年九月一九日、二年七ヵ月ぶりに東京証券取引所第一部に再上場した。二〇一〇年三月期の営業損益は一三三七億円の赤字だったが、二〇一二年三月期の営業損益は二〇四九億円の黒字となった。

会社更生法の適用を受け、企業再生支援機構から三五〇〇億円の公的資金が注入された。欠損金の繰り越しが認められており、法人税が減免された。二〇一八年度まで受ける予定の優遇枠は一三五〇億円。至れり尽くせりの優遇措置で、ＪＡＬは世界でも屈指《くっし》の収益力を誇る航空会社に生まれ変わった。

多くの犠牲の上に再生できたわけである。一〇〇％減資で時価総額三〇〇〇億円相当の株券が紙くずとなり、四万人の株主が泣いた。ＪＡＬの個人株主は、株主優待で航空券がもらえるからというＪＡＬのファンが多かった。銀行団は五二一五億円の債権放棄を迫られ、借金を棒引きにした。リストラされてＪＡＬを去った従業員の数は、一万六〇〇〇人にのぼった。

業績がＶ字回復を果たしたということは、その分、誰かにしわ寄せがいったということだ。この事実を忘れて、さも独力で再生できたかのような態度をとることは、厳に慎《つつし》むべきだろう。

喉元《のどもと》過ぎれば熱さを忘れる、という諺がある。稲盛が最も懸念《けねん》していたのは慢心《まんしん》である。業績が回復したことを、さも自力でやったと思い上がることだ。

「日航はつぶれた会社です。みなさんがおかしかったから、つぶれたのです」

二〇一〇年六月のリーダー研修会の冒頭で、稲盛はこう言い放った。植木義晴の構造改革は稲盛の言葉を真摯《しんし》に受け止め、危機意識をどこまで強く、長く持続できるかにかかっている。

二〇一七年四月、ＪＡＬは国交省の監視を離れ、独り立ちする。だが、「親方日の丸的な体質」に戻らないという保証はない。経営破綻に追い込まれたのは、歴代経営陣や社員が「最後は国が助けてくれる」とタカを括《くく》っていたからである。

収益回復のメドはついたが、企業体質はちっとも変わっていない。

第7章　塩野義製薬――荒療治《あらりょうじ》の改革をも辞さず

幻《まぼろし》に終わった武田薬品との経営統合

塩野義製薬と武田薬品工業の経営統合は幻《まぼろし》に終わった。二〇一三年夏のことだ。

日本経済新聞電子版（二〇一四年一月二〇日付）は「武田、幻の経営統合　外国人トップ誕生の真相」と報じた。二〇一三年一一月、武田薬品は英グラクソ・スミスクライン出身のクリストフ・ウェバーを社長に招くと発表した。日経は、関係者の話として「(外国人を社長に選んだ理由の一つは)あの計画がご破算になったからかもしれない」と伝えた。

あの計画とは武田薬品と塩野義製薬の統合である。隠密裡《おんみつり》に協議を進めていた中心人物は、武田側が社長の長谷川閑史《はせがわやすちか》、塩野義側が同じく社長の手代木功《てしろぎいさお》である。

〈「昨年（注：二〇一三年）夏には、二人の間で経営統合に大筋で合意していた。実務部隊も含めて細かい話を詰める段階に入ろうというところまで進んでいた」

（中略）二人は統合会社の新たな経営体制について、長谷川が会長、手代木が社長に就任することでほぼ合意していたという。トップ人事で、売上高は武田の五分の一ほどで「のみ込まれる側」である塩野義に配慮した格好。なんとか統合への道筋を付けようとした武田の熱意のあらわれだった。

関係者によると、この統合後の布陣には、もう一つの意味合いが込められていたという。長谷川は武田と塩野義が統合した後、塩野義の手代木を実質的な後継トップにしようとしていたのだ。塩野義という会社と手代木という経営者を手に入れる一石二鳥のシナリオだった〉（注１）

政府と厚労省が製薬再編を迫る

武田薬品の長谷川閑史は追い詰められていた。官邸が製薬業界に再編を迫っていたからだ。

二〇一三年四月二三日、安倍晋三《あべしんぞう》政権は目玉である経済政策・アベノミクスを推進するための組織である産業競争力会議を開いた。席上、安倍政権を仕切る官房長官の菅義偉《すがよしひで》が、製薬業界に檄《げき》を飛ばした。

「日本の製薬業界は欧米に比べて数が多く、規模が小さい。研究開発費が巨額化するなか、欧米企業と競争するうえで、そこが弱点となっている。再編を進めるなど、民間側も努力してほしい」

競争力会議のメンバーで、当時、経済同友会の代表幹事をつとめていた武田薬品社長の長谷川に苦言を呈《てい》したのだ。製薬業界の盟主である武田に、再編の先頭に立てとハッパをかけたのである。

政府の方針を受け、厚生労働省は六年ぶりに「医薬品産業ビジョン」をまとめた。

二〇〇二年に策定された最初のビジョンは、医薬品産業を欧米と互角に渡り合えるリーディング産業に育成すると明記。「二～三社はメガ・ファーマ（巨大製薬企業）として発展されることが期待される」と再編をうながした。

これが導火線となり、国内再編の第一幕が切って落とされた。

二〇〇五年四月、当時、売上高が製薬業界三位の山之内製薬と同五位の藤沢薬品工業が合併して、アステラス製薬が誕生した。つづいて同年九月には、売上高二位の三共と同六位の第一製薬が経営統合して、第一三共が発足《ほっそく》した。

当時の売上高順位は武田薬品、第一三共、アステラス製薬だったが、第一三共はインドのランバクシー社の買収の失敗で、現在は三位に後退している（第一三共の蹉跌《さてつ》については拙著『海外大型M&A大失敗の内幕』を参照いただきたい）。

二〇〇七年八月に策定された新しいビジョンは、バイオ医薬品を軸にした業界再編の第二幕につながった。

二〇〇八年一〇月、国内中堅の協和発酵《はっこう》工業とキリンファーマが合併して協和発酵キリンが誕生した。エーザイの米MGIファーマ、武田薬品の米アムジェン日本法人や米ミレニアムといった数千億円規模の買収劇が繰り広げられた。

二〇一三年の最新ビジョンは、「規模にかかわらず、それぞれ特徴を生かした企業にならなければ生き残れない。勝ちパターンのビジネスモデルをみずからつくり上げていく」と、従来の官主導の再編ありきのトーンから転換した。今後は、医薬品業界が自らの責任で再編を決定せよと、冷たく突き放したのである。

業界首位の武田薬品は、安倍政権と厚労省に、自らのリスクで再編を決断せよと刃《やいば》を突きつけられたわけだ。武田薬品社長の長谷川は、範《はん》を示さなければならなくなった。

後継者不足に悩む武田薬品

長谷川閑史は、デフレ時代にM&Aで辣腕《らつわん》を振るった。一九四六（昭和二一）年生まれ。早稲田大学政治経済学部卒。二〇〇三年六月、武田薬品の社長に就任した。

創業家一族の前社長、武田國男《たけだくにお》から与えられたミッションは、医薬品に特化した専業メーカーとして世界のトップ10に入ることだった。長谷川はドイツに三年、米国に一〇年駐在した武田きっての国際派だ。国内にしがらみがない点を買われて、社長に抜擢《ばってき》された。

長谷川は江戸時代からつづく老舗《しにせ》の武田薬品をグローバル企業に変身させるという、困難な作業に乗り出す。二〇〇五年にバイオベンチャー、米シリックス（のちの武田サンディエゴ）を買収したのを皮切りに、毎年のようにM&Aに打って出た。二〇〇八年にはガンと炎症疾患《しっかん》に強みをもつ米バイオ医薬品会社、ミレニアム・ファーマシューティカルズを八九〇〇億円で買収した。発表時点では八九〇〇億円だったが、為替変動が激しい時期だったこともあって、仕上がり段階では七二〇〇億円と修正された。

そして二〇一一年。スイスの非上場製薬会社、ナイコメッドを一兆一一〇〇億円で手に入れた。国内の製薬会社として過去最大の買収案件である。

だが、巨額買収が成果をあげたとは、とてもいえなかった。長谷川は「二兆円をドブに捨てた男」

と非難された。創業家一族からは、当然のなりゆきだが、経営責任を問う声があがった。

長谷川は窮地《きゅうち》に立たされた。海外の製薬会社を次々と買収し、海外での売り上げが飛躍的に増えた。問題は海外企業をマネジメントできる人材が日本にはいないことだった。

創業家の反対で統合は白紙に

長谷川は塩野義製薬を買収して、社長の手代木功という人材を手に入れることにした。売上高は武田薬品が一兆七〇〇〇億円弱、塩野義は二九〇〇億円弱（二〇一四年三月期実績）。統合後の売上高は二兆円になる。

武田薬品＝塩野義連合は、合併して一兆円企業へと名乗りを上げたアステラス製薬など国内ライバル企業を突き放すだけではない。世界一〇位の米イーライ・リリーとも肩を並べ、悲願としてきた「世界のベスト10」入りが現実のものになってくる。

長谷川が塩野義との統合に積極的だったのは、塩野義社長の手代木を、自らの後継者に相応《ふさわ》しい人物と高く評価していたからだ。

手代木功は一九五九（昭和三四）年、宮城県生まれ。宮城県立仙台第一高校から東京大学薬学部に進む。一九八二年に卒業後、塩野義製薬に入社。研究開発畑の出身だが、「営業を経験していない人間はシオノギでは使い物にならない」（注2）と米国子会社に出された。一九九〇年代に、二度にわたり七年間、米国に駐在した。

一インチ単位で価格を交渉する、クスリ用カプセルの営業を経験した。ギリギリの交渉のなかで英語力、交渉力に磨《みが》きをかけた。

　帰国後の一九九八年、英語力を買われて社長の塩野芳彦の秘書室長となる。一九九九年に社長が塩野元三《もとぞう》に交代。手代木は経営企画部長として塩野元三を補佐して、経営中枢《ちゅうすう》へ駆け上がる。

　二〇〇八年四月、手代木は塩野義の社長に就いた。外部から招いた、いわゆる「プロ経営者」ではない。創業家である塩野家から経営を引き継いだ、一介《いっかい》のサラリーマン社長だった。

　手代木の経営手腕は、国内外の投資家から高い評価を得ている。〈「日本ではまれに見る、本物のプロ」（米タイヨウパシフィックパートナーズCEOのブライアン・ヘイウッド）と評される〉（注３）

　長谷川、手代木は、ともにネイティブ並みの英語を話し、海外の企業を相手にM＆Aを経験している。早朝から仕事をこなし、夕方には帰宅する欧米流のスタイルで、生活リズムまで同じだった。そんなところもあって、二人は馬が合ったのかもしれない。

〈「手代木さんは、たいした人物だよ」――。ある長谷川の側近は、めったに他人をほめない長谷川の言葉に耳を疑ったこともあった〉（注４）

　塩野義が武田薬品に「のみ込まれる」統合であっても、手代木には魅力的な話だった。業界一〇位から首位の製薬会社の社長になれるのだ。統合交渉に前のめりになったとしても無理はない。

〈ところが、二社の経営統合に「待った」がかかる。長谷川との協議がほぼ煮詰まったころ、塩野義の創業家出身で会長の塩野元三に手代木が進捗《しんちょく》状況を報告すると、反応は芳《かんば》しくない。

「小さくても塩野義の名前でやっていきたい」

　塩野元三は首を縦に振らず、統合のシナリオは白紙に戻った〉（同前）

長谷川にとって塩野義との統合は、経営者としての総仕上げになるはずだった。「世界のベスト10」に入り、巨大医薬品メーカーに変身できる鍵が目前にあった。同時に、手代木という有力な後継者候補も手に入るはずだった。

だが、塩野義との統合計画は白紙に戻り、手代木を後継者にすることを断念した。

次のトップを誰にするのか。グローバル企業をマネジメントできる人材は、社内には見当たらない。長谷川は社外に目を向け、英グラクソ・スミスクライン出身のクリストフ・ウェバーを後継者としてスカウトしたのである。

官邸から強く迫られていた製薬再編に挫《ざ》折《せつ》した長谷川は、産業競争力会議のメンバーを事実上、更《こう》迭《てつ》された。一方、手代木は掌《しょう》中《ちゅう》にしていた大魚を逃がした。武田薬品という業界首位のトップの椅子に座ることができなくなった。

創業家の壁は、高くて厚かった。

ルーツは江戸時代創業の薬種問屋

道修町《どしょうまち》。大阪市中央区船場《せんば》にある薬種問屋街だ。町名は道修谷と呼ばれた地名に由来する。寛永《かんえい》年間（一六二四〜一六四四年）に小西吉右衛門が幕命で、この地に薬種業を開業したことにはじまる。一六五八（万治《まんじ》元）年には株仲間による問屋街を形成し、一六六六（寛文《かんぶん》六）年には一〇八店が軒《のき》を連ねたという。

明治維新によって、道修町の薬種中買《なかがい》仲間が持っていた特権は消滅する。中買業者のなかから、横浜や神戸の外国商館と取引をはじめる者があらわれるようになる。やがて、こうした人々が薬種問屋へと発展していく。

「道修町の御三家」とされる田辺製薬（のちの田辺三菱製薬）の創業は、江戸時代の一六七八（延宝《えんぽう》六）年。武田薬品工業は一七八一（天明《てんめい》元）年である。御三家の一つ、塩野義製薬も長い歴史を誇る。『シオノギ百年』で振り返ってみよう。

創業者の塩野義三郎（初代）は一八五四（嘉永《かえい》七）年、大阪・道修町で薬種商（のちの塩野香料）をいとなむ二代目塩野吉兵衛の三男に生まれた。家業は長男が継ぐことになっていたため、義三郎は分家して、自分の店を構えた。

一八七八（明治一一）年、二四歳の誕生日に大阪・道修町に薬種問屋「塩野義三郎商店」を創業した。現在の塩野義製薬の本社所在地である。創業当初は和漢薬専門だったが、明治維新後の西洋医学の普及にともない洋薬の需要が高まると、一八八六年に洋薬のみを取り扱う方針に切り替えた。

一九〇二年、義三郎の長男の正太郎が〝大阪商人の士官学校〟といわれた大阪高商（のちの大阪市立大学）を卒業。兵役を終えたのち、一九〇六年に家業に就き、営業を担当する。

次男の長次郎は一九〇七年に東京帝国大学薬学科を卒業し、塩野義三郎商店の大阪府西成《にしなり》郡（のちの大阪市福島区）の製薬工場（塩野製薬所）で本格的に医薬品の製造をはじめた。

塩野義が総合的な医薬品メーカーとして基礎を固めるうえで重要な人物は、この次男の長次郎である。初代義三郎は新薬の製造に進出するため塩野製薬所を設立した。しかし、まだ輸入薬品が圧倒的に強く、塩野製薬所は赤字の状態がつづいた。次男・長次郎は、この苦境を脱するため、東大医学部の同門で、ドイツから帰国したばかりの近藤平三郎《こんどうへいざぶろう》・薬学博士を顧問に招請、技術指導を仰いだ。

近藤博士の指導で長次郎は一九一二（明治四五）年、心臓の新薬ヂギタミンを開発した。一九一四（大正三）年に第一次世界大戦が勃発《ぼっぱつ》して輸入品の供給が途絶えるとケタ外れの売れ行きを示しはじめ、ヂギタミンは塩野義三郎商店の花形商品となった。

一九一九（大正八）年、正太郎が管掌《かんしょう》していた薬種問屋、塩野義三郎商店と、長次郎が主宰する製薬事業、塩野製薬所が合併し、株式会社塩野義商店（のちの塩野義製薬）が設立された。初代社長には義三郎が就任した。

一九二〇年、義三郎は隠居して、義一と改名。これにともない長男の正太郎が二代目義三郎を襲名、二代社長に就任した。

一九三六年五月、長次郎が肺炎で亡くなった。同年一二月には、初代義三郎改め義一が池田市の隠居先で散歩中に倒れて、翌日に七七歳で死亡した。

「抗生物質の塩野義」を支えた最強営業部隊

塩野義は、二代目義三郎の時代が長きにわたった。社長就任から他界するまで、戦争と敗戦をはさんだ昭和の動乱期に、三三年に及んだ。一九五三年、札幌支店をたずねた頃から足の痛みを訴えはじめた。これが動脈性塞栓《そくせん》症と判明、池田市の自宅で静養していたが、同年一〇月、七一歳の生涯を閉じた。

二代目義三郎は子供に恵まれなかったため、弟・長次郎の長男・孝太郎が跡を継いだ。孝太郎は一九一〇（明治四三）年生まれで、神戸商科大学（のちの兵庫県立大学）卒。
二〇世紀の偉大な発明の一つといわれたペニシリンを端緒《たんしょ》に、抗生物質は戦後の薬品会社の大きな柱となった。塩野義は一九五七年、米国のイーライ・リリーが世界で六番目の抗生物質として発見したアイロタイシンを、日本で独占的に製造・販売する権利を得た。一九五九年に抗生物質の製造工場を完成した。ここから抗生物質が塩野義の経営の柱となった。孝太郎は抗生物質を売るための仕組みをつくった。

孝太郎は今日でいうＭＲ（医薬情報担当者）の重要性を認識しており、ＭＲの教育に力を入れた。医薬品を医療の最前線に届けるのは営業マン（プロパー）の仕事である。

塩野義の営業は文献検索や学会発表用のスライド作成など、塩野義の薬を使ってくれる医者のために尽くした。プロパーのことを塩野義ではディテールマンと呼んだ。地道な努力が実り、「販売の塩野義」と呼ばれるような強い販売体制を築いた。

一九八〇年代は、主力の抗生物質が全盛の時代だった。塩野義は武田薬品、旧三共（のちの第一三共）に次ぐ地位を確保していた。その原動力は「販売の塩野義」と呼ばれる最強の営業部隊にあった。

孝太郎は広告活動にも力を入れた。東京オリンピックが開催される直前の一九六四年八月、一社提供の音楽番組「シオノギ・ミュージックフェア」の放映を開始した。二〇一六年現在でも放映されている長寿番組だ。日本で毎週、レギュラー放送されているすべてのテレビ番組のなかで、最長を誇っている。現在の放映時間は毎週土曜日の一八時から一八時三〇分。フジテレビ系列局で放映されている。

「ミュージックフェア」の司会者は初代が越路吹雪《こしじふぶき》。二〇一六年四月からは仲間由紀恵《なかまゆきえ》が七代目の司会をつとめている。

「ミュージックフェア」のテレビCMで広く知られるようになったのが鎮痛薬「セデス」である。一九六〇年から、当時日活の女優だった清水まゆみを宣伝キャラクターに起用。歯痛用の包帯を頭の上で結んだ画像と「頭が痛い　すぐセデス」のキャッチコピーで、知名度が上がった。

セデスは一九三九年に医療用医薬品として発売した。鎮痛を意味する英語sedativeにちなみ、読みやすく、印象に残る商品名ということでSEDESとなった。戦後の一九五〇年に一般医薬品に転用された。今日にいたるまで根強いファンを持つロングセラー商品となっている。

孝太郎は戦後の復興期の一九五三年から高度成長期の一九八二年まで三〇年間近く、社長でありつづけた。

画期的新薬を手放した創業家社長

一九八二年から一〇年間、塩野義は喜多善平、吉利一雄と非同族の社長が二代つづいた。

一九九二年六月、塩野芳彦が六代目社長に就任した。芳彦は一九三七（昭和一二）年生まれ。立教大学理学部物理学科卒業。二代目義三郎に子供がいなかったため、弟・長次郎の二女・朝子を養女に迎えた。

朝子と結婚した福本芳之助が入り婿《むこ》となり塩野芳之助に改名し、二代目義三郎家の家督《かとく》を継承した。家系を絶やさないように、養女や入り婿は広くおこなわれていた。芳之助・朝子の長男が芳彦だ。塩野義本家の四代目にあたる。一〇〇年ぶりの大政奉還だった。

一九九〇年代以降、塩野義製薬は長期低迷におちいる。理由の一つは、かつて医薬品売上高の五割を占めていた抗生物質市場の縮小だ。抗生物質の乱用で薬剤耐性菌が生まれ、医療現場で「抗生物質の適正使用」が叫ばれるようになったからだ。

二つめは、国際化の遅れだった。一九八〇年代から武田薬品をはじめとする製薬大手は、自社で創製した新薬を武器に、巨大かつ高い利益率が期待できる欧米市場に打って出た。年商一〇〇〇億円を超える新薬を医薬品業界ではブロックバスターと呼ぶが、各社の新薬は年間一〇〇〇億円の大型商品に育っていった。自社の販売網を海外で築き上げた会社は、停滞する国内市場を尻目に欧米市場で急成長を遂げる。

塩野義には、こうした画期的な新薬は長らく存在しなかった。なかったわけではない。画期的な新薬の開発は進行中だった。それは高脂血症《こうしけつしょう》治療薬の「Ｓ４５２２」であった。この新薬候補は前評判が高かった。塩野義の中央研究所の研究員四人が共同でつくり上げた。研究員らは、特許を得る権利を塩野義に譲渡する契約を結んだ。

塩野義は一九九七年に特許権を取得した。塩野義は発明した四人に合計で、特許出願時に六〇〇〇円、特許権取得時に九〇〇〇円を出しただけである。職務発明（従業員などが職務によっておこなった発明。特許権は発明者に属し、企業などの使用者は相当の対価を支払うことにより特許権を譲り受けることができる）の対価としては、きわめて少ない金額だった。

のちにクレストールと呼ばれる大型商品となる特許である。それをたった一万五〇〇〇円のはした金で、塩野義は手に入れた。

塩野義は、一九九八年に英アストラゼネカと、この特許について、日本および欧米各国の独占的実施権を許諾《きょだく》するライセンス契約を結んだ。

新薬の開発は、成功確率が三万分の一ともいわれる。開発費用が一〇〇〇億円以上に上るケースもある。資金力のない塩野義は、新薬開発と海外展開をアストラゼネカに任せ、ロイヤリティ収入を得る方向に転換した。抗ＨＩＶ（ヒト免疫《めんえき》不全ウィルス＝エイズ）薬候補「Ｓ１１５３」も同様に、米アグロンに供与した。アグロン（のちにファイザーの子会社）は抗ＨＩＶ薬「ピラセプト錠」を日本たばこ産業と共同開発し、商品化した。

塩野義は画期的新薬候補を手放したのである。塩野義の歴史上、最大の愚行《ぐこう》であり失敗だった。大政奉還ではからずもトップになった芳彦には、他の医薬品メーカーの経営者のように、自社が創製した新薬を武器に欧米市場に打って出るという気概《きがい》がなかった。将来のドル箱になるかもしれない新薬候補を手放したことで、芳彦への非難の声が高まった。芳彦は、体調不良を理由に社長を辞めざるを得なくなった。事実上の引責辞任である。

「このままいったらつぶれますね」

一九九九年八月、塩野元三が社長に就いた。一九四六（昭和二一）年生まれ。戦後、長期政権を築いた孝太郎の長男である。曾祖父は初代義三郎、祖父は長次郎。塩野家の分家筋の四代目にあたる。甲南大学経営学部の卒業。一九七二年に塩野義に入社後、国内の営業部に属したのち、経営者への道が拓《ひら》けた。

社長就任の記者会見で、元三は「一〇年前なら喜んで社長を引き受けたところだが」と発言して、記者たちを驚かせた。他社の新社長の記者会見のように「オレがやってやる。抱負はこれこれ」といった高揚《こうよう》した雰囲気はまったく感じられなかった。

大阪の老舗の跡取りは、番頭がかつぐ神輿《みこし》に乗るのが仕来《しきた》りで、神輿を下りてみずから経営することはなかった。二代目義三郎、孝太郎など長期政権がつづいたのは、番頭がしっかり支えたからである。

ところが、元三が社長に就任した当時の塩野義は、業績が低迷していた。当然、神輿の座り心地が悪かった。それが「一〇年前なら喜んで社長を引き受けたところだが」という愚痴《ぐち》につながった。

元三は、大阪の老舗の大店《おおだな》の伝統にしたがい、経営は番頭に任せた。

元三の番頭になったのが手代木功である。手代木は、米国駐在から帰国後、その英語力を買われて一九九八年に芳彦の秘書室長に起用されたことは述べたとおりである。芳彦が失脚し、一九九九年、元三が専務から社長に昇格した。手代木は秘書室長兼経営企画部長として元三体制を支えた。

〈「このままいったらつぶれますね」――。一九九九年、当時は経営企画部長の職にあった手代木功（現社長）は、就任したばかりの塩野元三社長（現会長）を前に、こう切り出した〉（注５）

創薬のための資金もノウハウもなく、クレストールを英アストラゼネカに丸投げしたから、全世界の開発・製造・販売権を奪《うば》われた。世界の製薬会社の、現役プレーヤーの地位から下りたに等しい。

一三一年の歴史を誇る製薬業界の名門企業は、経営破綻《はたん》すらあり得る窮状《きゅうじょう》に立ちいたっていた。

「身売りも地獄《じごく》、改革も地獄。どうせ苦しむなら、自分たちで手を下そう」(注6)

ここから、手代木による番頭経営が実質的にスタートしたといっていい。

売上高半減の荒療治《あらりょうじ》を断行した手代木功

手代木が目標に掲げたのは抗生物質で黄金時代を築いた「販売の塩野義」から、「創薬型製薬企業」への大転換である。手代木の構造改革は二段階にわたる。

二〇〇〇年から二〇〇四年は、医療用医薬品に特化するため、それ以外の事業はすべて売却した。動物用医薬品や植物薬品、医薬品の卸などの非中核事業を次々と売った。四〇〇〇億円以上あった連結売上高が、わずか四年で二〇〇〇億円程度に半減するという荒療治《あらりょうじ》を断行した。

この〝蛮行《ばんこう》〟が評価され、二〇〇二年六月に手代木は取締役に昇進した。

事業売却が完了した二〇〇四年四月、手代木は常務執行役員　医薬研究開発本部長に就いた。「塩野義大学」と揶揄《やゆ》され、象牙《ぞうげ》の塔と化していた研究開発部門にメスを入れるための起用だった。当時の塩野義は、医療用医薬品への集中を柱にした経営改革を進めていたが、承認を申請したパイプライン(新薬候補)が厚生労働省医薬・生活衛生局医薬品審査管理課から突き返されるなど、研究開発部門はうまく機能していなかった。

手代木の改革手法は明快だった。就任からわずか一年のあいだに、長年足踏みしていた七つの新薬候補の開発を中止した。そのうえで、開発のテーマを感染症、疼痛《とうつう》、代謝性疾患《たいしゃせいしっかん》の三つに絞り込んだ。人やカネを集中する一方で、「本社に文句はいっさい言わせない」という姿勢を貫き、部下との信頼関係を築いた。これは、海外進出の切り札となるパイプラインが充実するという形で結実した。

この間、二〇〇六年四月に専務執行役員、医薬研究開発本部長になった。社長の塩野元三の信頼を得て、超スピードで出世街道を駆け上がった。

手代木のあざやかな経営手法に舌を巻いた創業家の元三は、後任社長を手代木に託した。

二〇〇八年四月、手代木功が新社長に就任、塩野元三は代表権を持つ会長になった。手代木は黒衣《くろこ》の番頭から塩野義を名実ともに率いるリーダーになった。

買収失敗、株価暴落にも揺るがない

手代木の社長としての初仕事は、自社で開発した医薬品を米国で販売するため、米国の製薬会社を買収することだった。二〇〇八年一〇月、中堅製薬会社のサイエル・ファーマ（のちのシオノギ・インク）を、一五〇〇億円を投じて株式公開買い付けを実施、完全子会社にした。サイエル社は循環《じゅんかん》・代謝領域に強く、年商は四二〇億円規模だった。

塩野義は海外進出については周回遅れと揶揄されていた。新薬候補は抗ＨＩＶ薬や肥満治療薬などが目白押しである。本格的な米国進出に向けて、強固な販売網を構築すべきだと判断した。

サイエル社の買収で合意した二週間後にリーマン・ショックが起きて、米国経済が混乱した。さらにサイエル社を通じて販売しようとしていた二つの新薬の開発が、最終段階で頓挫《とんざ》した。

買収してみると、見ると聞くとは大違い。薬を市場に大量に投入しては、米国特有の商慣習である期限切れ品の返品に苦しむという自転車操業に追い込まれてしまった。

二〇一二年三月期には返品が想定以上に膨《ふく》らみ、期中に二度も業績予想を下方修正した。塩野義の株価は二〇一一年に八七一円と、手代木が社長就任時の半分以下に下落した。米国攻略の橋頭堡《きょうとうほ》のはずのサイエル社が一転して問題児となったわけだ。決算説明会ではアナリストの厳しい質問の集中砲火を浴びた。

手代木は、買収の失敗を率直に認めた。株価暴落で損失を出した投資家から、コップの水をかけられるほど罵倒《ばとう》されながらも、自分の考えを訴えつづけた。米社の買収失敗で業績が最悪のときでさえ、投資家との対話からは逃げなかった。

こうした姿勢が、業績が回復した折、投資家から高い評価を得る原点となった。

米社の再建のメドが立ったのは二〇一二年夏以降だ。二〇一一年四月に現地の経営陣を刷新。不採算品からの撤退やMRの人員を削減した結果、ようやく赤字の垂れ流しを止めることができた。塩野義を新薬指向型の会社にする道筋が見えてきたわけだ。

二〇一六年三月期のシオノギ・インクの売上高は一六六億円。減損損失を二億円、訴訟《そしょう》に関わる和解金を一九億円、特別退職金一二億円を計上した。高い買い物になったが、この失敗が、手代木を経営者として大きくした。

他社に供与した新薬が空前の大ヒット

手代木が自社での販売にこだわったのは、社内で「クレストール・クリフ（崖《がけ》）」と呼ぶ危機が迫ってくるからだった。二〇一六年から主力の高脂血症治療薬クレストールの特許が世界各国で切れる。

元三が社長に就任した当時、塩野義の業績は低迷していた。劇的な復活を牽引《けんいん》したのは、皮肉にも芳彦が英アストラゼネカに供与した特許だった。アストラゼネカに供与した「S4522」をアストラゼネカが商品化し、二〇〇〇年にクレストールと名付けた。二〇〇三年九月、アストラゼネカは米国でクレストールの販売を開始し、空前の大ヒット商品となる。

アストラゼネカとの契約で塩野義は、アストラゼネカが全世界で販売する金額に応じてロイヤリティを得るほか、新たに日本市場での販売権利を獲得《かくとく》した。クレストールのロイヤリティ収入と日本での売り上げが塩野義の収益増に大きく寄与《きよ》した。塩野義の業績回復の原動力となったといっても過言ではない。

クレストールは第一三共のメバロチン、米ファイザーのリピトールなどと同じ作用をする、スタチンと呼ばれる医薬品の一種だ。クレストールはコレステロールを下げる効果が抜群で、〝最強のスタチン〟の呼び声が高かった。

特許権を譲渡した創業家、四代目社長の芳彦は、「S4522」が画期的な新薬になるとは夢想だにしなかったのだろう。職務発明の対価に雀《すずめ》の涙ほどの金額しか支払わなかったことから見ても、その価値をまったく理解できていなかったことが、よく判《わか》る。お化け新薬になると確信していれば、どんな難行《なんぎょう》苦行が待ち受けていようとも、自社で開発することを決断しただろう。

芳彦は製薬会社のトップの器《うつわ》ではなかったと言ったら、厳しすぎるだろうか。

画期的な新薬の芽である「S4522」と「S1153」を他社に供与したことで、たしかにロイヤリティ収入は手に入った。研究開発費の削減にもつながったが、その一方で、同じ同族経営である武田薬品やエーザイのように、画期的な新薬を自前で出すことができなくなった。

武田薬品は胃潰瘍《いかいよう》・十二指腸《じゅうにしちょう》潰瘍薬のタケプロンが、一九九五年の米国での承認を皮切りに世界各国で販売され、長年にわたり医薬品別売上高の世界トップ10に入りつづけた。

エーザイは一九九七年に、米英独でアルツハイマー型認知症治療薬アリセプトを発売した。アリセプトがエーザイをグローバル企業に押し上げた。

これに対して塩野義は、自社の創薬でグローバル企業になる絶好のチャンスを、経営トップの判断ミスで放棄してしまったのである。返す返すも悔《く》やまれる。

二〇一六年の特許切れを延ばした奇策

英アストラゼネカの二〇一五年一二月期（通期）のクレストールの売上高は、五〇億一七〇〇万ドル。二〇一五年の平均為替レートの一ドル＝一二〇円で換算すると、六〇二〇億円になる。クレストールだけで、塩野義の全売り上げ（三〇九九億円）の二倍近い数字を叩き出していることになる。

アストラゼネカはクレストールでおいしい果実を存分に味わった。

では、塩野義はどうか。二〇一六年三月期決算によると、クレストールのロイヤリティ収入は四七六億円、国内でのクレストールの売り上げは四三七億円。合わせて九一三億円。全売り上げの三分の一を占める。

クレストールは塩野義にとってもドル箱だが、特許権を供与したアストラゼネカの稼ぎっぷりに比べると、おこぼれにあずかっている程度というのが実態だ。

現在の塩野義の最大の難問は、収益を支えてきたクレストールの特許が二〇一六年に世界各地で一斉に切れる「パテントクリフ（特許の崖）」が訪れることだ。

新薬の特許が切れると、同じ効能を持つジェネリック（後発）医薬品が相次いで発売され、売り上げが激減する。売り上げを示すグラフがまるで崖のような形で下がることから、薬品名をとって「〇〇クリフ」というわけだ。

塩野義にとっても、クレストールのロイヤリティ収入が吹き飛んでしまう。

手代木が社長になってからは、これを前向きに克服《こくふく》することにある。ロイヤリティ収入激減という崖を越えるために、手代木は陣頭指揮に立った。

期待される商品として最も有望なのが、抗ＨＩＶ薬のテビケイである。これは塩野義が英国のグラクソ・スミスクライン（ＧＳＫ）と共同で特許権を保有している新しい抗ＨＩＶ薬だ。二〇一二年、ライセンスをＧＳＫの子会社ヴィーブヘルスケアに供与し、販売権の譲渡と引き換えに、ヴィーブ社の発行済み株式の一〇％を取得した。

ヴィーブ社は全世界でテビケイを販売し、塩野義はヴィーブ社からライセンス契約に基づき販売額に応じたロイヤリティと配当を得る。まるで研究・開発に特化した創薬ベンチャーのような収益モデルなのである。

二〇一三年、クレストールのパテントクリフそのものを消滅させた。アストラゼネカから二〇一四年～一六年に得る予定だったロイヤリティ収入を減額する代わりに、受取期間を二〇二三年まで延長した。塩野義はロイヤリティの減額に応じる見返りに、特許が切れた後も収益を下支えするロイヤリティを得ることができる仕組みに変えたわけだ。

〈短期の収益を犠牲《ぎせい》にし、中長期の収益基盤の安定化を図る。「こんな契約変更、見たことがなかった」とバークレイズ証券ヴァイスプレジデントの関篤史《せきあつし》は驚く〉（注7）

誰もが想像しなかった奇策である。こうした戦略は株式市場で評価された。塩野義の株価はヴィーブ社との新たな契約発表後に一本調子で上げ、二〇一六年五月一七日には上場以来の最高値、六三〇四円をつけた。米サイエル社の買収失敗で経営が混乱していた二〇一一年一一月二五日の八七一円と比較すると、実に七・二倍になった。

二〇一六年七月末現在の株価は、五三五〇円。武田薬品の四五八八円を七六二円も上回っていた。同年の年初来高値は塩野義が六三〇四円、武田が六〇三九円である。八月末の株価でも塩野義が高い。

売り上げの三分の一をロイヤリティで稼ぐ

塩野義の二〇一六年三月期の連結売上高は前期比一三％増の三〇九九億円、営業利益は八一％増の九一四億円、純利益は五一％増の六六六億円だった。抗ＨＩＶ薬などの売り上げがグローバルで二三〇〇億円を超えたことから、ロイヤリティ収入が大幅に増え、営業利益が二期ぶりに最高を更新した。ロイヤリティ収入はクレストールが四七六億円、抗ＨＩＶ薬が四〇五億円。他のものも合わせて一〇一八億円。全売り上げの三分の一を占める。

二〇一七年三月期の予想は、連結純利益が前期比六％増の七一〇億円と、七期ぶりに最高を更新する見込み。クレストールのロイヤリティ収入は三三〇億円に減少するが、抗ＨＩＶ薬が六二〇億円に大幅に増える。ロイヤリティ収入の合計は一一四九億円を見込んでいる。

欧米のメガ・ファーマは合併を重ねるたびに巨大化して新薬開発に取り組んでいる。国内の新薬メーカーは逆立ちしても世界上位に食い込めないのが実態だ。塩野義は新薬を自前で製造・販売するリスクを低く抑えながら、研究開発の成果に対してフィー（手数料）を受け取る収益モデルに転換した。

元社長の塩野芳彦は資金繰りに行き詰まり、苦しまぎれに、新薬候補を他社に供与して手数料ビジネスに切り替えたが、手代木は違う。強い意思で生き残りの戦略としてフィービジネスに転換した。企業規模では比較にならないほど大きいが、創薬ベンチャーのように、新薬を生み出す力を持った創薬型企業に変身する。

初の自社創薬で世界に挑む

業績拡大を支えてきた高脂血症治療薬クレストールは今後、確実に特許切れを迎える。ジェネリック医薬品が出てくる。後発医薬品は値段が大幅に安いので、特許切れとなった医薬品は売り上げが激減するのが普通だ。

医療用医薬品としてクレストール（一六年三月期の売上高四三七億円）、高血圧治療薬イルベタン（同一五七億円）、疼痛治療薬サインバルタ（同一五二億円）を戦略三品目としてラインナップしているが、クレストールに取って代わるには力不足のものばかりだ。

二〇一六年六月二三日、塩野義は大阪市内で株主総会を開いた。株主からは開発中の新薬に質問が集中した。手代木は、インフルエンザを一日で治療できる新薬候補について「売上高は予測できないが、スイス、ロシュの『タミフル』と同程度と想定している。二〇一八年に販売したい」と説明した。

タミフルは、国内ではロシュグループの中外製薬が販売している。売り上げはインフルエンザの流行に大きく左右される。二〇一五年一二月期のタミフルの売上高は八二億円で、前年の一三〇億円から落ち込んだ。

塩野義はクレストールの国内販売とロイヤリティ収入で驚異の成長を遂げたが、手代木はポスト・クレストールをどう描こうとしているのだろうか。

二〇一六年三月、初の自社創製の世界製品、オピオイド誘発性便秘症治療薬ナルデメジンの新薬承認を、日米で同時に申請した。米国食品医薬品局（ＦＤＡ）は六月に受理。審査終了は二〇一七年三月二三日になる。

申請は米国子会社のシオノギ・インク（ニュージャージー州）が提出した。今回の新薬申請は八年越しの悲願だった。自社で開発した医薬品を米国で販売するために、一五〇〇億円を投じて中堅製薬のサイエル・ファーマを買収したのは二〇〇八年のことだ。だが、買収後、業績不振で問題児になったことは、先に触れた。

米子会社の主力製品だった小児科薬の権利を売却、従業員を削減するなどの大リストラで、ようやく新薬指向型の会社に切り替わった。収益の柱だった大型薬の特許切れが迫るなか、世界で最大の市場である米国で、初の自社創製の世界商品で勝負に出る。

塩野義が立てた中期計画では、二〇二〇年に売上高を六〇〇〇億円に引き上げ、その半分を海外で稼ぐ。ドル箱のクレストールの特許が切れるから、当然、次の柱が必要になる。自社開発の抗ＨＩＶ薬テビケイに加えて、もう一つの柱として期待しているのが、ナルデメジンなのである。国内の準大手からグローバル企業へ脱皮する試金石にナルデメジンがなる。

塩野義とエーザイが合併か

『会社四季報　業界地図2016年版』（東洋経済新報社）によると、塩野義製薬の売上高（二七三九億円＝二〇一五年三月期）は業界一一位。売上高ランキングは武田薬品工業、アステラス製薬、第一三共、大塚ホールディングス、エーザイ、中外製薬、田辺三菱製薬、大日本住友製薬、協和発酵キリン、大正製薬ホールディングスの順。塩野義は大正製薬の次だ。上位一〇社には入っていない。

だが、営業利益（同五〇三億円）は業界六位。営業利益の順位が高いのは、ロイヤリティ収入を柱とするビジネスモデルだからだ。

手代木功は業界再編論者である。かねてから業界再編を口にしてきた。

〈日本の製薬産業がこのままでいいと思っている人は居ないでしょう。国内の大手、準大手を組み合わせて世界で存在感をもつ日本発の製薬会社を一日も早くつくらないと、という思いは皆さんある。長谷川（閑史）さん（当時・武田薬品社長。現会長）、庄田《しょうだ》（隆《たかし》）さん（当時・第一三共会長。現相談役）、中山《なかやま》（讓治《じょうじ》）さん（現第一三共社長）、内藤《ないとう》（晴夫《はるお》）さん（現エーザイ最高経営責任者）ら業界首脳の方々とも、そういう話はずっとさせていただいている〉（注8）

こういう文脈から、武田薬品と塩野義の経営統合がトントン拍子に進んだ。でも、土壇場《どたんば》になって塩野義の創業家である塩野家の反対にあって白紙撤回された。

手代木は再編を諦《あきら》めたわけではないだろう。再編を論じてきた同志が、エーザイの創業家三代目の内藤晴夫だ。創業者は内藤豊次《とよじ》、二代目が内藤祐次《ゆうじ》。晴夫はその息子にあたる。

一九四七（昭和二二）年生まれ。慶應義塾大学商学部を卒業、ノースウエスタン大学経営大学院（のちのケロッグスクールオブマネジメント）でＭＢＡ（経営学修士）を取得。一九七五年に、エーザイに入社、一九八八年に四〇歳という若さで社長に就任した。二〇一四年から取締役兼代表執行役ＣＥＯ（最高経営責任者）をつとめている。

エーザイは一九九〇年代に発売した自社開発製品のアルツハイマー型認知症治療薬アリセプトと消化性潰瘍《かいよう》治療薬パリエットの二つの商品で、売り上げのおよそ六〇％を占めてきた。売上高に占める自社開発品の割合が九〇％と高く、海外での売上比率が全売上高の半分以上という特徴がある。

エーザイもドル箱だった大型薬の相次ぐ特許切れで、高い収益を維持するのが難しくなってきた。逆風が吹きつけるなか、世界初の画期的な認知症治療薬の開発を目指す。

エーザイの二〇一六年三月期の連結売上高は五四七九億円。世界の製薬市場では、買収する側ではなく、買収される側に属する。世界のメガ・ファーマに伍《ご》していくには、売上高一兆円が最低の目安になる。

エーザイと塩野義の統合の観測は根強い。内藤は創業家の三代目で、手代木はサラリーマン社長という違いはあるが、二人とも再編論者である。

手代木功は二〇一六年の「クレストール・クリフ」は奇策で乗り切った。「創業家のクリフ」は切り立った絶壁だった。

この絶壁を乗り越えるための秘策を練っていることだろう。

第8章　西武――「王国」の絶対君主を追放

「西武王国」から追放される創業家

西武鉄道やプリンスホテル、埼玉西武ライオンズを傘下《さんか》にもつ西武ホールディングス（西武ＨＤ）は二〇一六年二月一〇日、有価証券報告書の虚偽記載などをめぐって元西武グループ会長の堤義明《つつみよしあき》ら旧経営陣五人に支払いを求めていた損害賠償《ばいしょう》金を、全額回収すると発表した。回収額は二五五億円に上る。

堤らが保有するＮＷコーポレーション（ＮＷ社）の株式を代物弁済《だいぶつべんさい》として受け取る。ＮＷ社は西武ＨＤの大株主だったから、堤が間接的に保有する西武ＨＤ株式はゼロになり、影響力がなくなった。

西武ＨＤが株式を再上場し、筆頭株主の米投資ファンド、サーベラスが保有株式を売却して撤退した後は、ＮＷ社を拠点に創業者一族の棟梁《とうりょう》、堤義明がお家再興を目指すと見られていた。

グループ再編前の西武鉄道は二〇〇四年一二月、有価証券報告書虚偽記載で上場廃止となった。その後、一般株主が株価下落や上場廃止にともなう損害賠償を求めて訴訟《そしょう》を起こした。西武HDは株主に支払った計二二六億円について、堤ら旧経営陣に補塡《ほてん》する責任があると主張していた。利子分として八三億円を負担したが、利子分は堤らには請求しなかった。

堤義明らは、保有するNW社の全株式を代物弁済して、賠償額を捻出《ねんしゅつ》した。NW社は二〇〇五年のグループ再編にともない設立した持ち株会社で、西武HDの発行済み株式の一四・九五％を保有する第二の株主である。堤や従業員持ち株会などが出資し、堤義明個人でNW社の株式を三六％（時価に換算して二一四億円相当）持っていた。

義明のほか、元役員もNW社を手放し二四八億円を代物弁済で支払ったほか、堤が個人名義で持っていた西武HD株を七億円で売却して、直接、間接を含めて西武HDの持ち株はゼロになる。堤らが支払う額は二五五億円に上り、利子分の一部も負担する形になった。

この結果、西武HDが一〇〇％出資する連結子会社である西武鉄道とプリンスホテルが、NW社の株式を議決権比率で四三・四八％を取得したことになる。会社法三〇八条で、議決権ベースで四分の一以上の出資を受ける企業には議決権を認めないとの規定がある。このため、NW社の西武HDに対する議決権は消失した。

かつて西武グループの総帥《そうすい》として君臨した堤義明はNW社株、西武HD株をすべて手放し、西武HDは創業家との関係を解消した。

創業者、堤康次郎《やすじろう》が築いた「西武王国」は、二代目の堤義明の代に、堤家との関係が切れたのである。

西武と堤義明をつなぐ接点・NW社

堤義明の保有株式の放出は〝美談〟に仕立てあげられた。

堤は西武HDを通じて、「従前より会社に生じた負担は、他の役員でなく私が負うべきであると考えていた。解決に至り、感謝している」とコメントを出した。これに呼応して西武HD社長の後藤高志《ごとうたかし》は「当時の最高責任者として、潔《いさぎよ》く責任を全《まっと》うする姿勢を真摯《しんし》に受け止めたい」と称《たた》えた。

いかにも円満解決したかのように演出されたが、そうではない。実態は、社長の後藤高志が仕掛けた、堤義明の永久追放作戦だったのである。

西武HDは二〇一四年四月、東京証券取引所一部に再上場を果たした。二〇〇四年一二月に西武鉄道が有価証券報告書への虚偽記載で上場廃止になって以来、一〇年ぶりに復帰を果たした。

ところが、後藤は悩ましい問題を二つ抱えていた。前門の虎は筆頭株主の米投資ファンド、サーベラス。これについては後で触れる。後門の狼は第二の株主であるNWコーポレーションであった。NW社は堤義明と西武をつなぐ最後の接点だったからである。

後藤は堤義明の完全追放作戦を立案した。NW社を吸収することによって、堤家の影響力を排除するというものだった。

NW社の持ち株会は二〇一五年七月末、NW持ち株会に加入している株主に「所有株の買い取り」を提案した。株主それぞれに一株あたりの返還金額が示された。もちろん、西武HDの後藤社長の意向を踏まえてのことである。

西武HDは再上場によって時価総額は九七〇〇億円（一五年七月末時点）に膨《ふく》らんでいる。単純計算してNW社は、その一五％弱、一四五〇億円相当の資産を持つと考えられる。NW社の発行株数は二〇九九株。一株六九〇〇万円を超す。

実際にNW社の持ち株会が株主に提示した買い取り価格は、一株三〇万円。時価総額の四％程度にしかならない。

NW株を一株三〇万円で買い戻すという持ち株会の提案には、強制力はなかった。持ち株会の規約によれば、退会、すなわち株を手放すときは額面（一株一〇〇円）で持ち株会が買い取ることになっている。

後藤は、この規約に目をつけた。NW社の株主は義明の家臣ともいえる人たちばかりだが、みな高齢だ。規定どおりなら、一〇〇円でしか売れない。となれば、一株三〇万円で手放す人が出てきても不思議はない。持ち株会のメンバーの株を取り上げて、西武HD傘下企業の名義に変更すれば、義明は孤立する。外堀を埋められた義明は、最終的に株を手放すはずだと踏んだ。

堤義明の資産が買い叩《たた》かれ「西武王国」からの完全追放を余儀《よぎ》なくされようとしているという内幕を『週刊ポスト』（二〇一五年九月一一日号）はこう報じた。

〈堤氏のNW社の所有株数は757株（発行株式全2099株の36％）で、1株30万円としても約2億3000万円もの大金が手に入る。堤氏は持株会の一員でないため、NW株を売却する場合はこれより高額になると考えられるが、それでもかつて3兆円の資産を持っていた堤氏への〝手切れ金〟としては非情な最後通牒《つうちょう》といえよう〉（注1）

義明は持ち株会名義で株を持っているわけではないから、直取引《じかとりひき》となる。だから三〇万円よりは高くなるが、それでも買い叩かれるという構図に変わりはない、と週刊誌が報じたわけだ。

結論だけ書くと、堤義明は〝手切れ金〟を手にすることはなかった。株主から株価下落や上場廃止にともなう損害賠償の訴訟を起こされたからだ。西武ＨＤは、これまでに合計三〇九億円を支払い、かかった費用の負担を旧経営陣に求めていた。堤らは請求額の元本の二二六億円については、自分たちに責任があると認めていた。裁判が長引いたことによって発生した遅延損害金（利子）の支払いは求められていなかったが、自主的に一部を負担したことは冒頭で述べたとおりだ。

西武ＨＤ社長の後藤高志は、堤義明の追放と、賠償費用問題を一気に解決した。

創業家問題を片付け、経営も反転攻勢

西武ＨＤは賠償費用を旧経営陣から回収したことにより、二〇一六年三月期連結決算で二五七億円の特別利益を計上した。純利益は前期比六三・九％増の五七二億円となった。埼玉県川越市の貨物線（休止中の安比奈《あひな》線）の廃止と車両基地整備計画の中止にともなう特別損失二二六億円が発生したが、それを吸収して過去最高益を更新した。売上高は五・五％増の五〇八〇億円、営業利益は三二・九％増の六五九億円だった。

訪日外国人が増え、傘下のプリンスホテルなどホテルの稼働率が上がり、これが収益を牽引《けんいん》した。ホテル・レジャー事業は都市型ホテルに加え、長野県軽井沢町のリゾート宿泊施設の稼働率がアップ。客室の平均単価は一万四五一三円と一二％も上昇した。

西武鉄道など都市交通・沿線事業は、沿線の埼玉県秩父《ちちぶ》市などが観光地として人気を集め、運輸収

入が増えた。

二〇一七年三月期連結業績見通しは、売上高が前期比一・二％増の五一四二億円、営業利益は二六・六％減の四八四億円、純利益は四八・四％減の二九五億円の見通しだ。再上場後、初めて営業段階から減益となる。旧赤坂プリンスホテル跡地に建てた複合施設「東京ガーデンテラス紀尾井町」が開業するため、初期費用がかさむためだ。

「東京ガーデンテラス紀尾井町」は地上三六階建てのオフィス・ホテル棟、二一階建ての住宅棟などで構成される。オフィス部分にはヤフーが入居、ホテルは「ザ・プリンスギャラリー　東京紀尾井町」が営業する。二棟の投資額は九八〇億円だ。

開業初年度の二〇一七年三月期は宣伝費用やオフィスの入居者へのフリーレント（家賃無料）などが発生し、これが利益を押し下げる要因となるが、一八年同期はこうした開業費用の負担がなくなり、最大で九〇億円の増益要因になる。

ホテル複合化を核とした成長戦略

旧赤坂プリンスホテル跡地に再開発した複合施設「東京ガーデンテラス紀尾井町」に入居する新しいホテル「ザ・プリンスギャラリー　東京紀尾井町」は二〇一六年七月二七日に開業した。傘下のプリンスホテルが運営する。

プリンスホテルは米高級ホテル大手スターウッドホテル＆リゾートワールドワイドと提携しており、新しいホテルはスターウッドの最高級ブランド「ラグジュアリーコレクション」に加盟した。

「ザ・プリンスギャラリー」は複合ビルの上層部の三〇〜三六階に入る。客室は二五〇室。一室一泊あたりの宿泊料金は六万円からで、最上級の部屋は五九万円。欧米やアジアから来日する富裕層の需要を見込む。宿泊客に占める外国人の比率は七〇％を目指す。

訪日外国人の急増で、二〇二〇年の東京オリンピック・パラリンピックまでのあいだ、ホテルの不足が指摘され、ホテルの新設が相次いだ。二〇一四年には、米世界最大のホテルチェーン、マリオット・インターナショナルの「ザ・リッツ・カールトン京都」、米ハイアットホテルズの「アンダーズ東京」、世界でリゾートホテルを展開しているアマンリゾートの初のシティホテルとなる「アマン東京」など外資系ホテルが次々と開業した。

二〇一五年春には、米スターウッドホテル＆リゾートの最高級ブランド「翠嵐《すいらん》ラグジュアリーコレクションホテル京都」がオープンした。

国内勢は二〇一六年に星野リゾートの「星のや東京」、二〇一九年にはホテルオークラ東京の新本館が営業を開始する。西武ＨＤは「ザ・プリンスギャラリー」で、ホテル戦争に参戦する。

オフィスが入った複合ビルのほうが、景気や天候に左右されるホテルより収益は安定する。社長の後藤は、既存の不動産を複合化し、景気への耐久力をつけながら、全体を成長させる戦略を描く。赤坂プリンスのほか、品川プリンスホテルや東京プリンスも、順次、複合施設に建て替えていく。

赤坂プリンスの跡地に建つ「東京ガーデンテラス紀尾井町」は、西武グループの未来をになう、東京のランドマークとなる。

政界権力闘争の前線基地だった赤プリ

東京・紀尾井町の旧赤坂プリンスホテルは、「赤プリ」の愛称で親しまれてきた。赤プリは堤家の権力と栄華の象徴だった。明治以前は紀州徳川家の屋敷が立ち、戦前は韓国李《り》王家の東京邸。赤坂の街を見下ろしてきた洋館はいまも保存されている。

赤プリは一九五五年、衆議院議長もつとめた西武グループの創立者、堤康次郎が旧李王家邸を買い取り開業した。長年、このホテルに拠点《きょてん》を置いてきたのが自民党の最大派閥の清和《せいわ》政策研究会（清和会）だった。派閥をつくった福田赳夫《ふくだたけお》元首相が康次郎と親しかったことから、割安な賃料で事務所の提供を受けていたという。

一九七九年に福田元首相が清和会を結成して以来、赤プリ内に事務所を置き、森喜朗《もりよしろう》、小泉純一郎《こいずみじゅんいちろう》、安倍晋三《あべしんぞう》、福田康夫《やすお》を四代連続で首相に押し上げた。野党に転落した自民党は、ふたたび政権を奪取、清和会の安倍晋三が首相に返り咲いた。

一九九〇年代までは田中角栄《たなかかくえい》とそのグループの天下だったが、二〇〇〇年代以降は福田赳夫派、清和会が取って代わった。

田中角栄、福田赳夫元首相の「角福戦争」は、派閥《はばつ》全盛時代を象徴する出来事だった。赤プリは国会に近いため、数々の権力闘争の舞台となった。

福田赳夫が、堤義明の媒酌人《ばいしゃくにん》をつとめた。その関係から堤は清和会のパトロンになり、政治資金を出した。一九八七年の竹下登《たけしたのぼる》、安倍晋太郎《しんたろう》、宮沢喜一《みやざわきいち》による中曽根康弘《なかそねやすひろ》の後継者争いのときに、義明が「総力を挙げて安倍を首相にする」と走り回ったことはよく知られている。

堤義明は、一九八七〜九〇年、九三〜九四年の計六年間にわたって米経済誌『フォーブス』に世界一の大富豪と紹介された。資産総額は推定で三兆円超だった。バブルの全盛期に、政財界やスポーツの世界で影響力を行使した。まさに堤義明の時代だった。

赤プリは政権交代の舞台ともなった。首相、小渕恵三《おぶちけいぞう》の急逝《きゅうせい》を受けた後継者選びは、赤プリの密室でおこなわれた。派閥のドンの談合で森喜朗が首班に指名された。小泉純一郎も赤プリでおこなわれた清和会の決起集会をバネに闘い抜き、とうとう首相になった。

小泉は首相就任後、会談、会食、休暇中の宿泊と、事あるごとに全国のプリンスホテルを利用した。その数は、三年間で二〇〇回以上。首相在任中のホテルの全利用回数（約四〇〇回）の半分をプリンスホテルが占めるという、異常な頻度《ひんど》だった。

しかし、総会屋への利益供与、有価証券報告書虚偽記載、インサイダー取引疑惑など義明の周辺でスキャンダルが噴出したことで、政治家は警戒《けいかい》しはじめた。清和会に属する大物政治家が、「堤とは距離を置いたほうがいい」と首相の小泉とその周囲に忠告したという話が永田町を駆けめぐった。

政治家の逃げ足は速い。権力者の顔と名前を利用してきた義明と、政治資金を得るために財布代わりに使ってきた政治家の関係は、黄昏《たそがれ》を迎えることになった。

堤義明そのものといえる赤プリの跡地に「ザ・プリンスギャラリー　東京紀尾井町」を開業する。これを機に、西武ＨＤは堤家との関係を断った。

創業者・堤康次郎という怪物

「西武王国」を一代で築いた堤康次郎は一八八九（明治二二）年、滋賀県愛知《えち》郡八木荘《やぎしょう》村（のちの愛《あい》荘《しょう》町）の生まれ。一九一三年、早稲田大学政治経済学部政治学科を卒業。学生時代からさまざまな事業に手を出して失敗した。

康次郎は土地に執着して「西武王国」を築いたが、そのスタートラインとなったのが、一九一八（大正七）年、不毛地帯といわれていた長野・軽井沢に乗り込んで、高級避暑地に変身させたことだ。その後、東急の五島慶太《ごとうけいた》とバスの乗り入れをめぐる「箱根山戦争」を闘った。東京・大泉、小平、国立に学園都市をつくった。武蔵野鉄道の立て直しを頼まれ、西武鉄道として再生させた。

康次郎は、怪物という表現がピッタリくる人物だった。「英雄色を好む」とは言い古された言葉だが、康次郎の漁色《ぎょしょく》ぶりは生半可《なまはんか》ではない。お手伝いさんから華族まで、女と見れば手当たり次第に手をつけた。

わかっているだけで、妻と呼ばれるような女性が五人いた。五人のうち正式に入籍した正妻は三人。西沢《にしざわ》コト、川崎文《かわさきふみ》、青山操《あおやまみさお》である。このほかに、岩崎《いわさき》ソノと石塚恒《つね》子という愛人が二人。隠し子は数《あま》多《た》いて、子供一二人というのは認知した数にすぎない。隠し子は一〇〇人を超えるという説まである。

乱脈な女性関係

「西武王国」が崩壊する原因となったのは、康次郎の乱脈な女性関係だった。骨肉の争いを引き起こして自滅した。康次郎は女性たちに復讐《ふくしゅう》されたといえる。

最初に入籍したのは西沢コト。長女の淑子《しゅくこ》を産んだが、康次郎が郷里の滋賀から上京する前に別れた。淑子は、西武王国の王位継承者となった堤義明が経営を引き継ぐまで、西武鉄道の社長をしていた小島正治郎の妻となる。

次の女性が岩崎ソノ。ソノは入籍しなかった。康次郎は早稲田大学に通うかたわら、株で儲け、その金で三等郵便局を運営していたときの事務員がソノである。長男・清《きよし》が生まれた。清は父親に反抗して、廃嫡《はいちゃく》となった。

淑子と清の二人を育てた二番目の妻、川崎文には子供ができなかった。文は日本女子大学を総代で卒業した才媛。康次郎の土地開発事業の出発点となる一九一八年の軽井沢開発の資金は、文の実家に泣きついて出してもらった。西武王国の大恩人であるはずなのに、康次郎は文をないがしろにした。

もともと政治家志望だった康次郎は、財産ができると政界に進出し、世が世なら不敬罪に問われかねない大事件を引き起こした。

一九五三（昭和二八）年五月、皇居で衆議院議長の認証式がおこなわれた。衆議院議長に選出された堤康次郎は妾《めかけ》を同伴して、天皇・皇后両陛下に拝謁したのである。長年、夫婦同然だったとはいえ、戸籍上の妻は別にいた。堤の行為は、世の中の常識に照らしても許されるはずがなかった。「妾を連れていくとは何事だ」国会で大問題となった。

このときは、さすがの康次郎も動揺を隠せなかった。解決策は一つしかない。正妻と離婚して妾を入籍することにした。側近が正妻に協議離婚を承諾するように説得。一九五四年七月、正妻と離婚し、妾を入籍した。正妻は川崎文、妾は青山操である。

妻と愛人と子供が入り乱れる王国

三番目の妻となった青山操は、二男の堤清二《せいじ》（のちのセゾングループ代表）、二女の堤邦子《くにこ》を育てた。実は、清二と邦子は操の実子ではない。

その間の事情を、康次郎の従兄弟の上林国雄が『文藝春秋』に寄稿した「わが堤一族　血の秘密」で回想している。

一九二〇（大正九）年、康次郎は倒産した東京土地建物の青山芳三社長宅に乗り込んだ。東京土地建物を乗っ取るために、康次郎が罠《わな》を仕掛けて倒産させたといわれている。

〈そこに四人の姉妹がいたのです。その三番目が操さん、りりしい顔立ちの美しい女性でした。倒産したのち、先代（康次郎）があとをひきうけたため、先代は青山家で好き放題でした。まず、操の姉を口説き、ついで妹を口説いたのです。そんなバカなと思われるかもしれませんが、先代はそういう方でした。……何年かのちに二人ともあいついでみごもりました。が、先代が一番めをかけていたのは、実は操でした。操は気丈で、なかなかうんと言いません。が、先代もあきらめません〉（注2）

まったく無力化した父親、姉妹すべてを愛人にされた家庭、抵抗しようにも、財産のすべてを握られている。こういう状況下で、操はある決心をする。自らは子供ができない体にしたうえで、こう言い放ったという。

〈「姉と妹は手離して下さい。そのかわり私が子供を引き取って育てます」。操が身をまかせたのは鎌倉の腰越《こしごえ》の別荘でした。おわかりでしょう。姉の子が清二さん、妹の子が邦子さんなのです〉（同前）

操の父、青山芳三は割腹《かっぷく》自殺を遂げた。康次郎から青山家が受けた仕打ちを、操は一生忘れなかった。康次郎に復讐するために正妻の座を手に入れた操は、青山家の血を引く清二を後継者にしようとした。清二と邦子は生まれたときは青山姓を名乗っていた。

そこに強敵があらわれる。石塚恒子である。父親の石塚三郎は康次郎と代議士の同期。康次郎が娘に手をつけたことを知った三郎は「堤と刺し違えてやる」と激怒した。

〈やがて、義明、康弘《やすひろ》、猶二《ゆうじ》が生まれたが、恒子は正妻になっていない。西武王国の王位継承者・義明の結婚式に恒子は招かれなかった。これが恒子・義明親子の最大の悔恨《かいこん》となる。複雑な家族関係の中で、「親子の絆《きずな》」を保ちつづけたのは、恒子・義明の親子だけだった、といえるかもしれない〉（注3）

「お前がだめなら、まだ弟が二人いる」

「西武王国」の暴君、康次郎は長男・清と二男・清二を相次いで廃嫡した。二人は乱脈な女性関係に批判的だったからだ。清二は東京大学に通学していたときに共産党に入党、勘当された。のちに許されて百貨店経営を任されたが、後継者は三男の義明に決まっていた。義明は二人の異母兄と違って、父・康次郎に反抗することはなかった。

義明は一九三四（昭和九）年生まれ。康次郎は義明を後継者にするため、学生の頃から工事現場に連れていった。高校生になると、朝早くから夜遅くまで身近に置いて、事業のイロハを徹底して叩き込むスパルタ教育ぶりだった。質問に的《まと》を射た答えが返せなかったら、容赦《ようしゃ》なくゲンコツが飛んできた。

義明は後年、「父親の発言に全神経を集中させていたため食事の味はしなかった」と語っている。〈「父親を感じたことはない。お前がだめなら、まだ弟が二人いると言われた」こともあった。「おふくろさんの苦労を見ていたから、どんなに苦しくとも親父さんに逆らわず、この仕事を引き継ぐぞと思い定めていた」と述懐している〉（注4）

高校生まではスパルタ教育だったが、義明が早稲田大学に入ると、経営に関する課題を突きつけた。康次郎から「冬の軽井沢に人を呼ぶ方法を考えろ」と申し渡された。義明が出した答えは、軽井沢千《せん》ケ滝《たき》にスケート場をつくる、だった。

「それなら、お前がやってみろ」と言われた義明は「早稲田大学観光学会」というサークルのメンバー五〇人を率いてスケート場をつくった。これが義明の事業の立ち上げ第一号となった。

一九五七年、早稲田大学第一商学部を卒業した義明は、国土計画興業（のちの国土計画、コクド、現在のＮＷコーポレーション）に入社した。この後、観光学会のメンバーは多数西武グループに入社して、側近グループを形成した。

一九六四年に康次郎が死去した。「死後一〇年間は新しい事業に手を出すな」康次郎が臨終《りんじゅう》の床《とこ》で、義明にこう遺言した。

義明は国土計画の社長に就任。実質的にグループのオーナーの座に就いた。康次郎の遺言に従い、一〇年ほどは康次郎の事業を守ることに徹した。

一九七三年、西武鉄道の社長に就任した。ここから名実ともに義明の時代がはじまる。

最初は、先代の頃からの番頭たちがにらみを利かせていたが、彼らが引退してからは観光学会のメンバーが要職を占めるようになった。元コクド社長の三上豊《みのる》、元西武鉄道社長の戸田博之《とだひろゆき》、元プリンスホテル社長の山口弘毅《やまぐちひろよし》は、義明側近の〝観光学会三羽烏《さんばがらす》〟と呼ばれた。

〈異母兄の清二は、外部から人材をスカウトしてきては、切り捨てることを繰り返してきたが、義明は正反対。観光学会のメンバーを側近にしてきた点に特徴がある。その関係は五〇年続くが、オレ、オマエで通じ合える同好会仲間でなく、あくまで絶対君主と使用人の関係であった〉（注5）

「頭のいい部下は必要ないんです。会社がどう動くべきか、どんな事業がいいのか、ということについては私自身が考えます。部下は忠実にそれを実行してくれればいい」

と義明はつねに語っている。「考えるのはオレ一人でいい」だから、グループ会社の社長といえども、忠実に動く手足で十分だったのである。

「絶対君主」としての統治手法は、小さい頃から康次郎から徹底的に叩き込まれて身につけたものだった。

王国をただ一人が継承するテクニック

〈世間では東急を近代的とか大企業らしいなどと言っているが、どの企業も五島《ごとう》家のものではない。そこへいくとわしの事業は全部楠《くすのき》家のものだ。埼京電鉄は上場しているが、それは形だけのこと、絶対の支配権はわしが一人で握っている。成り立ちが違う。経営の実態を知らない、近代かぶれの学者や記者ごとき軽薄才子に惑わされてはいかんぞ〉（注6）

作家・詩人の辻井喬《つじいたかし》こと堤清二の著書『父の肖像』は、西武王国を築いた堤康次郎の生涯を、息子の視点から描いた伝記小説である。作中の父・楠次郎（堤康次郎）が、後継者の清明（堤義明）に冒頭のような言葉で訓戒《くんかい》する。

このくだりは、康次郎が執念《しゅうねん》を燃やした「王位継承」の狙いを端的に示している。東急は五島昇亡《のぼる》き後、五島家のものではなくなった。しかし、西武は堤義明が一人で所有する。その「王位継承」の仕組みが牙《きば》を剝《む》き、「西武王国」を崩壊に追いやることになるのだが、このとき康次郎は、そんなことになろうとは夢にも思っていなかっただろう。

「王位継承」のシナリオを描いたのは、康次郎の側近で「取締役兼社内弁護士」の中嶋忠三郎《なかじまちゅうざぶろう》である。忠三郎の著書『西武王国　その炎と影』に、その経緯が詳細に描かれている。「堤が十五年かけた相続対策」に、まるまる一章が割《さ》かれている。一九九〇年に執筆されたこの本は、義明の逆鱗《げきりん》に触れ、書店に並ぶ前日にコクドが版元から全部買い上げたため、陽の目を見ることはなかった。出版はされなかったが、コピーが闇の世界に出回り、義明の失脚後、サンデー社から新装版が刊行された。

同書によると、康次郎が危機感を抱いたのは、戦後の民法改正だった。旧民法は家督《かとく》相続制度。家督（跡継ぎ）が、戸主の身分にともなうすべての権利と義務を引き継ぐ。だが、新法では「家」というものが廃止されたので、家督相続はなくなった。遺産の配分は、遺族のそれぞれの立場に応じて定められた。

そうなると、嫡出子《ちゃくしゅつし》でない義明の遺産相続分は非常に少なくなってしまう。康次郎は、後継者の義明がほとんどの遺産を相続できるような方法を忠三郎に相談。そこから相続対策がはじまった。

「王位継承」は三段階に分かれている。第一段階は相続放棄。複数いた夫人や一〇人以上いる子供らに、生活を保障するという約束をして、相続権の放棄を求めた。

第二段階は節税対策。康次郎が所有する広大な土地をグループ会社の法人名義にした。相続税で持っていかれるのを防ぐためである。

堤康次郎は、正式な個人資産を徹底的に少なくした。財産のほとんどを法人名義と株にしていた。個人名義の財産を極力なくし、それをいかに法的に認めさせるかに腐心《ふしん》した。そのかいあって、義明や清二が納めた相続税は、驚くほど少なかった。

最後の仕上げが、株式の名義借りである。借名株をフルに活用した遺産相続の奥の手について、忠三郎は、さらりと触れている。

〈堤にしてみれば、誰が遺産を相続するかではなく、どのように事業を継がせるかが問題なのであった。そして堤は、結局は義明が後継者となるように、レールを敷いたのであった。遺産も殆《ほとん》ど義明が相続出来るように、一応、株を信頼出来る人々に、分散して持たせておいて、後で義明の元に全部戻してもらったのであった〉（注７）

堤家の永続の繁栄を第一に考えた康次郎は、株の散逸や相続税の支払いを逃れるために、土地などの資産を会社名義にしたうえで、持ち株会社、コクドの株式を社員名義や架空《かくう》名義にして実質的に総《すべ》て支配した。

こうした相続対策が奏功《そうこう》して、膨大《ぼうだい》な資産があるにもかかわらず康次郎の個人資産はほとんどない状態になった。大資産家なのに、個人資産がゼロでは世間が許さない。そこで、康次郎の個人資産が必要になった。

当時の首相、池田勇人《いけだはやと》から紹介された税理士の指南を受け、グループ会社が康次郎に死亡弔慰金《ちょういきん》を支払うことにして、康次郎の架空の遺産をつくり出した。これが名目上の康次郎の個人資産となり、これをもとに、およそ二億円の相続税を納めた。

怪物・堤康次郎は一九六四（昭和三九）年四月二六日、満七五歳で亡くなった。

康次郎の描いた「西武王国」は、未上場のコクドが上場会社の西武鉄道の株式を大量に持ち、そのコクドの株式を借名株によって堤義明個人が保有するという、支配の二重構造によって完成した。皮肉なことに、康次郎が築き上げた堤家の永続の繁栄の仕組みが、「西武王国」の晩鐘を鳴らすことになるのである。

総会屋利益供与事件の舞台裏

一代で「西武王国」を築いた康次郎の巨大な墓は、西武が開発した公園墓地「鎌倉霊園」内にある。かつては毎年元旦《がんたん》に、ヘリコプターで墓参に駆けつける義明とともにグループの幹部五〇〇人が墓前に手を合わせた。

また、「感謝と奉仕」の社是《しゃぜ》を引き継ぐと称して「奉仕当番」が決められた。西武グループ企業から二人ずつ、毎日手弁当で墓地内にある休憩所に泊まり込み、朝夕の「鐘つき」や清掃などの墓守《も》りをするというのである。義明が指示してはじめたという。前近代的で公私混同もはなはだしい行事である。

康次郎が眠る鎌倉霊園の広さは五五万平方メートル。この霊園が「西武王国」を崩壊に向かわせることになる。

一九八〇年代半ば、鎌倉霊園にある堤康次郎の墓前でおこなわれた西武鉄道の年頭訓示に、会長の堤義明がヘリコプターで舞い降りた。この行為に、同じ霊園に親族の墓があった政治結社の元幹部が激怒。西武鉄道に抗議に乗り込み、株主総会に出席できる単位株を取得した。

結局、西武は政治結社の元幹部と手打ちをした。この元幹部の仲介で西武鉄道が所有する土地が横浜市内の不動産会社に安値で売却された。それ以降、一九九六年から二〇〇一年にかけて鎌倉市など三〇件以上の土地が、このルートで売却された。

蛇《じゃ》の道は蛇《へび》だ。政治結社との土地取引の話を嗅ぎつけた芳賀龍臥《はがりゅうが》ら総会屋グループが、同じ条件で土地取引を要求した。政治結社元幹部が仲介した土地取引が表面化するのを恐れた西武側は、総会屋グループの要求を丸呑みした。

ヘリコプターで墓を訪れるという義明の傲慢《ごうまん》さを衝《つ》かれ、これが総会屋への利益供与に発展したのである。

二〇〇四年四月一四日、堤義明は西武鉄道会長を辞任した。西武鉄道役員による総会屋への利益供与事件を受けてのことだった。

総会屋への利益供与事件は「西武王国」崩壊の序章となった。

義明に下された有罪判決

二〇〇四年一〇月一三日、コクド会長の堤義明は新高輪プリンスホテルで急遽《きゅうきょ》記者会見を開き、西武鉄道の二〇〇四年三月期の有価証券報告書に記載されているコクドが保有する西武鉄道の株数が、二二%も過少申告されていたことを明らかにした。

コクドの保有分の多くは、西武鉄道グループ各社の従業員持ち株会・ＯＢ関係者と堤義明ら一〇〇〇名以上の個人名義に偽装されていた。なぜそんなことをしたのかというと、中核企業のコクド、プリンスホテル、伊豆箱根鉄道などグループ一〇社だけで、保有株の比率が東証の上場廃止基準にあたる八〇%を超えているという事実を伏せて、株式の上場（新規ＩＰＯ）を強行していたのだ。

有価証券報告書への虚偽記載の責任を取り、義明はコクドの会長およびプリンスホテルの会長をはじめ、グループ会社の役職をすべて辞任すると発表した。

スキャンダルは西武鉄道の上場廃止、義明の役職辞任だけでは止まらなかった。コクドが保有する西武鉄道株式を、西武鉄道の上場廃止が発表される前に売却していたことが発覚したのだ。虚偽記載の事実を伏せたまま、コクド、西武鉄道やプリンスホテルと取引がある大企業七二社に西武鉄道の株式を購入させていた。総額六五〇億円におよぶ株式を、上場廃止になる直前に売り抜けていたことになる。

義明がグループ会社の役員を集めて、みずから作成したリストを示し「君はゼネコン」「君はお茶やさん（ビール、飲料メーカーのこと）」と売却先を具体的に指示していた。義明自身も、一〇社に一八〇〇万株を二一六億円で押し付けていた。

証券取引等監視委員会、東京地検特捜部は、有価証券報告書虚偽記載とインサイダー取引容疑で捜査を開始した。

二〇〇五年三月三日、東京地検特捜部は西武グループの総帥《そうすい》、堤義明・前コクド会長を証券取引法違反（有価証券報告書の虚偽記載とインサイダー取引）の容疑で逮捕した。

三月二三日、義明は起訴され、一〇月二七日、一審の東京地裁で懲役二年六ヵ月、罰金五〇〇万円、執行猶予《ゆうよ》四年（求刑三年、罰金五〇〇万円）の判決が言い渡された。義明も検察側も控訴《こうそ》せず、判決どおり有罪が確定した。

みずほから送り込まれた再建社長・後藤高志

すべてを一人で決定してきた絶対君主の義明が経営の第一線から消えた。西武グループの将来は、二〇〇四年一一月に設立された西武グループ経営改革委員会（改革委）で決められることになった。委員長には太平洋セメント相談役の諸井虔《もろいけん》が就いた。

改革委は義明が筆頭株主だったコクドによるグループ支配が、不透明な企業体質を形成する元凶《げんきょう》になったとの問題意識を持ち、義明の影響力を全面的に排除する方針を打ち出した。

コクドを資産管理会社（旧コクド）と事業会社（新コクド）に分割し、新コクドと西武鉄道、プリンスホテルを合併させて新生・西武とする。新しい西武は二〇〇〇億円の第三者割当増資をおこない、旧コクドの新西武への出資比率を一〇％未満に引き下げることにした。この決定はメインバンク、みずほコーポレート銀行（のちのみずほ銀行）の意向を強く反映したものだった。

義明が改革委の方針を受け入れたのは、西武鉄道の前社長・小柳皓正《こやなぎてるまさ》が二〇〇五年二月一九日に自宅で首吊り自殺をした、との報告を受けてからだった。

義明は人目もはばからず号泣したという。「西武王国」の崩壊が決定した瞬間だった。

義明は三月三日、有価証券報告書の虚偽記載とインサイダー取引容疑で逮捕された。

旧経営陣は総退陣。五月二四日、メインバンクであるみずほコーポレート銀行副頭取の後藤高志が西武鉄道社長に送り込まれた。

後藤は一九四九（昭和二四）年生まれ。東京大学経済学部を卒業し、第一勧業銀行に入行。一九九七年、第一勧銀が総会屋に利益供与した事件が発覚した際、行内の改革を訴えた「改革四人組」の一人として知られる。当時、企画部副部長だった。

第一勧銀、富士銀行、日本興業銀行が合併して誕生したみずほフィナンシャルグループの常務執行役員、みずほコーポレート銀行副頭取を経て、西武鉄道の再建に送り込まれた。

義明の西武鉄道グループと清二のセゾングループは、旧第一勧銀がメインバンクだった。西武鉄道グループの一兆三〇〇〇億円を超える有利子負債を削減して、債権の早期回収をはかるという密命を帯びて、後藤は西武入りした。

西武鉄道社長に就任した当初、後藤は改革委の提案を受け入れる姿勢を見せていたが、最終的には持ち株会社方式による独自の再建案を策定した。新コクドと西武鉄道、プリンスホテルを機械的に合併させても三社の企業風土があまりにも違いすぎる。合併してもうまくいかない、と後藤は判断した、と説明されている。

だが、実際は、みずほ以外の銀行が新生・西武への出資に消極的だったからである。運転資金が不足すれば新生・西武どころでなくなる。

刑事被告人になったとはいえ、コクドの株式を実質的に支配している義明の了解なしには、持ち株会社方式への転換はあり得ない、との判断が金融筋にはあったようだ。

以後、義明と後藤の〝密約説〟が語られるようになる。

堤家の牙城《がじょう》を解体し、グループを再編

二〇〇五年一一月、堤家の本丸であるコクドの臨時株主総会が開かれた。義明以外の株主を公開してこなかったコクドは二〇〇四年一一月二五日、初めて株主の構成を明らかにした。それによると、義明個人が三六%、社員持ち株会が三二%、役員持ち株会の「国友会」が一一%、義明の側近である前コクド社長の三上豊、プリンスホテル社長の山口弘毅ら個人が一六%、その他が五%を保有していた。

改革委の調査では、国友会と社員持ち株会の所有については「名義貸しがおこなわれていた可能性が高い」と断定された。義明の所有を隠蔽《いんぺい》するため、借名株を活用していたのである。

義明は、自分の持ち株を改革委に白紙委任したとされる。社員持ち株会、役員持ち株会の「国友会」や個人株主が後藤ら経営陣を支持したため、後藤を中心とする西武グループの経営陣が、コクドの過半数の株式を支配する形となった。コクドの経営陣は臨時株主総会で、NWコーポレーションの設立を提案。賛成多数で可決した。

義明の実弟の堤猶二は、「再生に名を借りた西武グループの解体だ」と銀行主導の再建案に反発。独自の増資案を株主総会で提案した。西武の経営陣は、コクドの増資によって一六〇〇億円の資金を調達するつもりだったが、猶二は「経営陣の案はコクドの資産価値を低く見積もっている」と主張、猶二の案では増資額は三〇〇〇億円に上った。

猶二の増資案は反対多数で否決され、最大の難関だったコクド問題に、事実上決着がついた。後藤はコクドの解体、西武グループの再編を着実に進めることによって、権力基盤を確立していったのである。

一一月二九日、持ち株会社NWコーポレーションが設立された。コクドは株式交換方式によってNW社の子会社となり、コクドの株主は名義上、NW社の株主に変わった。二〇〇六年一月三一日、コクドは米投資ファンドのサーベラスと日興プリンシパル・インベストメントに対して一六〇〇億円の第三者割当増資を実施。NW社が筆頭株主ではなくなった。

二月一日、コクドとプリンスホテルが合併。翌二日、西武鉄道はプリンスホテルと株式交換をおこない、西武鉄道はプリンスホテルの完全子会社となる。二月三日、持ち株会社、西武ホールディングスを設立、社長に後藤高志が就いた。プリンスホテルが西武HDへ株式を移転。西武鉄道の親会社はプリンスホテルから西武HDに交代した。

この結果、西武HDの株式はサーベラスが三〇％、日興プリンシパル・インベストメントが一五％、NW社は一四・九九％を保有することとなった。堤義明の持ち株比率は大幅に下がった。

一連の動きを図で示すことにする。

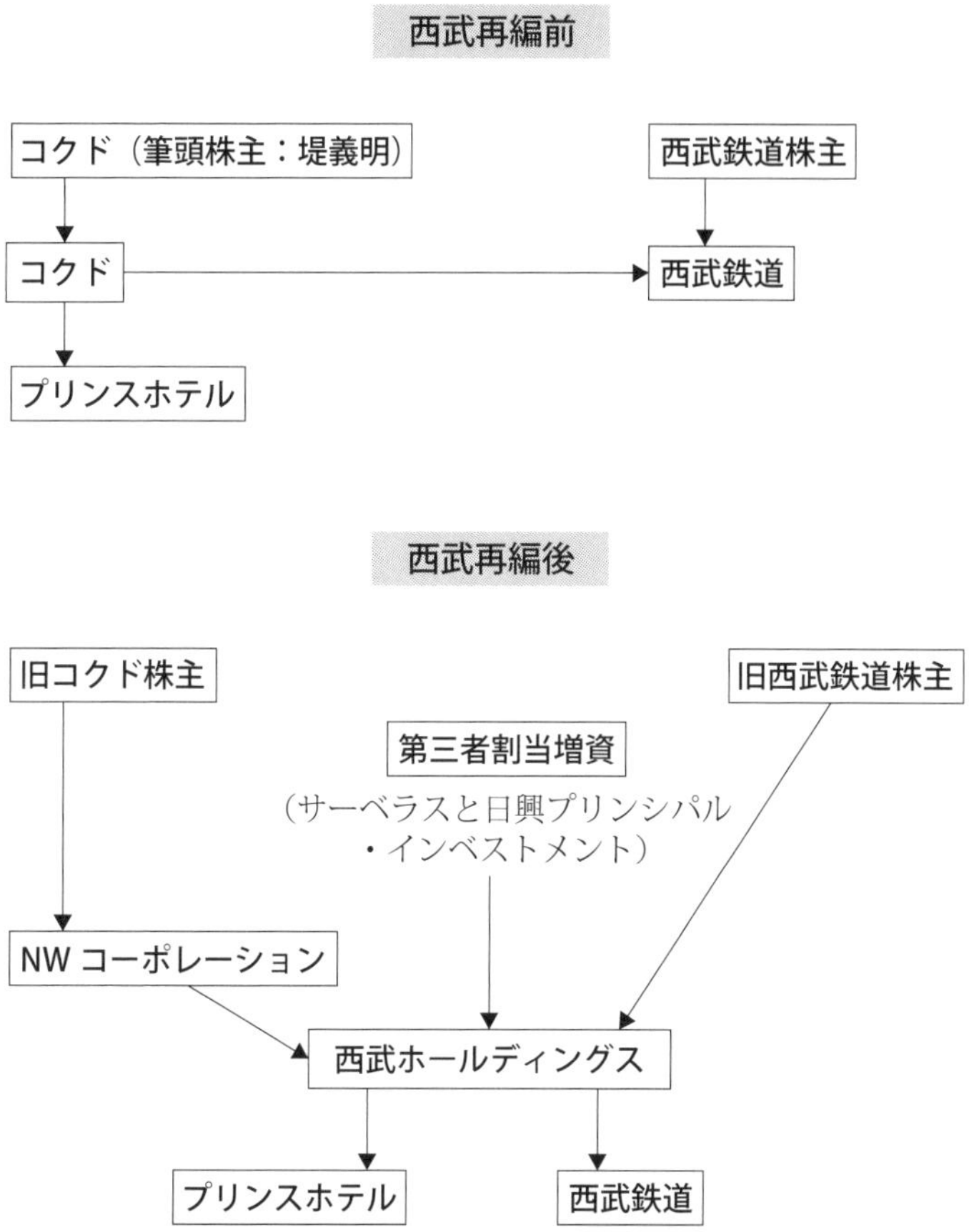
西武再編前
コクド（筆頭株主：堤義明）
西武鉄道株主
コクド
西武鉄道
プリンスホテル
西武再編後
旧コクド株主
旧西武鉄道株主
第三者割当増資
（サーベラスと日興プリンシパル
・インベストメント）
NW コーポレーション
西武ホールディングス
プリンスホテル
西武鉄道

西武グループ再編図

三月二七日、会社分割手続きによってプリンスホテルがコクドを吸収合併したことにともない、持っていた関連会社の管理機能を西武HDが引き継いだ。西武HDの完全子会社としてプリンスホテルと西武鉄道がぶら下がる現在の形となった。これでグループ再編は完了した。

コクドを介して堤家が支配していた「西武王国」は解体され、堤家の出資比率は相対的に下がり、資本的影響力を低下させることに成功した。

異母兄弟の骨肉の争いが勃発《ぼっぱつ》

「西武王国」の解体をきっかけに、堤家の財産をめぐる骨肉の争いが勃発《ぼっぱつ》した。三男・義明に叛旗《はんき》を翻《ひるがえ》した四男・堤康弘（元豊島園社長）、五男・堤猶二（元プリンスホテル社長）の陣営に、異母兄の二男・堤清二（元セゾングループ代表）も加わった。

堤家の永遠の繁栄を第一に考えた康次郎は、相続による株式の散逸や相続税の支払いを逃れるため、親会社（持ち株会社）の機能を付与したコクドの株式を役員や幹部の名義を使って実質支配したことは、すでに述べたとおりだ。

康次郎の死後、後継者・義明が資産のすべてを引き継いだ。だが、「義明はあくまで財産の〝管理人〟であって、義明名義のコクド株式のうち、五五％は自分たちが相続している」と異母兄弟たちは主張して、法廷闘争に持ち込んだ。

彼らがその根拠としたのが、康次郎が太平洋戦争中の一九四二年一二月に記した「堤家之遺訓」。

当時、後継者と考えていた二男の堤清二に贈与した箱根土地（のちのコクド）株式について「私有財産として与えたものにあらず。堤家の事業の管理人という観念に外《ほか》ならぬ」としていることだ。この伝《でん》でいけば、後継者の義明はあくまで〝管理人〟であって、義明が引き継いだ資産は「堤家の財産」ということになる、という論法である。

原告の主張が全面的に認められれば、二〇〇五年から二〇〇六年にかけておこなわれた西武鉄道グループの再編が無効になる可能性があった。ただ、最大の焦点《しょうてん》となっていた名義偽装は、時効の壁に阻《はば》まれた。

異母兄弟たちは、旧コクド株式の持分権確認請求訴訟を二件、コクドの株主総会決議不存在確認請求訴訟、グループ再編で損害をこうむったとして損害賠償請求訴訟を提起した。最高裁まで争ったが、二〇一四年に四件とも最高裁が上告を棄却。創業一族の敗訴が確定した。

異母兄弟姉妹の複雑な家系が深い傷を残し、一族は分裂《ぶんれつ》した。

後藤と義明の〝密約説〟

二〇一四年四月二三日、西武ＨＤは東証一部にふたたび上場した。上場後の関心は〝ポストサーベラス〟に集まった。サーベラスが持ち株を、いつ、どのような形で処分するかということだ。

社長の後藤高志が、西武再生に向けてグループ再編に着手したのは二〇〇六年一月。コクドが一六〇〇億円の大型増資を実施した際、一〇〇〇億円を引き受けたのが米投資ファンドのサーベラスだった。機関投資家などから資金を預かって運用する投資ファンドは、株式上場（ＩＰＯ）によって投下した資金を回収する。高値で売り抜けて、西武から撤退すると見られていた。

サーベラスグループは一時、発行済み株式の三五・四八％を保有していたが、上場後、売却を進め二〇一六年三月期末には一四・四八％にまで減っている。

西武ＨＤ株の一五％弱を保有するＮＷ社の筆頭株主が堤義明だったから、彼の動向にも関心が集まった。個人的にも西武ＨＤ株を一％弱保有していた。筆頭株主のサーベラスの重しが外れることで、義明の存在感は、いやがうえにも増す。

みずほから送り込まれた社長の後藤は、義明の影響力を削《そ》ぐ施策を次々と打ち出したことから関係悪化が囁《ささや》かれていたが、実際はどうも違ったようだ。二〇〇八年七月七日に東京地裁で開かれたコクド株持分権確認請求訴訟で、義明は証人として出廷した。

〈傍聴者の関心を集めたのは、原告側代理人の外立憲治《はしだてけんじ》弁護士が「あなたが西武グループの再編に応じたのは後藤氏との間に利益供与の密約があったからではないのか」と迫った場面。義明氏は否定したが、不明朗な経緯が明らかになれば後藤体制に激震が走るのは必至だった〉（注8）

異母兄弟側の弁護士の質問を否定してみせたわけだ。でも、「後藤社長との関係悪化は、密約を隠すための偽装」と解説する向きは少なくなかった。

西武鉄道の再建を主導したのが、なぜサーベラスだったのか。当時から謎だった。後藤を西武鉄道社長に送り込んだみずほは、銀行主導での再建を計画していた。ところが、社長の後藤が選択したのが、サーベラスに出資を仰ぐ自主再建案だった。メインバンクのみずほは、西武ＨＤの株式の再上場によるキャピタルゲイン（上場時の持ち株売却益）を得る機会を失った。

堤と後藤の密約説とは、再生後、経営権を堤家に戻すというものだった。

堤一族の関係者である広岡友紀《ひろおかゆき》は著書で〈密約説には真実味がある〉と書く。みずほ主導のシナリオでは堤義明を排除することになっていたが、後藤は方針を百八十度転換した、というのである。広岡はこう指摘する。

〈彼（後藤氏）が方針転換を決めたのは、西武鉄道入りをしてからではなかったか。そこで真実味を帯びてくるのが、堤義明との「密約」説だ。事実、当初の堤排除案がしだいに影をひそめ、まったく別のスキームでまとまっていく〉（注9）

当時、義明が実権を掌握《しょうあく》していたNW社がサーベラスから保有株を買い取り、義明が復権するという観測が流れたほどだ。

ところが、大逆転が起こる。冒頭に書いたように西武グループの総師だった堤義明は、「西武王国」から追放された。

康次郎は「堤家之遺訓」に、後継者は「堤家の事業の管理人という観念に外ならぬ」と記した。そして義明は「事業の管理人」として実に忠実に行動したといえる。それでも、事業が三代、四代つづくことが難しいと考えた康次郎は、「堤家隆興の成否は二代目、三代目で決まる」と書き残している。

康次郎の予言どおり、堤家による西武王国の支配は二代目で終わった。

第9章　日立製作所——沈没寸前の巨艦を復活させた構造改革

史上最大の赤字会社の陣頭指揮を執る

日立製作所相談役の川村隆《かわむらたかし》は、日本経済新聞に連載した「私の履歴書」（二〇一五年五月）の第一回をハイジャック事件から書き起こした。

〈99年7月に羽田発札幌行きの全日空がハイジャックされる事件があったが、当時日立の副社長だった私は偶然、この便に乗り合わせた。機体が房総半島あたりで突如Uターンして変だなと思っていたら、「当機はハイジャックされました」と機内放送があり、あちこちから悲鳴が上がった。犯人ともみ合っているらしく、機体が急降下を始めた。地面がぐんぐん目の前に迫り、多くの乗客が死を覚悟した。

その窮地《きゅうち》を救ってくれたのが、たまたまその便に乗っていた非番のパイロットの山内純二《やまうちじゅんじ》さんだ。コクピットのドアを蹴破り、犯人を取り押さえ、何とか機体を立て直した。非番だろうが何だろうが、

「自分しかいない」と思えば、勇気を持って飛び込んでいく。

ハイジャックされた飛行機も、沈みかけた巨艦日立も緊急事態という点では似たようなものだ。乗客を救ってくれた山内さんの勇気に倣《なら》って、私も日立の会長兼社長として経営の操縦かんを握ることにした〉（注1）

川村は日立製作所の副社長を最後に二〇〇三年に子会社に転出し、当時は日立マクセルの会長だった。齢《よわい》六九に達し、引退の時期を迎えていた。

そんなとき、日立会長の庄山悦彦《しょうやまえつひこ》から電話があった。「川村さんに次期社長を引き受けてもらいたい。ぜひ日立に戻ってもらえないか」という突然の申し出だった。

川村は即断即決が信条だが、このときばかりは考えがまとまらなかった。「少し時間が欲しい」と言って受話器を置いた。気心の知れた友人何人かに相談すると「晩節を汚《けが》すからやめたほうがいい」「一度傾いた巨艦を元に戻すのは簡単ではない」と否定的な意見が多かった。

〈自分の中には「ここで逃げていいのか」という気持ちもあり、しばしあれこれ考えた。気持ちが固まったのは、東京・吉祥寺の自宅近くにある雑木林を散策している時だ。枝の間から柔らかな日差しが降り注ぎ、「春も近いな」などと考えるうちに、心がスッと落ち着き、「よし、やってみよう」と決意した。庄山さんに、その旨返事したのは翌日のことだ〉（同前）

現役復帰を決意させたのは、冒頭にあげたハイジャック事件の体験だった。

日立は連結最終損益が二〇〇七年三月期は三二七億円の赤字、〇八年同期は五八一億円の赤字、リーマン・ショック直後の〇九年同期は製造業としては史上最大の七八七三億円の赤字を計上した。一〇年同期も一〇六九億円の赤字。四期連続の赤字で一兆円になんなんとする累積大赤字を抱えた。

二〇〇九年四月一日、川村隆は日立製作所の会長兼社長に就いた。沈みゆく巨艦の再生の陣頭指揮を執《と》るためである。

明暗を分けたライバル——日立と東芝

二〇〇八年九月に米投資銀行リーマン・ブラザーズが経営破綻《はたん》した。リーマン・ショックは、一〇〇年に一度といわれる経済危機をもたらした。電機メーカーの二〇〇九年三月期決算は売り上げが急減し、深刻な打撃を受けた。

日立のライバルである東芝は、連結最終損益で三四三五億円と過去最悪の赤字を計上した。東芝は西田《にしだ》厚聰《あつとし》から佐々木《ささき》則夫《のりお》に社長が交代した。

日立は川村隆、東芝は佐々木則夫。二人の経営者は、これまで経験したことのない未曾有《みぞう》の逆風のなかで、経験則に頼れない、待ったなしの経営再建の大手術を任された。あれから七年。沈みゆく巨艦だった日立と東芝は、はっきりと明暗を分けた。

日立は二〇一六年三月期連結決算からIFRS（国際財務報告基準）に移行した。売上高にあたる売上収益は前年同期比二・七％増の一〇兆三四三億円、当期利益は一四・二％減の二九四七億円と増収・減益決算だった。中期経営計画で目標としてきた売上高一〇兆円は達成したが、建設機械部門が中国経済の減速で大きく落ち込み、減益となった。

対する東芝は二〇一六年三月期の連結決算（米国会計基準）を訂正した。新日本監査法人の指摘を受け、訂正した後の連結決算は、売上高が前年同期比七・三％減の五兆六六八六億円、最終損益は四六〇〇億円の赤字（訂正前は四八三二億円の赤字、一五年三月期は三七八億円の赤字）となった。訂正後も過去最悪の赤字になったことに変わりはない。

永遠のライバルであり、リーマン・ショックでともに巨額な赤字に沈んだところまで一緒だった日立と東芝に、なぜ、これほどまでに差が生じたのか。

結局は、経営者に人を得たかどうかに尽きる。東芝は経営陣の内紛《ないふん》で自滅した。日立は第一線を退《しりぞ》いていた川村が本社の社長に返り咲き、巨艦を復活させた。

政財界の怪物が築いた日立

「日立」を築いたのは、明治、大正、昭和の三代にわたって、政財界で怪物の名をほしいままにした久原房之助《くはらふさのすけ》である。とにかく、どでかいことが大好きな男だった。

一九九三年二月一九日の朝、高さ一五六メートルの「山の上の高い煙突」は、強風にあおられて下部の三分の一を残して折れた。企業城下町、茨城県日立市のシンボルとして親しまれた「五百尺煙突」が、七八年二ヵ月の寿命を全《まっと》うした瞬間である。

この煙突を建てたのが久原だ。銅と硫化鉄鉱を産出する日立鉱山を経営していた。このころ米国の精錬所には五百尺の煙突があり、「どうせなら世界一を」と五百一尺に設計を変更した代物だ。

久原は一八六九（明治二）年、明治維新の志士を多数輩出した長州（山口県）萩で生まれた。福沢《ふくざわ》諭吉《ゆきち》の慶應義塾を出て、一九〇五年、三六歳で独立。日立鉱山を買収して久原鉱業所を創業した。鉱山事業で大成功をおさめ、第一次世界大戦の追い風に乗って新興財閥《ざいばつ》に成り上がった。

大正時代、第一次大戦後のバブル崩壊で巨万の富を失ったが、壮大な構想のもとに蒔《ま》いた実業の種は、多くの企業群として花開いた。

久原鉱業は、日本鉱業（のちのＪＸホールディングス）をはじめ、日立製作所、日産自動車など、直系・傍系合わせて一五〇社を擁《よう》する「日産コンツェルン」の母体となった。久原鉱業の事業を引き継いだ年下の義兄、鮎川義介《あいかわよしすけ》が経営手腕を発揮《はっき》して日産コンツェルンを形成したのである。

久原は事業から引退後、政界に転身。逓信《ていしん》大臣、立憲政友会の総裁にもなった。訪ソしてスターリンと単独会見したり、二・二六事件では反乱軍の黒幕として逮捕されたりもした。

戦後もいち早く訪中し毛沢東《もうたくとう》と会談、毛沢東に国交回復を要求するなど、九五歳で没するまで怪物ぶりは、まったく衰えなかった。

「自主技術によって立つ」を追求

「君の力を借りたいんだ」久原房之助が熱弁をふるったおかげで、一人の男が久原鉱業所に入社した。小平浪平《おだいらなみへい》である。

小平は一八七四（明治七）年、栃木県都賀《つが》郡合戦場《かっせんば》（のちの栃木市都賀町）に生まれた。一九〇〇年、東京帝国大学電気工学科を卒業した後、いくつかの水力発電所を経て、東京電灯（のちの東京電力ホールディングス）に入社。富士山を水源とする駒橋発電所の建設に取り組んだ。

小平はそこで見た光景に失望した。発電機はドイツのシーメンス製、変圧器は米国のゼネラル・エレクトリック（GE）製、水車はスイスのエッシャーウイス製だった。現場でも、外国人の技術者が要所を仕切っていた。

この衝撃が、日立製作所誕生にいたる決意を固めた場として語り継がれる「大黒屋の会談」につながっていく。ことの顚末《てんまつ》はこうだ。

「資本主義の父」と呼ばれる渋沢栄一《しぶさわえいいち》の甥《おい》、渋沢元治《もとじ》（のちの名古屋帝国大学初代総長）は、小平と東京帝大の同級生で、卒業後は逓信省電気試験所の技師になっていた。

一九〇六年七月一五日のこと。中央線甲府行きの列車のなかで、小平は駒橋発電所の検査に向かう渋沢と偶然再会した。その日は豪雨だったため、大月駅で下車。二人は山梨県猿橋《さるはし》町にあった大黒屋旅館に泊まり、夜を徹して語り合った。小平はそのころ久原から日立鉱山への転職話を持ちかけられていた。

〈「日本は電気普及を国策として推進すべきだ。君は今、電力を遠距離に送る画期的な技術を担当している。人がうらやむ絶好の地位を捨て、鉱山へ移ることには賛成できない」

友の身の振り方を真剣に心配する渋沢に対して、小平はこう熱っぽく返した。

「ここ（駒橋発電所）では、外国から機械器具を輸入し、海外から技術者を雇い入れ、日本人は据《す》え付けだけの（単純な）仕事だ。僕は、これらの機械器具を、やせても枯れても自分で作ってみたい」〉（注2）

小平は久原房之助の誘いを受け入れた。東京電灯の送電課長だった小平は、久原鉱業日立鉱山の電気修理工場の工作課長に転身した。

小平は帝大の学生時代に「我国工場の幼稚なるに驚き……我国の工業振るわざれば、之を振るわしむるは吾人《ごじん》の任務なり」と記した。

国産技術を高めることが小平の理想だった。先発の芝浦製作所（のちの東芝）がＧＥと提携し、新鋭機を投入するのを横目に、小平は国産・自前路線を追求した。鉱山機械の修理にたずさわりながら研究を重ね、一九一〇（明治四三）年に国産初の五馬力誘導電動機を完成させた。

使用人にとどまっていては「自主技術によって立つ」という小平の思いは実現できない。修理工場を電気機器の製作工場に転換すべく久原を口説き、一九一〇年一一月、四〇〇〇坪の土地を購入した。日立製作所は、茨城県日立村（のちの日立市）の山間《やまあい》にあった日立鉱山の電気修理工場のちっぽけな丸太小屋からはじまった。ときに小平、三五歳だった。

本格的な電気機器の製造に乗り出し、二〇年に株式会社日立製作所として独立。二二年に国産の電気機関車を試作した。

第一次世界大戦後、親会社にあたる久原鉱業が経営危機におちいった。一九二八年、久原房之助は義兄の鮎川義介に事業の一切をゆだねて実業界から引退する。翌二九年、小平は空席だった日立製作所の初代社長に就いた。

鮎川義介は久原鉱業を日本産業に改組して日産コンツェルンを形成。日立は日産コンツェルンの一員として成長し、日本を代表する総合電機メーカーに脱皮していった。

そして敗戦。一九四七年、小平は公職追放となり社長を退いた。五一年、追放解除にともない日立製作所の相談役として戻ってきたが、同年一〇月五日死去した。享年《きょうねん》七八だった。

川村隆は小平浪平についてこう語っている。

〈小平が偉かったのは、会社を息子に継がせなかったことです。息子が日立に入るかどうかは、本人の意思に任せました。日立が少し大きくなったときに志願して入社しました。創業社長ですから息子に出世階段を昇らせ、後継社長に指名することもできましたが、それを一切せず普通の社員として扱ったので、息子はそれほど偉くならなかった〉（注3）

公職追放、労働争議に見舞われた戦後の混乱期

一九四五年八月一五日、日本は太平洋戦争に敗れた。これが廃墟を繁栄への道につなげる第一歩となった。戦後の一〇年余のあいだに、技術、組織、経営はドラスチックに変わった。占領軍による財閥解体、経営者の公職追放により、財閥家族・財閥企業役員と戦争に協力した大企業の役員、六〇〇〇人近くが追放の身となった。

公職追放により日本の大企業の経営者の平均年齢は一〇歳以上若返ったといわれ、経営者の世代交代が一気に進んだ。一サラリーマンだった若手が急に引き上げられ、源氏鶏太《げんじけいた》が小説『三等重役』で描いたような光景が現出した。

日立は日産コンツェルンの一員として軍需工場の役割を果たしたため、社長の小平浪平ら一六人の役員が公職追放になった。一九四七年三月、山口県下松《くだまつ》市の笠戸《かさど》工場長の倉田主税《くらたちから》が二代目社長に就いた。

倉田は一八八六（明治一九）年、福岡県宗像《むなかた》郡神興《じんごう》村（のちの福津《ふくつ》市）で生まれた。一九一二年、仙台高等工業学校（のちの東北大学工学部）を卒業、久原鉱業日立製作所に入社した。創立間もない新しい会社だった。

明治、大正期の日立村は、電信柱さえなければ、時代劇に出てくるような寂しい土地だった。都市部から離れた陸の孤島と呼ばれたところに、他社と遜色《そんしょく》のない技術者を集めるために、小平はさまざまな作戦を考えた。まず、社宅や総合病院を建て、日用品の購買所を設けた。「ゆりかごから墓場まで」面倒を見る、手厚い福利厚生策に力を注ぎ、社員同士の一体感を高め、企業城下町を築いていった。

倉田は草創期のメンバーだ。入社以来、二〇年にわたり日立鉱山から産出される銅を使い、電線の製造にたずさわった。山口県・笠戸工場長のときに、日立本体の社長の座が回ってきた。本社の社長になると、彼は日立電線を設立した。久原が郷里の山口県に造船所を興《おこ》し、船をつくるための機械を笠戸工場で製造していた。

一九五〇（昭和二五）年の日立の大争議を終結させたことで、倉田主税の名前はクローズアップされることとなる。当時、あちらこちらの大企業で従業員の解雇をめぐり労働争議が持ち上がっていた。日立では、技師長と四人の課長が赤旗をかついで一五分間、雨の中を駆け足させられた。「ブルースの女王」と呼ばれた淡谷《あわや》のり子が歌って大ヒットした曲にならって〝雨のブルース〟とはやし立てられた。六人の課長は〝熱砂の誓《ちか》い〟と称して、組合員からタバコの火を顔や手に押しつけられた。茨城県・多賀《たが》工場では、工場長がドラム缶の上に座らされたうえ、突然、突き落とされて大ケガをした。

これを見た組合員たちは「だるま落とし」と言って、大はしゃぎした。組合側の傍若無人《ぼうじゃくぶじん》の振る舞いに対して、倉田は一歩も引かなかった。人間、胸襟《きょうきん》を開いて話し合えばわかるというのが倉田の信念だった。

一九五〇年六月、茨城地区の主力四工場で労使が握手を交わした。五五五五人が解雇され、労働争議にピリオドが打たれた。これで「日立に倉田主税あり」と評価が高まった。

一方、東芝では、生え抜きの経営者では労組に太刀打《たちう》ちできないため、〝クビ切り人〟として元第一生命保険社長の石坂泰三《いしざかたいぞう》が社長として送り込まれた。石坂は日本の労使決戦の天王山といわれた東芝の労働争議を終わらせた。その実績をテコに、第二代経団連会長になった。石坂はその後、「財界総理」の異名《いみょう》をとることになる。

一九五〇年、朝鮮戦争が勃発《ぼっぱつ》する。日立は戦争特需で急速に立ち直る。電力用発電機をメインに据える重電メーカーとして復活した。高度成長期には「重電の日立」からテレビなど弱電も手がける総合電機メーカーに躍進していく。

「重電の雄」日立の落日

一九九九年三月期の日立製作所の連結最終損益は、三三八七億円の赤字となった。戦後の荒廃《こうはい》から立ち上がり、高度成長期に「重電の雄」の名声をほしいままにしていた日立が赤字に転落したのである。これは、日本型経営の転機を象徴していた。

日立といえば、昔から発電所の建設などで高いシェアを維持《いじ》してきた会社だ。電電（日本電信電話公社）ファミリーの一員として、日本の通信インフラを支えてきた誇り高い企業でもある。日立は日本型経営の優等生といわれてきた。一つひとつの分野では必ずしもトップではないが、総合電機として、断トツの力を発揮してきた。

これを可能にしたのは、中央研究所を頂点とした圧倒的な技術系人材の集積である。東大をはじめ旧帝大出身の博士や修士がゴロゴロしていた。日立は技術エリートの集団だった。

しかし、バブル崩壊後は業績が長期低落し、とうとう創業以来の赤字の屈辱《くつじょく》を味わう日がやってきた。

「日立の落日」といったタイトルの記事が盛んに書かれ、「大艦巨砲主義の失敗」「巨体すぎて絶滅した恐竜」などなど、日立を形容する言葉はかんばしくないものばかりだった。

一九九八年一二月二四日、日立製作所は九九年四月一日付で、社長の金井務《かないつとむ》が会長になり、副社長の庄山悦彦《しょうやまえつひこ》が社長に昇格する人事を発表した。翌日の日本経済新聞は、「日立の経営をざっくり切れば三田《みた》社長時代の『不毛の十年』、金井務社長時代の『不作の八年』」と辛辣《しんらつ》に言い表した。

三代目社長の駒井健一郎《こまいけんいちろう》、四代目社長の吉山博吉《よしやまひろきち》、五代目社長の三田勝茂《かつしげ》、六代目社長の金井務まで「東大工学部卒、重電畑出身、日立工場長経験者」によって社長の椅子は独占されてきた。高度経済成長期で電力需要が伸びたため、原子力発電所を含めた発電プラントをつくる部門が花形だったから、こうなった側面はたしかにあるが、人事が硬直化していたことは間違いない。

産業界ではデジタル化が急速に進んでいた。半導体やコンピュータなど新規事業分野では迅速《じんそく》な対応が求められた。納期などが一〇年単位であらかじめ決まっていた重電部門の出身者では、そのスピードにはついていけなかった。同じタイプの人間ばかりが幹部に登用される官僚的な社内人事がおこなわれた結果、大企業病に罹《かか》ってしまった。日立の赤字転落は「東大工学部卒の人材の金属疲労」と皮肉られた。

このときが、日立のドン底であった。

多角化・拡大路線で七九〇〇億円の赤字

日立は「重電の雄」からの脱却に向けて、舵《かじ》を切った。七代目社長に就いた庄山悦彦は、「東大工学部卒、重電畑出身、日立工場長経験者」という社長になるための三つの条件を満たしていなかった。東京工業大学理工学部電気工学科卒、家電畑出身、栃木工場長の経験者である。電機業界にデジタル化の波が押し寄せるなか、古い慣習は否定された。他社でも同様である。

日立、東芝、三菱電機の重電御三家と、重電部門を持たないものの通信機器から家電まで事業領域の幅が広いＮＥＣ、富士通の五社が総合電機に分類されていた。

二〇〇一年のＩＴバブル崩壊後、大幅な業績悪化を経験した電機大手は、相次いで事業の切り離しや撤退、他社との合弁会社設立など「選択と集中」を進め、総合電機の看板を下ろした。

ここでも、日立と東芝は対応が分かれた。日立は総合電機の旗を高く掲げつづけた。

こうした状況下で、庄山は多角化路線を採る。自動車からエスカレーターまで電子デバイスを活かしたモノづくりに懸けた庄山は、次々と新しい事業を買収して、傘下《さんか》に取り込んでいった。

グローバル展開をうたい、その目玉として米ＩＢＭからＨＤＤ（ハードディスク）事業を二四〇〇億円で買収した。HDDはパソコンやサーバーに用いる記憶装置だ。しかし、HDD事業は巨額赤字の元凶《げんきょう》となり、一度も浮上することなく手放すこととなる。

庄山は八代目社長に古川一夫《ふるかわかずお》を起用した。東京大学大学院修士課程（電気）修了で、情報・通信部門の出身だった。庄山＝古川のコンビは拡大路線をひた走った。売上高は悲願としてきた一〇兆円を超えたが、新しい事業は、まったく利益に結びつかなかった。

躍進が期待されたデジタル家電で、庄山＝古川のコンビは大きく躓《つまず》いた。「技術は超一流」とされているのに、薄型テレビでは完全に出遅れた。半導体も市況悪化で窮地《きゅうち》におちいった。庄山は院政を敷くために古川を社長にしたにすぎず、最初から力不足は明らかだった。有効な手を打てなかった。

当然、業績は悪化する。一時期、米国系買収ファンドが日立の買収を検討するほど、危機的状況に瀕《ひん》した。迷走経営の結果が二〇〇九年三月期の七八七三億円の最終赤字となった。この当時、最大規模、最悪の赤字と酷評《こくひょう》された。

ライバルの東芝はどうだったのか。

東芝は総合電機の旗を下ろした。ノートパソコン事業出身の西田厚聰が社長で、東芝セラミックスや東芝EMI、東芝不動産などを次々と売却する一方、米原子力大手ウエスティングハウス（WH）の買収やNAND《ナンド》型フラッシュメモリーなど半導体事業への集中投資で事業の構造を大きく変えていった。

NAND型フラッシュメモリーは一九九八年に東芝が開発したもの。磁気ディスクに代わって、データの保存・運搬などに利用できることから用途が広がった。

西田は原子力発電と半導体を経営の二本柱に掲げ、「選択と集中」の成果を誇っていた。東芝は圧倒的にナンバーワンといえる分野はなかったが、半導体で世界三位、原発は世界首位に躍《おど》り出た。

経営戦略の差が出たのは、二〇〇七年三月期連結決算である。日立は一〇兆二四七九億円を売り上げ、初の一〇兆円大台に乗せたが、三二七億円の最終赤字だった。一方、東芝は一三七四億円の最終黒字を叩き出した。東芝の株価は七月二四日、一一八五円の高値をつけ、日立（高値九四七円、四月二三日）を逆転した。東芝社長の西田厚聰は「選択と集中」のスター経営者として、マスコミの寵児《ちょうじ》となった。

しかし、この栄光は一瞬のことだった。リーマン・ショックがもたらした世界的大不況で、西田の「選択と集中」戦略は輝きを失った。日立、東芝とも奈落の底に突き落とされた。日立にとっては、二番底にあたる。

保守本流の重電出身社長・川村隆が復帰

日立はふたたび大きく経営の舵を切る。就任からわずか三年しかたっていないコンピュータ部門出身の社長、古川を更迭《こうてつ》。すでに社外に去っていた重電出身者の川村隆を呼び戻して社長に据えたのだ。

川村隆は二〇〇九年四月一日、日立製作所の会長兼社長に就いたことはすでに書いた。「東大工学部卒、重電畑出身、日立工場長経験者」という保守本流である。家電部門、情報通信部門出身者が失敗したため、保守本流の重電部門に大政奉還したわけだ。

川村は一九三九（昭和一四）年、北海道函館《はこだて》市で生まれた。小学校から高校まで札幌市で過ごした。父親は英文学者で元北海道大学教授の川村米一だ。

一九六二年、東京大学工学部電気工学科を卒業した。在学中は「六〇年安保闘争」の真っただ中であったが、もともと人付き合いが悪い彼は原子力発電の研究に没頭《ぼっとう》していた。六一年、同級生と日立工場の見学にいった。日立工場でつくられる巨大な発電所設備を見て感激。翌年の入社を、このときに決めた。

日立では重電畑を歩き、九二年六月、日立工場長に就いた。このポストが持つ意味は重い。小平浪平が立ち上げた創業工場で、グループの工場の頂点に立つ。日立工場長は、取締役へ昇格し、副社長、社長の座へつながる出世コースの登竜門だった。六代目社長の金井務は川村を高く買っており、ポスト金井の最有力候補だったこともある。

ところが、九九年三月期に巨額赤字に転落して金井は失脚。川村の社長の目は消えた。家電部門出身の庄山に政権交代して、脱重電に経営の舵が切られた。二〇〇三年、副社長だった川村は外に出された。グループ会社の日立ソフトウェアエンジニアリング、日立プラントテクノロジー、日立マクセルの会長をつとめた。ここでサラリーマン人生の終着駅にたどり着くはずだった。

日立が未曾有の経営危機におちいったため、日立の経営再建を誰にゆだねるかということになり、川村の運命が変わった。日立は二〇〇三年に委員会設置会社に移行しており、後継社長の人事は社長と社外取締役で構成する指名委員会で決めることになっていた。複数の候補者がいた。いずれもＯＢだ。その中で川村に白羽の矢が立ったのはなぜか。

川村はこう推測している。

〈本来であれば若い人を抜擢《ばってき》すべきです。体力的にも問題のない若い社長がガンガンやるのが一番いい。しかし当時は連結経営のグループ会社のトップに日立OBの年配者が多数残っていました。年寄りはどちらかといえば穏健主義です。改革を急ぐ若いトップと年寄りが喧嘩《けんか》を始めれば収拾がつかなくなります。

そこで殆《ほとん》どの子会社の社長よりも年上の私に白羽の矢が立ったのでしょう〉（注4）

日立は当時、一六の子会社が株式を上場していた。各事業の自主独立を重んじる伝統があったからである。日立そのものが久原鉱業から独立してできた会社だ。グループ会社とはいえ、そこのトップは一国一城の主《あるじ》である。本社何するものぞという気概を持っていた。

かつて、日立は「野武士」、東芝は「旗本」、三菱は「殿様」、松下は「商人」といわれた。野武士の気風を残していたリーダーが、それぞれの子会社を率いていた。野武士集団を押さえるために、保守本流の最年長者の自分が引っ張り出された、と川村は自己分析している。

東芝もパソコン畑出身の西田厚聰から、原子力発電一筋という重電出身の佐々木則夫に社長が交代した。家電や海外営業を歩いた西室泰三《にしむろたいぞう》が一九九六年に社長に就いて以来、一三年ぶりに重電部門のトップが誕生した。日立、東芝とも「保守本流回帰型」人事だった。

日立の危機に本気で動き出した経営陣

川村隆は二〇〇九年四月二〇日、社長就任の記者会見を開いた。総合電機路線と決別し、社会イノベーション事業に軸足を移すと宣言した。社会イノベーションとは、ITを応用してより合理的で使いやすいインフラ（産業の基盤）をつくることを指す。

記者から、庄山＝古川時代の評価を聞かれた川村は「健全性を欠いていた」とバッサリ切り捨てた。前任者を完全に否定したのである。

川村は就任にあたって、会長の庄山悦彦に一つだけ要望した。緊急事態でもあり、経営のスピードがなによりも大事である。スピードを上げるために「私が会長と社長を兼任し、素早く意思決定できるようにしたい」。この要請は受け入れられた。それほど日立の台所は切羽詰《せっぱ》まっていたのだ。

川村は「ラストマン」の覚悟で社長を引き受けた。ラストマンとは、川村が日立工場の課長だった三〇歳の折に、工場長の綿森力《わたもりつとむ》（のちの日立製作所副社長）に教えられた言葉だ。

「この工場が沈むときがきたら、君たちは先に降りろ。それを見届けてからオレは、この窓を蹴破って降りる。それがラストマン（の仕事）だ」

最後に責任を取る人。それがラストマンである。川村はラストマンという言葉を胸に深く刻んで、社長を引き受けた。このとき川村は「日立は倒産するかもしれない」と本気で考えていた。

川村は、中西宏明《なかにしひろあき》、高橋直也《たかはしなおや》、八丁地隆《はっちょうじたかし》、三好崇司《みよしたかし》、森和廣《もりかずひろ》の五人の執行役副社長と、計六人で大きな方針を決める体制にした。会議の参加者が一〇人を超えると、とたんに意思決定の速度が鈍《にぶ》り、組織が停滞するからだ。

〈現役復帰組は私のほか、やはり子会社に転出していた中西宏明さんと三好崇司さん、八丁地隆さんの三人が副社長として復帰することになった。私も含めて三人の復帰組の名前が「たかし」であり、

「三たかし、波高し」という先行きを揶揄《やゆ》する記事が日経新聞に掲載された。（中略）私たち六人は血判状こそ取り交わさなかったが、「ぶれずにやるぞ」と互いの覚悟を誓いあった〉（注５）

「一〇〇日プラン」に、すぐに着手した。近づける事業と遠ざける事業の選別や公募増資による財務の改善、日立本体の各事業のもたれ合いの体制の刷新、そして次世代事業を社内外に示すことなど「やるべきことのリスト」を、四月から一〇〇日でまとめ、即実行に移した。

二〇〇九年七月二八日、上場子会社の五社の完全子会社化を発表した。日立マクセル、日立プラントテクノロジー、日立情報システムズ、日立ソフトウェアエンジニアリング、日立システムアンドサービスの上場子会社五社をＴＯＢ（株式公開買い付け）で完全子会社にする。川村が会長兼社長に就任してから、一一九日目の決断だった。

子会社の自主独立を尊重してきた日立グループの各社のトップにとって、これは青天の霹靂《へきれき》だった。「過去の人たちを寄せ集めた（集団）」とけなされてきた六人組が、日立の構造改革に本気で着手したのである。

「一〇〇日プラン」の成功と失敗

川村は一年で社長の兼務をやめ、会長に専念した。二〇一〇年四月一日、中西宏明が第一〇代社長に就任した。

中西は一九四六（昭和二一）年、神奈川県横浜市の生まれ。一九七〇年、東京大学工学部電気工学科を卒業、日立製作所に入社。ただちに米スタンフォード大学大学院でコンピュータエンジニアリング学課程を修了。技術エリートとして育てられた。

情報・通信分野を歩み、昇進を重ねてきた。二〇〇七年に日立の執行役副社長から子会社の日立グローバルストレージテクノロジーズの会長兼CEOに転じた。川村体制になり、日立本体の執行役副社長に呼び戻された。

中西は川村がまだ日立工場の設計部長だった頃から知っていた。川村が日立工場のトップ（工場長）になったときには、よく相談にいったという。中西によると、

〈上司には二種類いる。相談の際に、「君はどっちなんだ」と結論を求めるタイプと、決めかねるからこそ足を運ぶ気持ちを忖度《そんたく》し、話を聞くタイプ。「川村さんは後者」〉（注6）

日立の最高権力者になっても、川村のスタイルは、日立工場長時代と変わらなかった。

川村はまず話を聞く。そのうえで、自分で決めた。

川村＝中西の師弟コンビは「一〇〇日プラン」を、一つひとつ着実に実行に移していった。総合電機の旗を下ろし、中核事業の領域を社会イノベーションと定め、情報・通信、電力や高機能材料までをひっくるめて組織を見直した。

赤字の元凶だった国内のテレビ生産や中小型パネル事業から、いち早く撤退した。庄山＝古川体制から引き継いできた最大の負の遺産であったハードディスク部門も売却した。三菱重工業と火力発電事業を統合した。

投資家が首を傾げるグループ再編もあったことを指摘しておこう。本書はヨイショを専売特許としていないことをはっきりさせるためだ。

日立製作所から早い時期に分離独立していた日立金属、日立電線、日立化成工業（のちの日立化成）は、日立系御三家と呼ばれていた。

全部門の黒字化を目指すなかで、手つかずで残されていたのが日立電線だった。二〇一三年四月、日立金属が日立電線を合併したのである。赤字を垂れ流しつづける日立電線を日立金属が救済合併したわけだ。赤字の兄弟会社を抱え込むのである。収益の悪化を懸念《けねん》する投資家は日立金属株を売り叩き、株価は暴落した。

構造改革に突き進む川村＝中西コンビだったが、さすがに、日立系御三家の一角を占める日立電線をグループから切り離す荒療治《あらりょうじ》には踏み込めなかった。だが、中途半端なことをやればどうなるかを、日立金属と日立電線の後ろ向きの合併が証明した。投資家や株式市場は甘くはない。

次世代経営陣へみごとなバトンタッチ

二〇一四年四月一日、執行役専務の東原敏昭《ひがしはらとしあき》が社長に昇格した。社長の中西宏明は会長に就き、会長の川村隆は相談役に退いた。

東原は一九五五（昭和三〇）年、徳島県小松島《こまつしま》市の生まれ。一九七七年、徳島大学工学部を卒業、日立製作所に入社。工場の設備設計や鉄道の運行システムの設計、電力、医療などさまざまな分野を経験してきた。九〇年、米ボストン大学大学院（コンピュータサイエンス学科）を修了。二〇〇八年にドイツ子会社の日立パワーヨーロッパのトップに就任し、経営者としての道を歩みはじめた。

東大工学部卒が多い日立の幹部のなかで、地方の徳島大学卒は異色だ。川村体制下で「将来の日立をになう人材」として引き上げられ、ほかの二専務とともに「三銃士」と高く評価された。

この社長交代は、周囲の予想どおりだった。不採算事業の大胆《だいたん》なリストラによって成長の土台は整った。

川村、中西、東原の三人の共通点は、一度、子会社のトップとして組織を引っ張った経験があることだ。どんなに規模の小さい会社であっても、トップはつねに決断を迫られる。本社で純粋培養《ばいよう》されたエリートではなく、子会社のトップとして「自分はラストマンだ」との思いで自らを鍛錬《たんれん》してきた人間が、登用される道が開かれた意味は大きい。

今後は、いかに成長分野で収益を拡大させるかという新たなステージに入る。「過去の人たちの寄せ集め」と冷笑されたことさえあるベテラン経営陣から、五〇歳代へと、経営陣は一気に若返った。

CEO（最高経営責任者）、COO（最高執行責任者）という役職を新設し、中西会長兼CEO、東原社長兼COOという二人三脚体制で、経営改革に取り組むことになった。

あれから二年。二一年ぶりに組織を見直した。二〇一六年四月一日、東原が社長兼CEOに就いた。それまでは中西会長兼CEOが経営の方針を決め、東原社長兼COOが執行する形をとってきたが、四月から東原が経営の意思決定をすべておこなう。中西は社長の東原をサポートする。

東原が名実ともに日立の最高権力者になった。改革派六人組から次の世代に、きれいにバトンが渡ったのである。

経団連会長ポストを一顧《いっこ》だにせず

川村は日立をふたたび成長軌道に乗せた経営手腕を、高く評価されていた。経団連では筆頭副会長として教育問題や経済外交、アジア大洋州地域委員会の委員長などをつとめていた。二〇一四年六月に二期四年の任期を満了する会長の米倉弘昌《よねくらひろまさ》（住友化学会長）は「私の後任は日本を代表する製造業で財界活動に熱心な方」と述べ、川村が次期会長の有力候補であることを示《し》唆《さ》していた。

米倉が川村を次期会長に推《お》した背景には、米倉と財界長老らとの確執があった。話は民主党（のちの民進党）政権時代にさかのぼる。

二〇一二年一二月の総選挙で、野党第一党の自民党の政権奪還が確実視されていた。自民党総裁の安倍晋三《あべしんぞう》は、大胆な金融政策を軸にした経済政策を公約に掲げた。経団連会長の米倉は「財政規律を損《そこ》ない、国債の信用も損なわれる懸念が非常に大きい。無鉄砲だ」と痛烈《つうれつ》に批判した。正論ではあったが、安倍はこの発言を根に持った。

総選挙で大勝した自民党が政権に復帰した。首相の安倍は自分を非難した米倉を許さなかった。米倉とは、個別に会おうともしなかった。政界と財界のトップがいがみ合って意思疎通を欠く事態におちいったことに、経団連側は衝撃を受けた。

経団連会長OBら財界長老たちは、安倍との関係を修復するには「健康問題を理由に会長の米倉に退陣してもらうしかない」との意見で一致した。少なからぬ財界人が「米倉おろし」に賛同した。

この動きを知った米倉は激怒した。財界長老との関係を断《た》っただけでなく、現役の経団連副会長をはじめ、〝ポスト米倉〟と目《もく》される財界人までも敵視した。

米倉は財界長老たちに相談せず、自分の手で次期経団連会長を選ぶと宣言した。

こうして、経団連の歴史上、いままでなかった異例の後任選びがはじまった。

米倉が強気だったのは、川村というスペードのエースを持っていたからだ。川村は自分（＝米倉）を敵視しないただ一人の副会長だった。日立なら企業規模として申し分がない。どこからも反対は出ないだろう。川村を次期会長に指名して財界長老たちにひと泡吹かせてやるつもりだった。

だが、再三にわたる打診にも、川村は七四歳という高齢を理由に固辞《こじ》しつづけた。川村の頭にあったのは、経団連ではなく日立の首脳人事である。経団連会長は、現役の会長もしくは社長であることが就任の条件だ。経団連会長を二期四年つとめると、日立の首脳人事は停滞する。

経団連会長騒動の渦中《かちゅう》にあっても、会長の自分が相談役に退き、社長の中西宏明が会長に繰り上がり、副社長の東原敏昭を社長に昇格させて「若返りをはかる」という当初からの人事構想がブレることはなかった。

実は川村自身、経団連会長というポストにさほど魅力を感じていなかったフシがある。次期経団連会長の最大の仕事は、米倉と官邸、そして米倉と有力財界人とのあいだに生じた深刻な亀裂《きれつ》を修復することにある。各界の人脈を駆使した根回しが必要不可欠になる。

だが、川村は説得とか根回しが最も苦手だ。根回しという行為に価値を見出していなかったといったほうが正しいかもしれない。

そのことを如実《にょじつ》に示すエピソードがある。川村が会長兼社長に就任して最初となる二〇〇九年六月二三日の株主総会でのことだ。株主からの相次ぐ質問に、議長の川村は執行役副社長に答えさせた。〈ある株主がこんな言葉を投げつけた。「私は議長に聞いているんだ。あなたには『オレに任せろ』という気迫がない」。淡々と議事を進行する川村に業《ごう》を煮やしたのだろう。すると川村は「参考にさせていただきます」とだけ答えた。何とも素っ気ない〉（注6）

川村は政界や財界にも気配りしなければならない経団連会長の椅子に座ることなど、ご免こうむりたいという気持ちだったろう。

川村隆が日立製作所の相談役に退いたことで、経団連の会長人事は仕切り直しとなった。

川村に逃げられた米倉は、手持ちのカードを失った。経団連には副会長が一八人おり、そのほかに会長の諮問《しもん》機関である審議員会には、議長のほか一七人の副議長がいる。本来ならこの中から後継会長を選ぶはずだ。

しかし、米倉は現役の副会長や審議員会議長から次期会長を選ぶことができなかった。副会長経験者にまで対象を広げ、同じ化学業界の東レ会長の榊原定征《さかきばらさだゆき》に、ようやく白羽の矢を立てた。

榊原は〇七年から一一年まで経団連の副会長だった。川村という絶対本命に逃げられた米倉には切るカードが残されていなかったのだ。これが経団連会長人事の舞台裏である。

日立の財界活動は会長になる中西宏明に任せ、川村は第一線から身を引いた。

二〇一八年、〝安倍さんのポチ〟と酷評されている榊原経団連会長の任期が終わる。

トヨタ自動車の豊田《とよだ》章男《あきお》社長が、二〇一七年に経団連の副会長になって、翌年会長に昇格するというシナリオが描かれてきたが、ここへきて「章男の経団連会長はない」（財界首脳）との見方が強まっている。

一五年一二月に東京オリンピック・パラリンピックの組織委員会副会長を突然、辞任した。「厳しい舵取りを迫られている本業（トヨタ）の経営に専念する」（トヨタの元役員）というのが表向きの理由だったが、エンブレム問題や新国立競技場の問題などでの組織委の風通しの悪さに、ホトホト嫌気がさしたためと取り沙汰《ざた》されている。章男が相談もなく辞めたことに、森喜朗《もりよしろう》組織委会長は怒り心頭だ。

そこで、〝ポスト榊原〟に日立の中西宏明の名前が急浮上してきた。中西は現在、経団連の副会長であり、現役副会長から会長に昇格するという、ルールどおりの人事をやれる条件が整っている。

川村が中西の経団連会長就任にどのような姿勢を見せるかに注目したい。たぶん、中西が「受ける」と言えば、「やめておけ」とは言わないだろうが、中西はきっと川村の心の底を読むことになる。だから、川村が固辞《こじ》した経団連会長のポストを中西が引き受けるとは思えないのだ。

「仕組みを変えるのをためらうと敗者になる」

相談役の川村隆は、『文藝春秋』（二〇一五年一二月号）に「ライバルは世界だ、甘えるな」という檄文《げきぶん》を寄稿した。この中で日本企業はまだまだ「稼ぐ力」が足りないと苦言を呈《てい》している。

「日本はいま第三の開国の時期を迎えている」が川村の持論だ。第一の開国は明治維新、第二の開国は第二次世界大戦での敗戦。いずれのときも、日本のさまざまな制度や日本人の考え方が根本からひっくり返った。第三の開国のいま、ヒト、モノ、カネが一斉に国境を越えて動くようになり、戦後の繁栄を築いた制度や考え方を捨て去らねばならない時代を迎えた。

国内でだけ戦ってきた日本の経営者は、海外の経営者と正面切って渡り合わなければならなくなった。国際間の企業競争に打ち勝つためには、「稼ぐ力」をもっと鍛えなければならない。

〈二〇一二年に初めて外国人の取締役をお願いしたとき、こんな質問が出ました。「あなた方は大卒の社員をたくさん採用しているのに、どうしてこれだけの利益率しか出せないのか。海外であれば、同じような業種の利益率は二、三倍高いですよ。答えてください」

いきなり先制パンチを食らったようでした。

実は、V字回復といわれた二〇一一年度（二〇一二年三月期）も、売上高利益率は五パーセントに戻ったにすぎませんでした。われわれが世界で戦っていくためには、少なくとも二桁《けた》、一〇パーセントまで上げる必要があることは自覚していました〉（注7）

川村はすでに現役を退いている。だが、日本や日立の現状に危機感を募らせている。

「現状に甘え、仕組みを変えることにためらっているようなら、グローバル競争の敗者になる」

日立の現役経営者に対する厳しい警告だ。

川村が日立再生の具体的な目標に掲げたのは、米ゼネラル・エレクトリック（GE）や独シーメンスなど欧米のライバルに追いつき、追い越すことである。だが、欧米大手と比べると、日立の収益力はまだまだ低い。

二〇一六年三月期は中期経営計画（二〇一三年四月〜二〇一六年三月）の最終年度である。

〔中期経営計画の目標と実績〕

	目標	実績
売上高	一〇兆円	一〇兆三四三億円
売上高営業利益率	七%超	六・三%
当社株主に帰属する当期純利益	三五〇〇億円超	一七二一億円
一株当たり当期純利益	七〇円超	三五・六円

売上高はかろうじてクリアしたが、それ以外の数値目標は大きく下回っている。売上高営業利益率二桁台（一〇%以上）を求める川村にとって、満足にはほど遠い結果だ。「稼ぐ力」に関しては、まったく落第である。川村の苛立《いらだ》ちが伝わってくる。

〈「外向けには堅めの数値を公表しているはずなのに、それすら守れないのは社内が緩《ゆる》んでいる証拠」「業績が最近、ボコボコしてきた」。経営目標の未達や業績見通しの下方修正が目立ってきたことから、川村隆・相談役のぼやきがこの1年で確実に増えてきた〉（注8）

川村が「俺が復帰するぞ」と言い出すのではないか。そう思わせるほど川村の危機感は深い。

引き際は潔《いさぎよ》くありたい

「企業の最高の意思決定は社長に一元化しないと、ゴタゴタが起こったり、決定が不明確になる。また、社長が先輩に遠慮して経営をやるようでは、はっきりした経営体制はとれない」

三代目社長、駒井健一郎の申し送り事項にこうある。駒井は「重電の日立」を総合電機メーカーに発展させた功労者だ。駒井の発言は至言である。

駒井の指摘が的中したのが東芝である。社長が経営の意思決定をする体制にはなっていなかった。前社長や元社長の会長、相談役が経営に介入してきた。東芝のキングメーカーは、相談役の西室泰三だった。日本郵政の社長（二〇一六年三月に病気で退任）をつとめながら、東芝の首脳人事を仕切った。東芝が凋落《ちょうらく》した根本的原因は、企業の意思決定が社長に一元化していないことに尽きる。「船頭多くして船山に登る」の諺《ことわざ》を地でいった。

日立も同様の愚行《ぐこう》を犯したことがある。庄山悦彦は実力会長として院政を敷いた。その愚行がもたらした悲惨《ひさん》な結果がわかっているから、川村は旧経営陣を一掃し、会長兼社長となり、権限を一元化した。日立の構造改革が成功した最大の要因が、これである。

川村は『私の履歴書』で、引退についてこう書く。

〈引退を決めた以上、身の引き方は潔《いさぎよ》くありたい、というのが私の考えだ。日立の社外取締役の3Mの元最高経営者、ジョージ・バックレーさんは引退したその日以降、一度も3Mに行っていないという。いずれ私も会社との関係を断って、個人としてのシニアライフを達観するつもりである〉（注9）

二〇一六年六月、川村は日立製作所の相談役を退任し、現経営陣に経営を完全にゆだねることにした。しかし、日立の「稼ぐ力」が衰えている現状に鑑《かんが》み、達観できる情況でないことは明らかだ。それでも、日立をドン底から救いみごとに再生した男は、引き際《ぎわ》は潔くありたいと切望し、そのとおり行動した。

日立工機など二事業を売却

会長の中西宏明はこう語る。「デジタル技術をうまく活用した企業がリーダーシップをとる時代になる。ハイテク製品でもすぐに技術が広まり、新興国が安くつくれる。ものの性能と価格だけでは勝負が難しくなる」

人工知能（AI）などを駆使して産業の高度化をはかる「第四次産業革命」に、日立はグループを上げて取り組みはじめた。

その具体的なあらわれが、工具事業と半導体製造装置事業の売却である。グループの主要企業の日立工機と日立国際電気の一部事業が対象で、売却額は一〇〇〇億円を超える。

二〇一六年に入り、SGホールディングス（佐川急便の持ち株会社）と物流分野で、三菱UFJフィナンシャル・グループと金融分野で資本・業務提携し、それぞれ日立物流や日立キャピタルへの出資を受け入れたが、主要企業の売却にまで踏み込んだわけだ。

日立はグループで日立工機の発行済み株式の五割以上を保有している。二〇一七年前半までに売却を完了するため、入札の手続きに入った。売却額は五〇〇億円超。日立が五〇・四％の株式を持つ子会社、日立国際電気の半導体製造装置事業も一七年に売却する。

電動工具や半導体製造装置は機器の販売が主体で、保守・サービスに経営の軸足を移すグループ戦略にそぐわないと判断した。

注９　広岡友紀『「西武」堤一族支配の崩壊』（さくら舎）

■第９章　日立製作所

注１、注５、注９　川村隆「私の履歴書」（日本経済新聞 2015 年５月１日～ 31 日付朝刊）
注２　日本経済新聞社編『20 世紀日本の経済人』（日経ビジネス人文庫）
注３、注４　川村隆「会社の『顔役』インタビュー　古稀の新社長を襲った倒産の悪夢」（文藝春秋 2013 年６月号）
注６　「時代のリーダー 川村隆・日立製作所会長兼社長　巨艦再建、『死中に活あり』」（日経ビジネス 2009 年７月 20 日号）
注７　川村隆「ライバルは世界だ、甘えるな」（文藝春秋 2015 年 12 月号）
注８　「売上高 10 兆円へ足踏みのワケ　『電機勝ち組』パナソニックと日立製作所」（日経ビジネス 2016 年４月 11 日号）

気迫」（企業家倶楽部 1999 年 12 月号）

■第 6 章　日本航空

注 1　山崎豊子『沈まぬ太陽』（新潮文庫）
注 2、注 3 「日本航空　傷だらけの翼」（週刊ダイヤモンド 2005 年 5 月 28 日号）
注 4 「朝日新聞グローブ　日本航空　再び翔べるか」（朝日新聞 2009 年 11 月 23 日付朝刊）
注 5　前原誠司「日本航空破綻　稲盛さんも呆れた無責任体質」（文藝春秋 2016 年新年特別号）
注 6　有森隆『異端社長の流儀』（だいわ文庫）

■第 7 章　塩野義製薬

注 1、注 4 「武田、幻の経営統合　外国人トップ誕生の真相」（日本経済新聞電子版 2014 年 1 月 20 日付）
注 2 「新社長 Who's Who　塩野義製薬　手代木功　製薬ビジネスを知り尽くす国際派」（週刊ダイヤモンド 2008 年 8 月 16 日号）
注 3、注 6、注 7 「『サラリーマン』に非ず　株価を 6 倍にした男　塩野義製薬、『余命宣告』からの復活」（日経ビジネス 2016 年 1 月 11 日号）
注 5 「塩野義製薬　10 年をかけた刮目の復活劇　次の難関は『2016 年危機』」（週刊ダイヤモンド 2009 年 8 月 29 日号）
注 8 「短答直入　塩野義製薬社長手代木功　まず自力で売上高 5000 億円　1 兆円を目指すには M&A も」（週刊ダイヤモンド 2014 年 6 月 7 日号）
※塩野義製薬の歴史は、『シオノギ百年』（塩野義製薬　非売品）に基づく。

■第 8 章　西武

注 1 「西武　堤義明氏に『旧コクド株を手放せ』と非情な最後通牒」（週刊ポスト 2015 年 9 月 11 日号）
注 2　上林国雄「わが堤一族　血の秘密」（文藝春秋 1987 年 8 月号）
注 3　有森隆『創業家物語』（講談社＋α 文庫）
注 4　日本経済新聞社編『20 世紀日本の経済人 II』（日経ビジネス人文庫）
注 5　有森隆『戦後六〇年史　九つの闇』（講談社＋α 文庫）
注 6　辻井喬『父の肖像』（新潮文庫）
注 7　中嶋忠三郎『西武王国　その炎と影』（サンデー社）
注 8 「ついに堤義明が法廷に登場　先行き不透明な西武グループ」（FACTA 2008 年 8 月号）

月18日付）
注6　三宅玲子「現代の肖像　カルビー会長兼CEO松本晃　人たらしのミスター・ダイバーシティ」（AERA 2015年8月3日号）
注7　野村浩子「管理職は外部から　熱を帯びる女性のヘッドハンティング」（NIKKEI STYLE　WOMAN SMART 2016年2月5日付）
注8、注9、注10　「カルビーはどうやって儲かる会社に変わったか　カルビー松本晃会長兼CEOインタビュー」（DIAMONDハーバード・ビジネス・レビュー2014年5月22日付）
注11　「カルビー、営業益14％増　前期275億円　米生産トラブルで計画未達取締役賞与の減額も検討」（日本経済新聞2016年5月10日付朝刊）
注12　「営業最高益も目標未達　カルビー会長『経営上のミス』」（日経産業新聞2016年5月16日付）

■第4章　ベネッセ

注1　「ベネッセHD原田社長『退任、トップとしてのけじめ』」（日本経済新聞電子版2016年5月11日付）
注2　「ベネッセの実像（下）　ベネッセ、『2つの顔』の源流」（日本経済新聞2015年2月10日付朝刊）
注3　「部下の妻を『愛人』『社長室長』にした『進研ゼミ』社長」（週刊新潮2007年3月1日号）
注4　福島保「私の課長時代　安易な新事業、責任痛感」（日本経済新聞2012年2月6日付朝刊）
注5　福武總一郎インタビュー「復活へ　今が最後のタイミング」（日経ビジネスオンライン2014年7月17日付）
注6　有森隆『プロ経営者の時代』（千倉書房）

■第5章　アサヒビール

注1　「社長の風景　アサヒビール　泉谷直木社長　同期より自分が劣っていると、落ち込んだ。」（週刊現代2011年1月23日号）
注2　「私の課長時代　アサヒグループHD社長　小路明善氏（上）（下）」（日本経済新聞2016年5月24日、5月31日付朝刊）
注3　日本経済新聞社編『20世紀日本の経済人Ⅱ』（日経ビジネス人文庫）
注4　西川善文『ザ・ラストバンカー　西川善文回顧録』（講談社）
注5　樋口廣太郎『樋口廣太郎　わが経営と人生――私の履歴書――』（日本経済新聞社）
注6　中條高徳「アサヒビール奇跡の真実vol.3　村井さんの人柄と樋口さんの

参考文献

■第1章　パナソニック

注1　伊丹敬之・田中一弘・加藤俊彦・中野誠共著『松下電器の経営改革』（有斐閣）

注2、注7 「特集　パナソニック　中村改革とは何だったのか」（週刊東洋経済2014年10月4日号）

注3 「朝日新聞が松下電器に『土下座』した日」（週刊文春2005年10月21日号）

注4　立石泰則『パナソニック・ショック』（文藝春秋）

注5 「津賀パナソニック　訣別の船出」（週刊東洋経済2012年5月19日号）

注6 「パナソニック復活なるか　33万人を背負う男の実像」（日本経済新聞2012年5月14日付朝刊）

■第2章　富士重工業

注1　日本経済新聞1996年4月17日付朝刊

注2、注4　森郁夫「私の課長時代」（日本経済新聞2011年5月23日、5月30日、6月6日付朝刊）

注3　有森隆『異端社長の流儀』（だいわ文庫）

注5、注6、注7、注8　吉永泰之「人間発見」（日本経済新聞2013年5月13日～5月17日付夕刊）

注9 「日本の社長力ランキング2015」（フォーブス ジャパン2015年5月号）

注10　吉永泰之「短答直入」（週刊ダイヤモンド2012年6月16日号）

注11　毎日新聞2016年2月8日付朝刊

※富士重工業の歴史は吉井匡明『ザ・会社シリーズ　富士重工業――航空機の技術を自動車づくりに生かす』（朝日ソノラマ）や「スバルの成功法則5継承力設立60年を経ても宿る中島飛行機のDNA」（月刊BOSS 2013年5月号）などを参照した。

■第3章　カルビー

注1　松尾雅彦「生きて（5）えびせん誕生　鮮度・丸ごとにこだわる」「生きて（6）テレビCM大ヒットし成長企業へ」（中国新聞2010年4月13日～14日付朝刊）

注2、注3、注4 「人間発見　経営は難しくない　カルビー会長兼CEO松本晃さん」（日本経済新聞2013年2月18日～22日付夕刊）

注5　松本晃「にいまる・さんまる一番乗り！」（経済界オンライン版2014年8

著者略歴

経済ジャーナリスト。早稲田大学文学部卒。三〇年間全国紙で経済記者を務めた。経済・産業界での豊富な人脈を生かし、経済事件などをテーマに精力的な取材・執筆活動を続けている。

著書には『日銀エリートの「挫折と転落」－木村剛「天、我に味方せず」』（講談社）、『経営者を格付けする』（草思社）、『世襲企業の興亡』『非情な社長が「儲ける」会社をつくる』『海外大型M&A 大失敗の内幕』『社長解任 権力抗争の内幕』（以上、さくら舎）、『実録アングラマネー』（講談社+α新書）、『日本企業モラルハザード史』（文春新書）、『創業家物語』（講談社+α文庫）、『強欲起業家』（静山社文庫）、『異端社長の流儀』（だいわ文庫）などがある。

社長《しゃちょう》 引責《いんせき》 破綻《はたん》からV字回復《じかいふく》の内幕《うちまく》

二〇一六年一一月七日 第一刷発行

著者 有森《ありもり》 隆《たかし》
発行者 古屋信吾
発行所 株式会社さくら舎 http://www.sakurasha.com
東京都千代田区富士見一-二-一一 〒一〇二-〇〇七一
電話 営業 〇三-五二一一-六五三三 FAX 〇三-五二一一-六四八一
編集 〇三-五二一一-六四八〇 振替 〇〇一九〇-八-四〇二〇六〇
装丁 石間 淳
装画 アフロ
印刷・製本 中央精版印刷株式会社

ISBN978-4-86581-077-6